종려전도집鍾呂傳道集

An Annotated Translation of "Zhong-Lü chuandao ji"

종리권鍾離權 · 여동빈呂洞賓 저 ‖ 이봉호 · 최재호 · 이대승 · 신진식 역

세창출판사

종려전도집鍾呂傳道集

1판 1쇄 인쇄 2013년 12월 6일
1판 1쇄 발행 2013년 12월 16일

저 자 | 鍾離權, 呂洞賓
역 자 | 이봉호, 최재호, 이대승, 신진식
발행인 | 이방원
발행처 | 세창출판사
신고번호 | 제300-1990-63호
주소 | 서울 서대문구 경기대로 88 냉천빌딩 4층
전화 | (02) 723-8660 팩스 | (02) 720-4579
http://www.sechangpub.co.kr
e-mail: sc1992@empal.com
ISBN 978-89-8411-443-2 93240

이 책은 한국연구재단의 지원으로 세창출판사가 출판, 유통합니다.

이 도서의 국립중앙도서관 출판시도서목록(CIP)은 e-CIP홈페이지(http://www.nl.go.kr/ecip)와 국가자료공동목록시스템(http://www.nl.go.kr/kolisnet)에서 이용하실 수 있습니다.
(CIP제어번호: CIP2013026080)

머 리 말

역자들은 도교 공부를 여러 해 같이 해 온 동학이다. 역자들은 매주 모임을 갖고 도교의 주요 경전들을 번역, 토론해 오고 있다. 그러한 해가 벌써 9년째이다. 그러던 중에 한국연구재단으로부터 연구비를 지원받아 『종려전도집』과 『영보필법』을 번역하게 되었다.

도교의 경전들을 번역하는 일은 매우 조심스럽다. 이 책들은 바로 수련이론서로 사용될 수 있기 때문이다. 혹간 잘못 번역한 책에 기초해서 수련을 하게 되면 문제가 발생한다. 그래서 역자들은 초역을 마치고서도 매주 다시 번역을 검토했다. 하지만 번역이라는 작업이 100% 완벽이란 존재하지 않기에 앞서의 우려는 해소되지 않는다.

역자들은 『종려전도집』과 『영보필법』이 도교사에서 갖는 위치에 주목하고서 번역을 시작했다. 당송시대에 가장 체계적인 내단수련서라는 학계의 평가와 한반도의 선맥에서 이 책이 갖는 위치 때문이다.

도교사에서 외단에서 내단으로의 전환은 외단 황백술이 일으킨 사회적 문제에 기인한다. 외단 황백술에서 사용한 약재들이 수은과 납을 위주로 한 것이 많았다. 이들 약물이 수은중독과 납중독을 일으키고 사회적으로 문제가 된다. 이때 연단술의 이론을 내단술의 이론으로 전환하고자 하는 시도가 나타난다. 이 당시 황백술의 문제를 해결하기 위해, 유즙산과 소원랑은 외단술의 이론을 내단술로 전환하기도 하고, 유지고와 같은 이는 『주역참동계』에 따른 연단술을 시행할 것을 황제에게 주청하기도 한다. 하지만 여전히 완전한 내단수련 체계가 확립된 것은 아니었다.

이러한 상황에서 『종려전도집』과 『영보필법』은 비교적 온전한 내단 수련체계를 갖추고 등장한다. 『종려전도집』은 인선이 되는 소성법, 지선이 되는 중성법, 신선이 되는 대성법으로 구별하고, 龍虎交媾, 抽鉛添汞, 肘後飛金晶, 五氣朝元 등으로 구체적인 수련법을 서술하고 있다. 『영보필법』은 모두 三卷十門으로 小乘安樂延年法四門, 中乘長生不死法三門, 大乘超凡入聖法三門으로 나눈다. 소승안락연년법 사문은 匹配陰陽, 聚散水火, 交媾龍虎, 燒煉丹藥 4가지 관문을 둔다. 중승장생불사법 삼문은 장생불사의 법으로 肘後飛金晶, 玉液還丹, 金液還丹 3가지 관문을 둔다. 마지막으로 대승초범입성법 삼문은 초범입성의 법으로 朝元煉氣, 內觀交換, 超脫分形 3가지 관문을 두어, 이 관문을 거치면 神仙이 된다고 한다.

이들 책은 한반도의 선맥에서도 의미가 있다. 한반도 선맥에서 신라의 김가기로부터 북창 정렴까지 이 책을 수련서로 언급하기 때문이다. 물론 구한말에는 『종려비결』과 같은 책들이 등장하기도 하며, 구한말 종교 결사의 난단도교에서 가장 많이 강림한 신선들로 종리권과 여동빈이 기록되어 있기도 하다.

이 책의 철학적 의미로는 도교에서 바라보는 인체관과 우주관, 철학적 사유까지 확인할 수 있다. 이 책은 인체의 장기들과 그 장기들의 정과 기의 관계를 오행의 관계로 설명한다. 이를 모자관계와 부부관계로 적용해 이해하고 있다. 천체의 운행과 기의 흐름을 파악할 수 있다. 이를 기초로 수련이론을 확립하기도 한다. 그래서 도교의 수련이 자연의 운행흐름을 따른다는 원칙을 확인할 수 있게 한다.

이 책을 번역하는 과정에 여러분의 도움을 받았다. 고려대학의 나우권 박사님께 특별한 고마움을 전한다. 매번 공부모임에 참여하여 이런 저런 토론으로 그 의미를 분명하게 해주셨다. 이우형 선생님께도 고마움을 전한다. 수련법의 의미를 파악하지 못한 부분에 매번 친절히 답변해 주셨다.

역자들 중에 특히 최재호 선생님과 이대승 선생님께 고마움을 전한다. 관련된 자료를 열심히 찾고, 주체적으로 번역에 참여해 이 책이 완성될 수 있었다.

아울러 한국연구재단의 번역과제는 『종려전도집』만이었다. 역자들은 『영보필법』이 『종려전도집』의 자매편이 되고, 두 책이 하나로 묶이는 것이 독자들에게 도움이 되리라 판단해, 『영보필법』까지 번역하였다.

2013년 11월

역자를 대표해 이봉호가 쓴다.

차 례

머리말 i

종려전도집
鍾呂傳道集 1

『鍾呂傳道集』 해제 3
제1장_ 진선에 대한 논의論眞仙 第一 21
제2장_ 대도에 대한 논의論大道 第二 35
제3장_ 천지에 대한 논의論天地 第三 41
제4장_ 일월에 대한 논의論日月 第四 49
제5장_ 사시에 대한 논의論四時 第五 55
제6장_ 오행에 대한 논의論五行 第六 64
제7장_ 수화에 대한 논의論水火 第七 74
제8장_ 용호에 대한 논의論龍虎 第八 81
제9장_ 단약에 대한 논의論丹藥 第九 86
제10장_ 연홍에 대한 논의論鉛汞 第十 95
제11장_ 추첨에 대한 논의論抽添 第十一 103
제12장_ 하거에 대한 논의論河車 第十二 112
제13장_ 환단에 대한 논의論還丹 第十三 120
제14장_ 연형에 대한 논의論鍊形 第十四 130
제15장_ 조원에 대한 논의論朝元 第十五 140
제16장_ 내관에 대한 논의論內觀 第十六 151
제17장_ 마난에 대한 논의論魔難 第十七 164
제18장_ 증험에 대한 논의論證驗 第十八 175

『道樞』 전 도 편 傳道篇 183

전도상편傳道上篇 185

전도중편傳道中篇 195

전도하편傳道下篇 207

비전 정양진인 영보필법 秘傳正陽眞人靈寶畢法 217

『영보필법』 서문靈寶畢法序 219

영보필법 상권

제1장_ 필배음양匹配陰陽 第一 223

제2장_ 취산수화聚散水火 第二 231

제3장_ 교구용호交媾龍虎 第三 238

제4장_ 소련단약燒煉丹藥 第四 244

영보필법 중권

제5장_ 주후비금정肘後飛金晶 第五 251

제6장_ 옥액환단玉液還丹 第六 265

제7장_ 금액환단金液還丹 第七 274

영보필법 하권

제8장_ 조　원朝元 第八 284

제9장_ 내　관內觀 第九 293

제10장_ 초　탈超脫 第十 298

『道樞』 영 보 편 靈寶篇 307

찾아보기 325

An Annotated Translation of
"Zhong-Lü chuandao ji"

종려전도집

鍾呂傳道集

- 『鍾呂傳道集』의 원문은 『道藏』本을 底本으로 삼고, 표점과 원문 교감을 위해 『中華道藏』本(이하 中華本)과 『道藏輯要』本(이하 輯要本), 그리고 『道樞』에 실린 『傳道篇』을 참조하였다.
- '真' '盖' 등과 같은 略字나 俗字의 경우, '眞' '蓋' 등 本字로 통일하였다.

『鍾呂傳道集』 해제*

1_

『종려전도집鍾呂傳道集』은 화양진인華陽眞人 시견오施肩吾가 기록하여 정리한, 내단內丹수련에 관한 종리권鍾離權과 여동빈呂洞賓의 문답집이다. 종리권(자는 雲房이고, 漢鍾離라고도 불린다)은 당말 오대의 사람이다. 난리를 피해 종남산에 들어가 석벽 사이에서 『영보필법』을 얻고서 정좌 내시하고, 음양화합을 하여 내외 승강의 이치를 얻었다. 도교에서는 그를 북오조의 한 사람으로 높인다. 사람들은 정양조사라고 칭한다. 여동빈(이름은 巖, 호는 純陽子, 回道人이며, 자는 동빈)은 당말 오대의 도사이다. 진사 시험에 낙방 한 후 강호를 유랑하다가 종리권을 만나 도를 전수받았다. 그는 天遁劍法을 깊이 체득하였으며, 도를 얻고 선화하여 8선의 하나가 되었다. 전진교에서는 그를 종조로 받들고 있다.

『종려전도집』은 내단의 실질적인 이론서인 동시에 수련서이다.『종려전도집』은 학계에서 당송시대 가장 체계적인 내단 문헌으로 평가하고 있다. 전체 문장 내용이 간명하고 일관된 체계를 갖추고 있어 이후 도교철학뿐만 아니라 도교문학에도 지대한 영향을 끼쳤다고 평가된다.

『종려전도집』과 『영보필법』은 우리나라의 仙脈(선맥)을 다루고 있는 『해동전도록』에도 기록되어 있다. 『해동전도록』에 따르면, 신라시대 김가기, 의상대사, 최승우에 의해 한반도에 전해졌고, 최치원, 김

* 최재호의 「종려수련론 고찰」이라는 논문을 요약해 해제로 단다.

시습, 서화담, 북창 정렴 등에게 전해졌다고 한다.

『영보필법』에 대한 해제는 달지 않는다. 『영보필법』의 내용은 『종려전도집』과 크게 차이나지 않고, 구체적인 수련을 중심으로 서술되어 있기 때문이다. 또한 역자들이 수련에 밝지 않기 때문에 그 내용을 풀이하는 것도 두렵기 때문이다.

2_

『종려전도집』은 여동빈의 물음에 종리권이 답하는 형식으로 이루어져 있다. 『전도집』에서 여동빈의 첫 물음은 사람이 병들지 않고 늙지 않으며 죽지 않으려면 어떻게 해야 하는가이다. 이에 대해 종리권은 仙이 되어야 한다고 말한다. 그런데 이 仙에는 등급이 있으며, 그에 따른 선이 되는 法에는 구별이 있다. 仙의 등급은 鬼仙, 人仙, 地仙, 神仙, 天仙의 다섯이고, 법은 小成, 中成, 大成의 세 가지이다.

仙의 최하위인 귀선은 말은 선이지만 귀신과 마찬가지이다. 이것은 지향하지 말아야 한다. 또 천선의 경우는 선계에 오른 후의 일이므로 수련법에서 언급하지 않는다. 그러므로 신선이 되는 세 가지 법은 인선 · 지선 · 신선에 대한 것이다. 결국 小成法은 人仙이 되는 법이고, 中成法은 地仙이 되는 법이며, 大成法은 神仙이 되는 법이다. 그런데 이 법은 실은 하나라고 한다.

> 이 세 가지 소성, 중성, 대성이라고 나누었지만 기실은 하나이다. 법을 사용해 도를 구하는데, 도는 본디 어려운 것이 아니다. 도로써 仙이 되기를 구한다면, 선이 되는 것도 매우 쉽다.

즉 그 하나란 도이다. 여기서 도는 무엇인가? 종리권은 답하길, 大道는 형체도 없고 이름도 없으며, 물어볼 수도 없고 대답할 수도 없는 것이라 한다. 그렇다면 도는 사람과 멀리 떨어져 숨어 있는 것인가? 그것도 아니라고 한다. 도는 사람에게서 멀지 않으나 사람이 도에서 멀어졌을 뿐인데, 그 까닭은 천지의 기틀[天地之機]을 통달하지 못해서이다. 결국 천지지기를 통달하게 되면 仙이 될 수가 있다는 것이다.

『전도집』에서 天地之機는 바로 天地의 陰陽이 升降하는 이치를 말한다. 이것은 『영보필법』 서문에서도 잘 드러나 있다.

> 나는 아침 일찍부터 저녁 늦게까지 널리 생각하고 깊게 성찰하였다. 이를 통해, 陰 속에 陽이 있고 陽속에 陰이 있는 것은 천지가 승강하는 마땅함과 일월이 교합하는 이치에 근본함을 깨달았고, 또한 氣 가운데에서 水가 생성되고 水 가운데에서 氣가 생성되는 것은 심신이 교합하는 이치임을 깨달았다.

종려의 이러한 말을 종합해 보면, 仙이 되는 法은 바로 天地의 陰陽이 升降하는 이치와 日月이 交會하는 법도를 본받아 수련하는 것이다. 천지의 음양이 승강하는 이치란 사계절의 변화를 말한다. 동지가 지나면 땅속에서 陽이 올라가고 하지가 지나면 하늘에서 陰이 내려온다. 해가 바뀌어 다시 동지가 되면 양이 올라 운행이 그치지 않는다. 사람이 이 법도를 취하여 수련하면 스스로 장생하여 죽지 않을 수 있다는 것이다. 일월의 교합의 법도는 한 달 동안 달의 변화를 말한다. 달이 해의 魂을 받을 때에는 양으로 음을 변화시켜서 음이 소진되고 양이 순수해진다. 이에 달이 빛나는 보름달이 되어 해처럼 빛나게 된다. 사람이 이것을 본받아 수련하면 몸속의 음을 소진시키고 양이 순수해져서, 氣로 神을 이루고 신선이 되어 순양의 체를 이룰 수 있다는 것이다.

이와 같이 陰陽升降과 日月交會의 법칙을 몸에 적용시키는 논리는 수련론 전체를 관통하고 있으며, 이는 종려내단론의 이론적 배경이라 할 수 있다. 물론 이것은 종려만의 고유한 이론이 아니라, 『참동계』를 비롯한 종려 이전의 천인합일관 유비우주론 등의 사유를 이어받았다고 할 수 있다. 그러나 천도의 법칙을 몸에 적용하면서 기존의 단법을 내단으로 해석해내고 있다.

이후의 장에서는 이러한 논리가 수련론에서는 어떻게 전개되고 있는지 살펴볼 것이다. 수련론의 전개는 크게 세 부분으로 나누어 볼 수 있다. 앞서 본 바와 같이 소성, 중성, 대성의 순서로 수련이 전개되고 있다. 이것은 『영보필법』에서 小乘, 中乘, 大乘으로 표현되는데, 의미하는 바는 같다. 즉, 종려의 수련론은 소성→중성→대성의 점진적인 구조를 이루면서 전개되고 있다. 따라서 수련론에 대한 논의는 소성, 중성, 대성의 세 부분으로 나누어 진행한다. 『전도집』의 18론과 『영보필법』의 10문을 일일이 열거하기에는 방대하므로, 각 법이 가지는 함의에 따라 중점을 파악하여 기술하고자 한다.

3_ 小成-安樂延年法

사람이 오래 살고 더 나아가 仙이 되려면 우선 자신의 몸에 丹藥을 만들어야 한다. 단약을 만들려면 먼저 黃芽를 채취해야 되고, 황아를 얻고자 하면 용호를 교구시켜야 한다. 소성법에서 중요한 것이 '交媾龍虎'이다. 그렇다면 '龍虎'는 무엇인가? 종려에 의하면 신장 속에서 기가 생성되는데 그 기 속에 眞水가 있으며, 심장 속에서 액이 생성되는데 그 액 속에 眞氣가 있다. 이 진수와 진기가 곧 용호이다. 따라서 수련의 시작은 우선 몸속의 기와 액의 관계를 알아야 한다.

도가 만물을 생성함에, 천지는 만물 중에서 큰 것이며, 사람은 만물 중에서 영험한 것이다. 따로 도에서 구하면, 사람은 천지와 같으니, 심장은 천에 비견되고 신장은 지에 비견되며, 간장은 양의 자리가 되고 폐장은 음의 자리가 된다. 심장과 신장이 서로 떨어진 거리가 팔촌 사푼인 것은 천지가 덮고 싣는 거리와 비견된다. 기는 양에 비견되고 액은 음에 비견된다. 子시와 午시는 하지와 동지의 절기에 비견되고, 卯시와 酉시는 춘분과 추분의 절기와 비견된다. 하루를 일 년에 비기면, 하루에 팔괘를 사용하는 것은 일 년의 여덟 절기에 비견된다. 자시에 신장 속에서 기가 생성되고 묘시에 기가 간장에 이른다. 간장은 양이니 그 기가 양이 왕성해져 올라가 양의 자리에 들어가니, 이는 춘분에 비견된다. 오시에 기가 심장에 도달하여 기가 쌓여 액을 생성하는데, 이는 하지에 양이 상승하여 천에 도달하여 음이 생성되는 것과 비견된다. 오시에 심장 속에서 액이 생성되고, 유시에 액이 폐장에 도달한다. 폐장은 음으로서 그 액이 융성해져 음이 내려가 음의 자리에 들어간 것이니, 이는 추분에 비견된다. 자시에 액이 신장에 도달하여 액이 쌓여 기를 생성하니, 이는 동지에 음이 하강하여 지에 이르러 양이 생성된 것과 비견된다. 두루 돌아 다시 시작하고 일월처럼 순환하여 덜어지거나 어긋남이 없으면 저절로 수명을 연장할 수 있다.

즉 사람의 氣와 液의 관계는 천지의 陽과 陰의 관계와 같다는 것이다. 다만 천지의 음양이 승강하는 것은 일 년에 걸쳐 한 번 교합하는데, 사람의 기와 액은 하루에 한 번 교합한다. 따라서 천지의 음양이 승강하는 것처럼 몸속의 기와 액을 끊임없이 순환하게 하면 장생할 수 있다. 그러나 보통 사람의 기와 액은 일월처럼 끊이지 않고 장구히 순환할 수 없다. 사람으로 태어난 이상 생체작용에 따른 기본적인 기와 액의 흐름이 있기는 하지만, 그것은 한계가 있다. 살아가면서 생기는 六欲과 七情이 태어날 때 가지고 있는 자신의 元陽과 眞氣를 소모시키기 때문이다. 원양과 진기가 적어지면 기와 액이 생겨나기 어렵다. 그러므로 소모된 진기를 보충해 주고, 나아가 끊임없이 진기가 생겨나도록 한다면 기와 액이 끊이지 않고 순환할 수 있는 것이다. 몸속에서 진기가 생겨나도록 하기 위해서 단약을 만들어야 한고, 이를 위해서는 용호를 교구시켜야 한다.

몸속의 진기와 진수로 '交媾龍虎'를 진행하는데, 이 또한 천지의 이치에 비유하고 있다.

> 신장 속에서 기가 생성되는데, 그 기 속에 진수가 있다. 심장 속에서 액이 생성되는데, 그 액 속에 진기가 있다. 진수와 진기는 곧 진용과 진호이다. 양이 天에 도달하여 더 이상 오르기 어렵게 되면 크게 극하여 음을 생성한다. 음이 地에 도달하여 더 이상 들어가기 어렵게 되면 크게 극하여 양을 생성한다. 천지의 이치는 이와 같다. 사람만이 천지와 같아지지 못하는 것은, 육욕과 칠정으로 인해 사물에 접촉하여 뜻을 잃어 원양을 소모하고 진기를 잃어버리기 때문이다. 離괘의 때에 신기가 심장에 도달하면, 神識은 안으로 안정시키고 코로 숨을 쉬되 적게 들이쉬고 천천히 내쉬면서 마치 끊어질 듯 이어지게 하고, 침이 입에 가득하면 뱉지도 말고 삼키지도 말아야 한다. 이렇게 하면 저절로 신기와 심기가 서로 합해져서 크게 극하여 액을 생성하고, 이 액은 진수와 합해진다. 진기는 액을 연모하고 진수는 기를 연모한다. 본래 서로 합쳐지지 않는데, 액 속에 진기가 있고 기 속에 진수가 있기 때문에 서로 교합한다. 이렇게 사랑하여 내려가는 것을 '교구용호'라고 한다.

'크게 극해져서 액이 생긴다'란, 신장에서 올라간 기와 심장의 기가 서로 합해지는데, 신장의 기 속에는 진수가 있기 때문에 액이 생긴다. 이 액이 腎氣 속의 진수와 합쳐진다고 했는데 여기서 합쳐지는 것은

腎氣 속의 진수와 心液 속의 진기이다. 이 둘이 합해져서 황정으로 내려간다는 말이다. 이것은 『전도집』에서도 확인된다.

> 氣는 올라가고 液은 내려가서 본래 서로 사귈 수 없는데, 어떻게 기 속의 眞一의 水가 (심장의) 액을 만나 서로 합해지고, 액 속의 正陽의 氣가 (신장의) 기를 만나 저절로 모이는가? 만약 기와 액이 전해지고 행해질 때 법으로써 제어하여, 신장의 기를 잃어버리지 않게 하면 기 속의 진일의 수를 거두어들일 수 있고, 심장의 액을 흩어지지 않게 하면 액 속의 정양의 기를 취할 수 있다. 모자가 만나듯이 서로 연모하니, 날마다 크기가 기장쌀만한 것을 얻을 수 있고, 백일 동안 어긋남이 없으면 藥力이 온전하고, 이백일에는 聖胞가 단단해지고, 삼백일에는 胎仙이 완성된다. 형체는 탄환과 같고, 색깔은 붉은 귤과 같으니, 이름하기를 단약이라 한다.
>
> 신장의 기를 심장의 기로 보내면 기가 지극해져서 액을 낳는다. 액 중에 있는 정양의 기가 진일의 수에 배합하는 것을 용호가 교구한다고 한다. 날마다 기장쌀만한 크기를 얻으니, 금단대약이라 한다. 보존하여 황정 속으로 보낸다.
>
> 옛날 성인들이 도를 이루었던 것은 이것을 벗어나지 않는다. 두 物이 교구하면 황아로 변화하고, 날이 충족되면 태가 온전해져 대약을 이루니, 두 物은 바로 진용과 진호라는 것이다.

위를 살펴보면 진수와 진기가 합해져서 황정으로 들어가 단약이 만들어진다는 것이다. 이 단약은 소성법 이후의 수련, 즉 중성법과 대성법의 근본이 된다. 그런데 용호를 교구했다고 해서 바로 단약이 완성되는 것은 아니다. 용호를 교구해서 생기는 것은 황아이고, 황아를 날마다 채취하고 연성하여 키워야 대약이 이루어지는 것이다.

> 리괘의 때에 용호교구를 진행하는데, 이를 채약이라고 한다. 시간이 건괘

에 도달하면, 기액은 환원하려 하여 … 이 때에는 비장의 기는 왕성해지고 폐장의 기는 성대해지며, 심장의 기는 끊어지고 간장의 기는 약해진다. 진기는 본래 양기와 서로 합해져서 나오는데, 양기가 약해지고 나면 진기가 연모할 바가 없어 헛되이 공을 쓰게 되니, 채취하여 합하는 것은 반드시 이 때여야 한다.

날이 지남에 따라 기가 왕성해져서 採藥과 燒煉의 공험이 눈앞에 보이면, 수명을 연장해 세상에 머물러 人仙이 될 수 있다.

위를 살펴보면, 교구용호 즉 채약은 한 번에 끝나는 것이 아니다. 일정기간 동안 채약하여 황정으로 보내어 기존의 약과 합하고 進火하여 단련한다. 만약 채약만 하고 진화하지 않으면 약은 흩어져 버리고, 진화만 하고 채약하지 않으면 약은 머물 수 없다. 따라서 채약과 진화를 일정기간 동안 같이 행하고 나서야 단약이 완성되는 것이다.

이상을 요약해 보면, 우선 기와 액이 서로 잘 생성되도록 하고, 이 기와 액의 진수와 진기를 교구시켜 채약하고 단련하는 것이 소성법의 내용이다. 소성법을 완성하면 人仙이 될 수 있는데, 인선은 현세를 살면서 무병장수할 수 있다.

앞서도 보았지만, 사람은 타고 날 때부터 가지고 있던 기와 액이 서로 생겨나 생명활동을 유지한다. 그러나 살아가면서 육욕과 칠정이 자신의 元陽과 眞氣를 소모시켜 결국에는 병들고 늙어 죽게 된다. 이것을 극복하려면 자기 안에 진기를 계속해서 만들어내어 원양과 진기를 유지하면 된다. 단약의 역할이 바로 그것이다. 단약이 완성되면 진기가 생겨난다. 그러나 소성법에서 단약이 생기기는 하였으나 완성되지 못했으므로 단약에서 진기가 생기는 것은 아니다. 단약으로 단전을 보충해鍊汞補丹田 주는 단계일 뿐이다. 그렇기 때문에, 不死는 할 수 없고 무병장수할 뿐이다. 즉 소성법은 安樂延年할 수 있는 법이다.

4_ 中成-長生不死法

채약과 소련으로 단약을 연성하기만 해서는 진기가 생기지 않고, 진기가 생기지 않으면 양신을 이룰 수 없다. 그러면 어떻게 해야 하는가? 종려는 '抽添'하는 수련을 해야 한다고 말한다.

> 천지와 일월, 몸 밖의 금석과 몸 안의 기액 등은 이미 채취했으면 반드시 첨가하고, 이미 첨가했으면 반드시 뽑아내야 하니, 추첨의 이치가 바로 조화의 근본이다. … 무정한 금석조차도 화후에 어긋남이 없게 하고 추첨에 절도에 맞게 하면 오히려 나이를 늘이고 수명을 더할 수 있다. 만약 자기 몸에 있는 유정한 정양의 기와 진일의 수로 교합의 때를 알고 채취하는 법에 밝아서 오랫동안 해낸다면, 기 가운데 기가 있게 되고, 그 기를 단련하여 신을 이루면 초탈할 수 있다.

추첨의 이치 또한 천지와 일월의 승강하고 교합하는 이치에서 나왔다. 가령 동지가 지나면 太陰이던 음의 기운은 抽해져서 厥陰이 되고, 少陽이던 양의 기운은 添해져서 陽明이 된다. 이와 같이 춥다가 따뜻해지고, 따뜻하다가 더워지는 六氣의 변화는 '추첨'에 의한 것이다. 이러한 이치를 몸에 적용시킨 것이 추첨의 수련이다. 여기서 추첨은 抽鉛添汞, 즉 연홍을 추첨하는 것이다. 물론 이 때의 鉛汞은 외단에서 말하는 金石의 연홍이 아니라 몸속의 연홍을 말한다. 그렇다면 무엇을 연홍이라 말하는가?

> 腎水 속에는 처음 수태할 때의 부모의 眞氣가 간직돼 있으니, 진기는 사람 몸 안의 신장에 숨어 있다. 이른바 鉛이란 이것이다. 신장 속에 正氣가 있고 기 속에 眞一의 水가 있는데, 이것을 이름하여 眞虎라 한다. 이른바 연

가운데 銀이란 이것이다. 신장의 기는 간장의 기로 전해지고 간장의 기는 심장의 기로 전해진다. 심장의 기가 크게 극하여 액을 낳는데, 액 속에 正陽의 기가 있으니, 이른바 硃砂란 심액이다. 汞이란 심액 속의 정양의 기가 바로 이것이다. 기 속의 진일의 수가 액 속의 정양의 기를 연모하여 화합하니 기와 액이 쌓여 태포가 된다. 태포를 황정 속으로 보내고, 진화에 어긋남이 없으면 태선은 저절로 이루어진다. 이것이 연 속의 은이 홍에 합하여 연단하여 보배를 이루는 것으로 비유되는 것이다.

대약의 재료는 본래 진일의 수로 태를 삼아 정양의 기를 감싼 것이다. 마치 예전 부모의 진기인 정혈을 포태로 삼는 것과 같다. 삼백일 간 조화하면 태가 완성되고 기가 충족되어 형이 갖추어지고 신이 와서 부모와 떨어진다. 형 밖에서 이미 합해진 것이니, 합해졌다는 것은 형이 형을 낳은 것이다. 도를 받드는 사람은 신장의 기를 심장의 기와 교합하게 하는데, (신장의) 기 속에 간직된 진일의 수와 (심액이) 싣고 있는 정양의 기를 교합하는 것이니, 기로써 기를 교합하니 수가 포태가 된다. 그 형상은 기장쌀과 같은데, 잘 길러서 어그러지지 않게 해야 한다. 처음에는 음에 나아가 양을 머물게 하고 다음에는 양을 써서 음을 단련하니, 기가 변하여 정이 되고 정이 변하여 홍이 된다. 홍이 변하여 주가 되고 주가 변하여 사가 되며 사가 변하여 금단이 된다. 금단이 이루어지고 나면 진기는 저절로 생기니, 이 진기를 단련하여 신을 이루면 초탈을 얻을 수 있다.

즉 몸 속의 신장에 숨어 있는 부모의 진기가 鉛이고, 심액 속의 정양지기가 汞이다. 먼저 添汞을 말하자면, 앞서 보았던 채약을 말한다. 정양지기가 진일지수와 교합하여 황정으로 들어가는 것이 첨홍이다. 그런데 添汞하고 나서는 抽鉛하지 않으면 한갓 홍을 단련하여 단전을 보전할 뿐이고 진기가 생기지 않는다. 그러므로 채약진화의 수련, 즉 첨홍의 수련을 하면서 추연에 해당하는 수련을 해야 한다.

채약으로 홍을 더하고 나서, 홍을 더했으면 반드시 연을 뽑아내야 하니, 추첨은 몸 밖에 있는 것이 아니기 때문이다. 하단전으로부터 상단전으로 들어가는 것이니, 이름하여 肘後飛金晶이라 한다. 또 '하거를 일으키고 용호를 달리게 한다'고 하고, 또 '還精補腦하여 장생불사한다'고 한다. 연을 뒤로 뽑아 올리면 홍은 저절로 가운데에서 내려가는데, 중단전을 거쳐 하단전으로 돌아간다. 처음에 용호가 교구하여 황아로 변한 것은 오행전도에 해당한다. 여기에서 연을 뽑고 홍을 더하여 태선을 기르는 것은 세 단전을 반복해서 도는 것이다. 오행이 전도되지 않으면 용호가 교구하지 않고, 세 단전을 반복하여 돌지 않으면 태선의 기는 충족되지 않는다. 연을 뽑고 홍을 더하기를 백일이면 약의 힘이 온전해지고, 이백일이면 성태가 견고해지고, 삼백일이면 태선이 완성되어 진기가 생긴다. 진기가 생겨나고 그 기를 단련하여 신을 이룬다.

여기서 肘後는 독맥을 말한다. 금정을 독맥으로 올려 니환으로 보내는 것이 주후비금정이다. 그렇다면 이 첨홍과 추연의 수련을 통해서 어떻게 대약이 이루어지고 진기가 생기는가?

처음에 홍을 얻을 때는 반드시 연을 쓰나, 연을 쓰면 끝에는 어긋남이 있다. 그러므로 연을 뽑아 上宮으로 들어가게 하는데, 元氣는 전하지 않고 精을 돌려 뇌로 들어가게 한다. 날마다 얻은 홍이 음이 다 없어지고 순수한 양이 되면, 精이 변하여 砂가 된다. 이 사가 변하여 金이 되니, 곧 眞鉛이다. 진연은 자신의 진기가 합쳐져서 얻어진 것이다. 진연에서 진기가 생기는 가운데 기 중에 眞一의 水가 있게 되고, 오기가 조원하여 三陽이 정수리에 모이게 된다. … 아래로부터 위로, 다시 위로부터 아래로 환단하고 연형하는 것은 모두 금정이 왕복하는 공이다. 앞에서 뒤로, 다시 뒤에서 앞으로 몸을 태우고 기를 합하는 것은 모두 진기가 조화하는 공이다. 만약 빼거나 더하지 않고 단지 채약과 진화를 쓰는 데 그친다면 어찌 이와 같은 효험이 있겠는가?

위를 보면 금정이 변한 것이 眞鉛이라는 하였는데, 이것은 곧 단약이 완성된 것이 진연이라는 말이다. 여기서 '진연'이라는 표현은 매우 중요하다. 앞서 태어날 때 받은 부모의 진기가 신장 속에 있는데 이것을 鉛이라 하였다. 이 부모의 진기로 인해 몸속에 기와 액이 생성되어 생명활동을 유지할 수 있다. 그러나 이것은 '一點元陽'이라 하여 몸에 비해 아주 미미하다. 이 진기가 고갈되면 생명도 유지할 수 없다. 몸속에 다시 진연이 생겨났다는 것은 선천의 鉛, 즉 부모로부터 받은 진기를 대신할 후천적 鉛이 생긴 것이다. 이 진연은 한계가 있는 一點의 원양과 달리 몸속에서 계속해서 진기를 만들어 낼 수 있다. 몸속에서 끊임없이 진기를 만들어 낼 수 있으면, 천지의 음양이 승강하는 것처럼 몸속의 기와 액이 끊임없이 순환하여 장생할 수 있다. 바로 '단약을 제련하여 이루고 영원히 하단전에 자리 잡으면, 육체를 단련해 세상에 머물면서 장생을 얻어 죽지 않아 땅위의 신선을 이룬다'는 것이다. 따라서 중성법은 長生不死할 수 있는 法이다.

5_ 大成-超凡入聖法

大成의 수련법은 범인에서 신선으로 올라가는 법이다. 따라서 소승과 중성에 비해 자세하지 않다. 대성법의 첫부분에서 종리권도 여동빈의 물음에 선뜻 대답하지 않고 말을 아낀다. 대성법, 즉 범인을 벗어나 성인에 들어가는 원리와 형질을 벗고 신선으로 올라가는 도는, 鍊氣하여 朝元하는 데 근본을 둔다. 조원이란 글자 그대로 풀면 元에 모이는 것인데, 원은 內元·下元·中元을 말한다. 이 조원이 이루어지기 위해서는 어떻게 해야 하는가?

> 범인을 벗어나 성인에 들어가고, 형질을 벗고 신선에 오르고자 한다면 먼저 용호를 교구하여 대약을 이루어야 한다. 대약이 이루어지면 진기가 생긴다. 진기가 생겨났다면 일 년 중에 달에 따라 수련하는데, 한 달 중의 기의 흐름의 성쇠에 따라 정한다. 한 달 중에 날에 따라 수련하는데, 날마다의 直事를 정한다. 하루 중에 시간에 따라 수련하는데, 시간에 따라 호흡수를 정한다. 양으로 양을 길러 양 속에 음이 머물지 않게 하며, 양으로 음을 단련하여 음 속에 양이 흩어지지 않게 해야 한다. … 게다가 진기가 이미 생겼다면 순양의 기로 오장의 기를 단련하기를 그치지 않아야 한다. 그렇게 하면 오장의 기가 본래의 면목에서 벗어나 한꺼번에 天池에 이른다. 처음에는 신장에 음이 없어져서 九江에 물결이 일지 않는다. 다음에는 간장에 음이 없어져서 八關이 영원히 닫힌다. 다음에는 폐장에 음이 없어져서 금과 화가 같은 화로에 있게 된다. 다음으로 비장에 음이 없어져서 玉戶가 열리지 않는다. 다음에는 진기로 올라가 네 기가 모여 하나가 된다. … 바야흐로 양신이 모여 상단전으로 돌아간다. 이 신을 단련하여 仙을 이루어 대도에 합하게 된다.

이 때 시기에 따라 단련하는 것은 오행의 원리에 따른다. 예를 들면, 봄에는 간장의 기가 왕성하기 때문에 간장을 단련한다는 식이다. 중요한 것은 단약이 완성되어 생긴 진기로 오장의 기를 단련하는 것이다. 계속해서 단련하게 되면 오장의 기는 음이 없어지고 순양의 기로 변한다. 그런데 음이 없어지는 것은 오장 중에 신장·간장·폐장·비장뿐이고 심장은 빠져 있다. 이것은 단약이 완성되어 진기가 생기고 나면 다시 신장의 기가 올라와 심장과 합쳐 액을 만들어 내지 않기 때문이며, 환단과 연형으로 인해서이다. 또 진기를 따라 올라가 네 장기의 기가 모여 하나가 된다고 하였는데 이는 심장에 모이는 것이다. 결국 네 장기의 기가 심장에 모여 하나가 되는 것이니, 중원과 심장을 같이 보고 있다. 조원의 다른 설명을 보자.

> 도를 받드는 선비는 마땅히 이 이치를 깊이 연구해야 한다. 날이 흘러가는 사이에 하나의 陽이 처음 생겨나면 오장의 기가 中元에 모이고, 하나의 陰이 처음 생겨나면 오장의 액이 下元에 모인다. 이렇게 되면 음 속의 양, 양 속의 양, 음양 속의 양, 이 세 양이 올라가 내원에 모이고 心 속의 神이 천궁으로 돌아간다. 이를 모두 조원이라 한다.
>
> 오기가 중원에 조회하고 군화를 따라 내원을 벗어난다. 하원은 음 속의 양인데 그 양이 음이 없게 되면 올라가서 신궁에 모인다. 중원은 양 중의 양인데 그 양이 다시 생함이 없게 되면 올라가서 신궁에 모인다. 황정의 대약이 음이 다 없어진 순양이 되면 올라가서 신궁에 모인다. 그러므로 오액은 하원에 조회하고, 오기는 중원에 조회하고, 삼양은 상원에 조회한다.

여기서 조원이란 하원에는 오장의 액이, 중원에는 오장의 기가, 상원에는 三陽이 모이는 것을 말한다. 이때 삼양은 하원의 양, 중원의 양, 황정의 양이다. 삼양이 모이는 내원은 정수리의 니환을 말한다. 삼양이 내원에 모이면 神이 모이게 되고, 내관을 통해 신을 단련하여 몸을 벗어나 선계에 오르게 된다. 이것이 범인을 벗어나 성인에 들어가고脫凡入聖, 형질을 벗고 신선에 오른다脫質升仙는 것이다.

여기서 脫凡과 脫質을 주목해보자. 이 때 質과 凡은 形質로서의 몸과 형질을 가진 사람이란 의미이다. 그렇다면 대성법을 이루게 되면 몸을 벗어나게 된다는 말이다. 앞서 중성법을 이루게 되면 죽지 않고 살 수 있다고 했다. 그런데 不死이긴 하나 역시 형질인 몸을 가진 상태이므로, 현실 세계를 벗어나 선계로 갈 수 없다. 이것은 신선에 대한 표현에서도 잘 나타난다.

> 신선이란 지선이 속세에 머무는 것을 싫어해 공부를 쉬지 않고 한 자이다. 관절을 연결하고 연홍을 추첨하여 금정으로 정수리를 단련한다. 옥액환단하고 연형하여 기를 이룬다. 오기조원하여 삼양이 정수리에 모인다. 공이 가득하고 형체를 잊어 태선이 저절로 변화한다. 음이 다 소멸하여 순수한 양이 되어 몸 밖에 몸이 있게 되니, 형질을 벗고 신선에 올라, 범인을 벗어나 성인이 된 자이다. 세속을 사양하고 이별하여 삼신산으로 되돌아가니 곧 신선이라고 한다.

결국 신선은 죽지 않으면서 속세, 즉 현실세계를 초월한 자이며, 대성법을 통해 이룰 수 있다는 것이다.

참고문헌

서대원, 「鍾呂의 生命觀 考察」, 『선도문화』 Vol.11, 2011.

______, 「종려의 우주관 고찰」, 『道敎文化硏究』 Vol.26, 2007.

______, 「鍾呂의 修煉觀 考察: 도교 기질 변화설의 한 예로」, 『동양철학』 Vol.30, 2008.

沈志剛, 『鍾呂丹道經典譯解』, 宗敎文化出版社, 2008.

袁康就, 『鍾呂內丹道德觀硏究』, 宗敎文化出版社, 2005.

이원국(김낙필, 이석명, 김용수, 나우권 옮김), 『내단』, 성균관대학교출판부, 2006.

정병희, 「종려단법에서의 수승화강」, 『東洋學硏究』 Vol.3, 2007.

詹石窗 · 楊燕, 「鍾呂內丹學略論」(『道家文化硏究』, 第23輯).

『秘傳正陽眞人靈寶畢法』(『道藏』).

『鍾呂傳道集』(『道藏』).

종려전도집

鍾呂傳道集

正陽眞人 鍾離權雲房述	정양진인 종리권 운방*이 짓고
純陽眞人 呂岩洞賓集	순양진인 여암 동빈**이 모았으며
華陽眞人 施肩吾希聖傳	화양진인 시견오 희성***이 전한다

* 종리권: 당말 오대의 경조 함양 사람이다. 자는 운방(雲房)이고, 한종리(漢鍾離)라고도 불린다. 왕현보(王玄甫)에게 공부하여 장생의 도를 얻었다. 난리를 피해 종남산에 들어가 석벽 사이에서 『영보필법』을 얻고서 정좌 내시하고, 음양화합을 하여 내외 승강의 이치를 얻었다. 도교에서는 그를 북오조의 한 사람으로 높인다. 세상에서는 정양조사라고 칭한다. 제자로는 여동빈, 진박, 정문숙, 왕로지 등이 있다. 여동빈이 그의 내단학설을 계승하여 종려내단학파를 형성하였다. 민간 전설에서는 팔선(八仙) 중의 한 사람으로 부른다.

** 여동빈: 당말 오대의 도사이다. 경조 사람으로 이름은 암(巖), 호는 순양자(純陽子), 회도인(回道人)이며, 동빈은 그의 자이다. 진사 시험에 낙방한 후 강호를 유랑하다가 종리권을 만나 도를 전수받았다. 처음에는 종남산에서 수련하다가 종리권을 따라 학령(鶴嶺)으로 가서 상진비결(上眞秘訣)을 전수받았다. 그는 천둔검법(天遁劍法)을 깊이 체득하였으며, 도를 얻고 선화하여 팔선(八仙)의 하나가 되었다. 전진교에서는 그를 종조로 받들고 있다.

*** 시견오: 북송 초기의 도사로 세상 사람들이 화양진인(華陽眞人)이라고 불렀다. 여동빈을 스승으로 섬겼다. 『태백경(太白經)』, 『황제음부경해(黃帝陰符經解)』, 『서산군선회진기(西山群仙會眞記)』, 『서산집(西山集)』, 『종려전도집(鍾呂傳道集)』 등의 저술이 있다.

제1장

진선에 대한 논의

論眞仙 第一[1]

呂曰: 人之生也, 安而不病, 壯而不老, 生而不死, 何道可致如此?

여동빈이 물었다: 사람이 태어나서 병들지 않고 편안하며, 늙지 않고 건장하며, 죽지 않고 사는 것은 어떤 도라야 이와 같이 될 수 있습니까?

鍾曰: 人之生, 自父母交會, 而二氣相合, 卽精血爲胎胞, 於太初之後而有太質. 陰承陽生, 氣隨胎化, 三百日形圓. 靈光入體, 與母分離. 自太素之後, 已有升降. 而長黃芽. 五千日氣足其數, 自滿八十一丈. 方當十五, 乃曰童男. 是時陰中陽半, 可比東日之光. 過此以往, 走失元陽, 耗散眞氣, 氣弱則病老死絶矣. 平生愚昧, 自損靈光, 一世兇頑, 暗除壽數. 所以來生而身有等殊, 壽有長短. 旣生復滅, 旣滅復生. 轉轉不悟而世世墮落, 則失身於異類, 透靈於別殼, 至眞之根性, 不復於人, 旁道輪廻, 永無解脫.

종리권이 대답하였다: 사람이 태어나는 것은 부모가 교회하여 두 기가 서로

1 第一: 底本에는 각 장의 순서표시가 없다. 하지만 체제 구성의 편의를 위해 輯要本에 따라 각 장에 순서를 기재하였다. 이하 각 장에 나타난 순서 표기는 이와 같다.

합함으로부터 시작하니, 곧 정혈이 포태가 되는 것이니 태초太初[2] 이후에서 태질太質[3]이 있게 되는 것이다. 음은 양을 이어받아 생성하는데, (이때) 기는 태를 따라서 변화하여 삼백 일에 형태가 원만해지고, 신령스러운 빛이 몸으로 들어가 어머니와 분리된다. 태소太素[4] 이후로부터 오르내림이 있게 되어 황아[5]가 자란다. 오천 일이 되면 기가 그 수를 채워서 저절로 팔십일 장[6]을 가득 채운다. 이때가 십오 세가 되니 동남이라고 한다. 이 시기는 음 가운데 양이 반이니, 해가 떠오르는 때에 견줄 만하다. 이때를 지나가면 원양[7]을 잃어가고 진기眞氣를 소모하게 되어, 기가 약해지면 병들고 늙고 죽어 심신이 단절

---

2 태초: 태일(太一)이라는 말은 우번이 태극(太極)을 두고서 한 말이다. 여기서 태극과 태일의 관계를 조금 설명해보자. 태극이라는 용어는 장자에서 시작된 말인데, 「계사전」에서도 "역에 태극이 있다[易有太極]"라는 언급이 있다. 「계사전」에서 태극이란 괘 그림과 시초점을 셈하는 최초 근원의 의미이다. 그런데 한 대에 이르러 태극이라는 개념이 우주론적 의미를 띠게 되면서, '태역', '태초', '태시', '태소' 등의 의미로 확대된다. 이들 개념들은 모두 기와 관련된 것으로 태역은 기가 생성되기 이전의 상태, 태초는 기가 시작되는 상태, 태시는 기의 형태가 이루어져 모양이 생긴 상태, 태소는 질이 생겨난 상태를 의미한다. 여기서 기와 형과 질이 뒤섞여 혼돈된 상태를 혼륜이라고 하는데, 이것이 태극의 의미이다. 우번은 이러한 태극을 태일이라고 한 것이다. 우번의 태일이라는 개념은 우주 발생의 최고 근원의 의미로 사용한 것이다.

3 태질: 『열자(列子)』「천서(天瑞)」에 "태질은 형체의 시작이다"(太質者, 形之始也)라는 언급이 있다.

4 태소: 『열자(列子)』「천서(天瑞)」에 "태소는 질의 시작이다"(太素者, 質之始也)라는 언급이 있다.

5 황아: 외단에서 연과 홍을 솥 안에 넣고 화후를 운용해 화학적 변화를 통해 나타나는 황색의 물질을 말한다. 그 물질이 마치 싹이 돋아나는 모양을 닮아서 황아라고 이름을 삼았다. 이것은 납[鉛]의 정화 혹은 진연(眞鉛)으로 말해지며 대약(大藥)의 기본물질이다. 이를 팽련하면 금단(金丹)을 이룬다고 한다. 내단에서는 단두(丹頭)가 싹터 발아(萌芽)하는 형상을 황아라고 규정한다.

6 팔십일장: 팔십일은 구구팔십일에서 온 것이다. 구구는 순양(純陽)의 수로 가장 큰 수를 대표한다.

7 원양: 선천의 정(精)을 가리킨다.

된다. 평생 동안 어리석게 스스로 신령스러운 빛을 손상하며, 한 세상을 흉악하고 완고하게 지내 타고난 수명을 저도 모르게 허비한다. 그래서 다음 생에 육신의 차등이 있고, 수명의 장단이 있게 된다. 이렇게 태어나 다시 소멸하고, 소멸하고 나서 다시 태어난다. 나고 죽는 것을 반복하면서도 깨닫지 못하고 대대로 윤회가 거듭될수록 사람의 몸을 잃고 다른 부류가 되고, 신령함은 다른 부류로 옮겨가니, 지극히 참된 본성이 사람으로 다시 돌아오지 못하고, 곁길로 윤회하여 영원히 해탈하지 못한다.

或遇眞仙至人, 與消其罪報, 除皮脫殼, 再得人身. 方在癡病愚昧之中, 積行百劫, 升在福地, 猶不免饑寒殘患. 迤邐升遷, 漸得完全形貌, 尙居奴婢卑賤之中. 苟或復作前孽, 如立板走丸, 再入旁道輪廻.

더러는 진선과 지인을 만나 그 죄의 업보를 씻어버리고 형체라는 껍데기를 벗어버려 다시 사람의 몸을 얻기도 한다. 하지만 어리석고 우매한 상태에 있어서 백겁동안 선행을 쌓아 복지에 오르더라도 여전히 주리고 추위에 떨고 다치고 병듦을 면하지 못한다. 잇달아 윤회하여 점점 완전한 모습을 갖추더라도 여전히 노비나 비천한 사람의 지위에 거처하게 된다. 혹시라도 이전의 흉악한 짓을 다시 짓게 되면, 이는 마치 세워놓은 판에 구슬을 굴리듯 빠르게 거듭 방도에 빠져 윤회한다.

呂曰: 生於中國, 幸遇太平, 衣食稍足而歲月未遲. 愛者安而嫌者病, 貪者生而怕者死. 今日得面尊師, 再拜再告. 念以生死事大, 敢望開陳不病不死之理, 指敎於貧儒者乎.

여동빈이 말하였다: 천하의 가운데 나라에서 태어나 다행히 태평성대를 만나 먹고 입는 것이 조금 만족되나 세월은 너무 빠릅니다. 편안한 것은 좋아하고 병든 것은 싫어하며, 살아 있음을 탐하고 죽는 것은 싫어합니다. 오늘 스승님

을 뵙고 거듭 절하며 고합니다. 나고 죽는 큰일을 줄곧 생각하고 있사오니, 감히 병들지 않고 죽지 않는 이치를 설명하여 불쌍한 유자에게 가르쳐 주시기 바랍니다.

鍾曰: 人生欲免輪廻, 不入於異類軀殼, 嘗使其身無病老死苦. 頂天立地, 負陰抱陽[8]而爲人也. 爲人勿使爲鬼, 人中修取仙, 仙中升取天.

종리권이 말하였다: 사람으로 태어나 윤회를 벗어나고자 하면, 다른 생명체의 몸에 들어가지 않도록 해야 하고, 그 몸이 병들지 않고 늙지 않으며 죽지도 고통스럽지도 않도록 해야 한다. 하늘을 이고 땅을 밟으며 음을 지고 양을 안으면 사람이 된다. 사람이 되어서는 귀신이 되지 않도록 해야 하고, 사람으로 살아가는 중에는 수련하여 신선이 되어야 하고, 신선이 되어서는 선계에 올라 천선이 되어야 한다.

呂曰: 人死爲鬼, 道成爲仙. 仙一等也, 何以仙中升取天乎?

여동빈이 말하였다: 사람이 죽으면 귀신이 되나, 도를 이루면 신선이 됩니다. 신선은 한 가지일 텐데, 신선 중에서 선계에 올라 천선이 된다는 것은 무슨 뜻입니까?

鍾曰: 仙非一也. 純陰而無陽者, 鬼也. 純陽而無陰者, 仙也. 陰陽相雜者, 人也. 惟人可以爲鬼, 可以爲仙. 少年不修, 恣情縱意, 病死而爲鬼也. 知之修煉, 超凡入聖, 脫質而爲仙也. 仙有五等, 法有三成. 修持在人, 而功成隨分者也.

---

8 부음포양(負陰抱陽): 『노자』에 처음 보이는 구절로 42장에 "음을 지고 양을 안고서 기가 서로 합하여 조화를 이룬다"(負陰抱陽, 沖氣以爲和)라는 언급이 있다.

종리권이 말하였다: 신선에는 한 종류만이 아니다. 순수한 음으로 양이 없는 존재는 귀신이다. 순수한 양으로 음이 없는 존재는 신선이다. 음과 양이 서로 섞인 존재는 인간이다. 오직 인간만이 귀신도 되고 신선도 될 수 있다. 어려서부터 수련하지 않고 마음 내키는 대로 하면 병들어 죽어서 귀신이 된다. 이를 알아 수련하여 범인을 벗어나 성인에 들어가 형질을 벗으면 신선이 된다. 신선에는 다섯 등급이 있고 법에는 세 가지 이룸이 있다. 수행은 사람에게 달려 있지만, 공을 이룸은 그 분수에 달려 있다.

呂曰: 法有三成, 而仙有五等者, 何也?
여동빈이 말하였다: 법에는 세 가지 이룸이 있고, 신선에는 다섯 가지 등급이 있다는 것은 무슨 말입니까?

鍾曰: 法有三成者, 小成中成, 大成之不同也. 仙有五等者, 鬼仙, 人仙, 地仙, 神仙, 天仙之不等, 皆是仙也. 鬼仙不離於鬼, 人仙不離於人, 地仙不離於地, 神仙不離於神, 天仙不離於天.
종리권이 말하였다: 법에 세 가지 이룸이 있다는 것은 소성, 중성, 대성으로 각기 다르다. 신선에 다섯 등급이 있다는 것은 귀선, 인선, 지선, 신선, 천선으로 다르지만, 모두 신선이다. 귀선은 귀신에서 벗어나지 않고, 인선은 사람에서 벗어나지 않고, 지선은 땅에서 벗어나지 않고, 신선은 신에서 벗어나지 않고, 천선은 하늘에서 벗어나지 않는다.

呂曰: 所謂鬼仙者, 何也?
여동빈이 말하였다: 이른바 귀선이란 무엇입니까?

鍾曰: 鬼仙者, 五仙之下一也. 陰中超脫, 神象不明, 鬼關無姓, 三山無名. 雖不輪廻, 又難返蓬瀛. 終無所歸, 止於投胎就舍而已.

종리권이 말하였다: 귀선이란 다섯 신선 등급 중에 가장 낮은 존재이다. 음의 상태에서 벗어났지만 신의 형상이 분명하지 않아, 귀신이 드나드는 문에 성명이 없고 삼신산[9]에도 이름이 없는 존재이다. 비록 윤회는 하지 않지만 또 봉래와 영주에 되돌아가기 어렵다. 끝내 귀착할 곳이 없어, 다른 사람의 태에 들어가 집으로 삼는 데 그칠 뿐이다.

呂曰: 是此鬼仙, 行何術用何功, 而致如此?

여동빈이 말하였다: 이 귀선은 어떤 수행을 하고, 어떤 공부를 했기에 이와 같이 됩니까?

鍾曰: 修持之人, 始也不悟大道, 而欲於速成. 形如搞木, 心若死灰, 神識內守, 一志不散. 定中以出陰神, 乃淸靈之鬼, 非純陽之仙. 以其一志陰靈不散, 故曰鬼仙. 雖曰仙, 其實鬼也. 古今崇釋之徒, 用功到此, 乃曰得道, 誠可笑也.

종리권이 말하였다: 수행하는 사람이 애초에 대도는 깨닫지는 못하면서 빨리 이루기만을 바라는 경우이다. 형체는 마른 고목같이 하고 마음은 죽은 재처

9 삼신산: 중국 발해(渤海)에 있었다는 전설상의 세 신산(神山)으로 봉래산(蓬萊山)·방장산(方丈山)·영주산(瀛洲山)을 가리킨다. 이곳에는 선인들이 살며 불로불사의 약이 있다고 하는데 모두 항아리의 형태를 취한다. 『사기(史記)』, 『열자(列子)』에서 비롯된 이야기로, 『열자』에 의하면, 발해의 동쪽 수억만 리 저쪽에 오신산(五神山)이 있는데, 그 높이는 각각 3만 리, 금과 옥으로 지은 누각(樓閣)이 늘어서 있고, 주옥(珠玉)으로 된 나무가 우거져 있다. 그 나무의 열매를 먹으면 불로불사한다고 한다. 그곳에 사는 사람은 모두 선인들로서 하늘을 날아다니며 살아간다. 오신산은 본래 큰 거북의 등에 업혀 있었는데, 뒤에 두 산은 흘러가 버리고 삼신산만 남았다고 한다. 『사기』에 의하면, BC 3세기의 전국시대 말, 제왕 가운데 삼신산을 찾는 사람이 많았는데 그중에서도 진시황제는 가장 신선설에 열을 올려 자주 삼신산을 탐험시켰다. 한번은 방사 서불(徐市)이 소년과 소녀 수천 명을 이끌고 배에 올랐는데, 결국 행방불명이 되었다는 사건은 특히 유명하다.

럼 하여 정신은 내면을 지킬 줄만 알아 한뜻으로 흩어지지 않게 한다. 입정한 가운데 음신을 내니 이는 곧 청령한 귀신이지 순양의 신선이 아니다. 그 한뜻으로 음령을 흩어지지 않도록 하여서 된 것이기 때문에 귀선이라고 한다. 비록 신선이라고 하지만, 실제로는 귀신이다. 예나 지금이나 부처를 받드는 무리가 공부하여 여기에 이르고서는 도를 얻었다고 하니, 참으로 가소롭다.

呂曰: 所謂人仙者, 何也?

여동빈이 말하였다: 이른바 인선이란 무엇입니까?

鍾曰: 人仙者, 五仙之下二也. 修眞之士, 不悟大道, 道中得一法, 法中得一術, 信心苦志, 終世不移. 五行之氣, 悞交悞合, 形質且固, 八邪之疫不能爲害, 多安少病, 乃曰人仙.

종리권이 말하였다: 인선이란 다섯 신선의 등급 중에 밑에서 두 번째이다. 진眞을 닦는 선비가 대도는 깨닫지 못했지만, 도 가운데에서 한 법을 얻고, 법 중에서 한 가지 방술을 얻어 그것을 참되게 믿는 마음으로 뜻을 간절히 하여 죽을 때까지 바꾸지 않은 자이다. 오행의 기가 잘못 교합하더라도, 형질은 굳건하니 여덟 가지 사악한 역기[10]가 해칠 수 없으며 편안한 가운데 병이 적으니, 이를 곧 인선이라고 한다.

呂曰: 是此人仙, 何術何功, 而致如此?

여동빈이 말하였다: 이 인선은 어떤 수행을 하고, 어떤 공부를 했기에 이와 같이 됩니까?

鍾曰: 修持之人, 始也或聞大道, 業重福薄, 一切魔難, 遂改初心,

---

10 여덟 가지 사악한 역기[八邪之疫]: 배고픔[飢], 화기[熱], 피곤함[勞], 수고로움[役], 풍(風), 추위[寒], 더위[暑], 습함[濕]을 말한다.

止於小成. 行法有功, 終身不能改移, 四時不能變換. 如絶五味者, 豈知有六氣, 忘七情者, 豈知有十戒. 行漱咽者, 哈吐納之爲錯, 著採補者, 笑清靜以爲愚. 好卽物以奪天地之氣者, 不肯休粮, 好存想而採日月之精者, 不肯導引. 孤坐閉息, 安知有自然, 屈體勞形, 不識於無爲. 採陰取婦人之氣, 與縮金龜者不同, 養陽食女子之乳, 與煉丹者不同. 以類推究, 不可勝數, 然而皆是道也. 不能全於大道, 止於大道中一法一術, 功成安樂延年而已. 故曰人仙. 更有一等, 而悅於須臾, 厭於持久, 用功不謹, 錯時亂日, 反成疾病, 而不得延年者, 世亦多矣.

종리권이 말하였다: 수행하는 사람이 처음에는 대도를 들었더라도, 수련의 과정에서 업은 무겁고 복은 가벼워 온갖 마귀와 환난에 의해 마침내 초심을 바꾸어 소성에 그치는 경우이다. 이들은 법을 행하여 공이 있으면, 죽을 때까지 그 방법을 바꾸지 않고, 사계절이 변하더라도 수련법을 바꾸지 않는 자들이다. 예를 들면, 오미를 끊은 자가 어찌 육기[11]를 알 것이며, 칠정을 잊은 자가 어찌 십계율[12]을 알 것인가. 침을 삼키는 수인법을 행하는 자들은 토납법을 비웃으며 틀렸다고 하고, 남녀 교접을 통해 기를 보충하는 채보법에 집착하는 자들은 청정한 수련을 하는 사람들을 비웃으면서 어리석다고 한다. 사물에 나아가서 천지의 기를 빼앗는 수련을 좋아하는 자들은 곡식을 끊는 휴량법을 긍정하지 않고, 존상하여 일월의 정을 채취하기를 좋아하는 자들은 도인술을 기꺼이 하지 않는다. 또 홀로 앉아 폐식하는 자가 어찌 자연스러운 호흡이 있음을 알 것이며, 몸을 굽히고 수고롭게 하는 자들은 무위함을 알지 못한다. 음을 취하거나 부녀자의 기를 취하는 법은 금거북[13]을 수축하는 법과

---

11 육기: 한 해를 6등분하여 교차하는 땅의 기운이니, 곧 풍(風), 화(火). 서(暑), 습(濕), 조(燥), 한(寒) 6가지의 기후 변화이며, 각각 목(木), 군화(君火), 상화(相火), 토(土), 금(金), 수(水)의 오행에 해당된다.

12 십계율: 도교의 계율을 말한다. 구체적인 내용은 미상이다.

13 금거북: 원래는 방중술에서 쓰이는 용어로 남성의 성기를 의미한다.

같지 않고, 양을 기르거나 여자의 젖을 먹는 법은 연단하는 법과 같지 않다. 이러한 수련 종류를 미루어 규명하면 이루 헤아릴 수 없지만, 모두 도에 이르는 방법이긴 하다. 하지만 이러한 방법은 대도를 온전히 할 수 없고, 단지 대도 가운데 한 가지 법이거나 한 가지 방술이고, 그것을 수련한 공이 안락함과 수명연장을 이룬 것에 지나지 않는다. 그러므로 인선이라고 한다. 게다가 한 부류가 더 있는데, 잠시 동안에는 즐거이 하다가 오래 수련하는 것은 싫어해서, 공부를 함에 삼가지 않고 정해진 때와 시일을 어겨서 도리어 질병을 얻어 수명을 연장하지 못하는 자가 세상에는 또한 많다.

呂曰: 所謂地仙者, 何也?

여동빈이 말하였다: 이른바 지선이란 무엇입니까?

鍾曰: 地仙者, 天地之半神仙之才, 不悟大道, 止於中成之法. 不可見功, 唯長生住世, 而不死於人間者也.

종리권이 말하였다: 지선이란 천지에서 반신선으로 대도를 깨닫지 못하고 중성의 법에 그친 자들이다. 온전한 공효를 보지 못해 오로지 장생하여 세상에 머물기만 할 뿐으로 인간 세상에서 죽지 않는 자들이다.

呂曰: 地仙, 如何下手?

여동빈이 말하였다: 지선은 어떻게 수련을 합니까?

鍾曰: 始也, 法天地升降之理, 取日月生成之數. 身中用年月, 日中用時刻. 先要識龍虎, 次要配坎離. 辨水源清濁, 分氣候早晚. 收眞一, 察二儀, 列三才, 分四象, 别五運, 定六氣, 聚七寶, 序八卦, 行九洲. 五行顚倒, 氣傳子母, 而液行夫婦也. 三田反復, 燒成丹藥, 永鎭下田, 煉形住世, 而得長生不死, 以作陸地神仙. 故曰

地仙.

종리권이 말하였다: 처음에는 천지에서 오르내리는 이치를 본받고, 일월에서 생성하는 수를 취한다. 몸에서는 일 년과 한 달을 쓰고, 하루에서는 시와 각을 쓴다. 먼저는 용호를 알아야 하고 다음에는 감리를 짝해야 한다. 수원[14]의 맑고 탁함을 구분하고 기후의 빠르고 늦음을 나눈다. 진일을 거두고 음양 이의를 살피며, 삼재를 나열하고 사상을 구분하며, 오운을 구별하여 육기를 정하고, 칠보[15]를 취하고 팔괘를 나열하며, 구주를 행한다. 오행이 전도하여, 기는 자식과 어미의 관계로 전하고 액은 부부의 관계로 행한다. 삼단전을 반복하여 단약을 제련하여 이루고 영원히 하단전에 자리 잡게 하면, 육체를 단련해 세상에 머물면서 장생을 얻어 죽지 않아 땅위의 신선을 이룬다. 그러므로 지선이라고 한다.

呂曰: 所謂神仙者, 何也?

여동빈이 말하였다: 이른바 신선이란 무엇입니까?

鍾曰: 神仙者, 以地仙厭居塵世, 用功不已. 關節相連, 抽鉛添汞, 而金精煉頂. 玉液還丹, 煉形成氣, 而五氣朝元, 三陽聚頂. 功滿忘形, 胎仙自化. 陰盡陽純, 身外有身, 脫質升仙, 超凡入聖. 謝絶塵俗, 以返三山, 乃曰神仙.

종리권이 말하였다: 신선이란 지선이 속세에 머무는 것을 싫어해 공부를 쉬지 않고 한 자이다. 관절과 마디가 서로 통하게 하고 연홍을 추첨하여 금정으로 정수리를 단련하고, 옥액환단[16]하여 연형하고, 기를 이루고서는 오기조원

14 수원: 수(水)는 신수를 말하는데 곧 정(精)이다. 원(源)은 정이 생기는 근원을 말한다.

15 칠보: 인체의 진(津), 수(水), 타(唾), 혈(血), 신(神), 기(氣), 정(精) 등 일곱 가지를 칠보라 한다. 『육근귀도편(六根歸道篇)』에 보인다.

16 옥액환단: 이 책 13장 『논환단』, 14장 『논연형』 참조.

하며, 삼양[17]이 정수리에 모이게 한다. 공이 가득하고 형체를 잊어 태선이 저절로 변화한다. 음이 다 소멸하여 순수한 양이 되어 몸밖에 몸이 있게 되니, 형질을 벗고 신선에 올라, 범인을 벗어나 성인이 된 자이다. 세속을 사양하고 이별하여 삼신산으로 되돌아가니 곧 신선이라고 한다.

呂曰: 所謂天仙者, 何也?

여동빈이 말하였다: 이른바 천선이란 무엇입니까?

鍾曰: 地仙厭居塵世, 用功不已, 而得超脫, 乃曰神仙. 神仙厭居三島, 而傳道人間, 道上有功, 而人間有行, 功行滿足, 受天書以返洞天, 是曰天仙. 旣爲天仙, 若厭居洞天, 效職以爲仙官. 下曰水官, 中曰地官, 上曰天官. 於天地有大功, 於今古有大行. 官官升遷, 歷任三十六洞天, 而返八十一陽天. 歷任八十一陽天, 而返三淸虛無自然之界.

종리권이 말하였다: 앞에서 지선으로 속세에 머무는 것을 싫어해 공부를 쉬지 않고 해 초탈한 자를 신선이라고 하였다. 신선으로 삼도[18]에 거처하는 것을 싫어해 인간 세상에서 도를 전하면서, 도에 공적이 있고 인간 세상에도 덕행이 있어, 공과 덕행이 가득 충족되어 천서天書를 받아 동천[19]으로 되돌아가게 되는 경우가 있으니, 이를 천선이라고 한다. 이미 천선이 되었는데도 만약 동천에 머무는 것을 싫어할 경우 관직을 주어 선관[20]으로 삼는다. 선관 중에

---

17 삼양: 이 책 15장『논조원』참조.

18 삼도: 신선이 산다는 세 섬, 곧 삼신산(三神山)을 말한다.

19 동천: 신선이 사는 장소로서, 대략 명산(名山)의 동부(洞府) 가운데 있다,『운급칠첨(雲笈七籤)』「천지궁도부(天地宮府圖)」에 동천과 복지(福地)를 서술하여 밝혔는데, 동천에는 10대동천(大洞天)과 36소동천(小洞天)이 있다고 한다.

20 선관: 관직을 가진 신선을 말한다.『동문경법상승차제(道門經法相承次第)』에, "상사(上士)가 도를 얻으면 올라가 선관(仙官)이 된다"라고 하였다.『진령

서 가장 낮은 관직을 수관[21]이라고 하고, 중간의 관직을 지관[22]이라고 하며, 최상의 관직을 천관[23]이라고 한다. 천지간에 큰 공이 있고 예로부터 지금까지 오랫동안 큰 공이 있으면, 관직이 올라가 36동천[24]을 역임하고 나면, 81양천[25]으로 돌아간다. 81양천의 관직을 역임하고 나서 최종에는 삼청 허무 자연

위업도(眞靈位業圖)』에, "서명공(西明公) 주공(周公) 소석(召奭) 북명공(北明公) 오계찰(吳季札)은 사방을 주재하여 다스리는데, 각각 하나의 하늘을 다스리면서, 1600년 동안 재직하고, 선관의 보좌를 받는다"라고 하였다.

21 수관: 삼관(三官)의 하나로서 하원해액수관대제(下元解厄水官大帝)를 말한다. 『삼관응감묘경(三官應感妙經)』에 "하원수관(下元水官)은 양곡동원삼품(暘谷洞元三品)으로서 청화궁(青華宮) 안에 살면서 42조(曹)를 거느린다. 강(江) 하(河) 회(淮) 해(海)에 있는 수역(水域)의 만령(萬靈)을 주관하고, 사혼(死婚)과 귀신의 장부를 관장하며, 중생의 공과에 관한 조목을 기록하니 하원오기(下元五氣) 해액수관(解厄水官) 금령동음대제(金靈洞陰大帝) 양곡재군(暘谷帝君)이라 부른다."라고 하였다. 수관(水官)은 각종 재액을 물로 씻어내듯 없애준다고 한다. 후한대에 성립된 오두미도교에서 삼관에 대한 숭배가 성행하였다.

22 지관: 삼관 가운데 하나이다. 『삼관경(三官經)』에 "중원지관대제(中元地官大帝), 즉 청령동양이품(青靈洞陽二品)은 북도궁(北都宮)에 살면서, 삼계(三界) 시방(十方) 구지(九地)를 주재하고, 팔극(八極) 사유(四維) 오악(五岳)을 맡아 처리하며, 중생의 화복(禍福)시기를 고찰하며, 남녀의 선악에 관한 장부를 조사하기 때문에 중원칠기사죄지관(中元七氣赦罪地官) 동령청허대제(洞靈淸虛大帝) 청령제군(青靈帝君)이라 부른다"라고 하였다.

23 천관: 삼관 가운데 하나이다. 『수신기(搜神記)』에, "상원일품구기천관(上元一品九氣天官)은 자미대제(紫微大帝)이다. 매년 정월 15일이 되면, 상원진(上元辰)이 하강하여 대천세계에 있는 시방국토 속을 조사하고, 선악을 분별하여 복에 따라 보답을 주기 때문에, 사복진(賜福辰)이라 부른다"라고 하였다. 『상원천관소연멸죄참(上元天官消衍滅罪懺)』에는, "상원천관(上元天官)은 현도원양일품(玄道元陽一品)이며, 자미궁(紫微宮)에 살면서 36조(曹)를 거느리고, 중생들이 행한 선악 장부를 관장하며, 제선(諸仙)들의 벼슬이 오르내리는 것을 알리는 일을 맡고 있기 때문에, 상원구기(上元九氣) 사복천관(賜福天官) 요령원양대제(曜靈元陽大帝) 자미제군(紫微帝君)이라 부른다"라고 하고 있다.

24 36동천: 주 19) 참조.

25 81양천: 도교의 천에서 가장 높은 곳으로, 양수(陽數)의 극인 구구팔십일에

의 경지로 돌아간다.

呂曰: 鬼仙固不可求矣, 天仙亦未敢望矣. 所謂人仙地仙神仙之法, 可得聞乎?

여동빈이 말하였다: 귀선은 참으로 구하지 말아야 할 것이나, 천선도 또한 감히 바랄 수 있겠습니까! 이른바 인선, 지선, 신선의 법에 대해 들을 수 있겠습니까?

鍾曰: 人仙不出小成法, 凡地仙不出中成法, 凡神仙不出大成法. 是此三成之數, 其實一也. 用法求道, 道固不難. 以道求仙, 仙亦甚易.

종리권이 말하였다: 인선이란 소성법을 벗어나지 못하였고, 지선은 중성법을 벗어나지 못하였으며, 신선은 대성법을 벗어나지 못한 것이다. 이 세 가지 소성, 중성, 대성이라고 나누었지만 기실은 하나이다. 법을 사용해 도를 구하는데, 도는 본디 어려운 것이 아니다. 도로써 신선이 되기를 구한다면, 신선이 되는 것도 매우 쉽다.

呂曰: 古今養命之士, 非不求長生也, 非不求升仙也. 然而, 不得長生而升仙者, 何也?

여동빈이 말하였다: 예나 지금이나 수명을 기르고자 하는 선비는 모두 장생을 구하지 않은 자가 없고 신선이 되어 오르고자 하지 않은 자가 없습니다. 그런데 장생하거나 신선으로 오르지 못한 것은 무엇 때문입니까?

鍾曰: 法不合道. 以多聞强識, 自生小法旁門, 不免於疾病死亡,

해당하는 구중천(九重天)이다. 이곳에 거처하는 신들의 관직이 가장 높다.

猶稱尸解, 迷惑世人, 互相推擧, 致使不聞大道. 雖有信心苦志之人, 行持已久, 終不見功, 節序入於泉下. 嗚呼!

종리권이 말하였다: 법이 도에 합치하지 않았기 때문이다. 들은 것은 많고 아는 것만 고수해 스스로 방문소법을 만들어 질병과 사망을 면하지 못했는데도 오히려 시해라고 하여 세상 사람들을 미혹하게 하고는 서로 추천하고 거론하여 대도를 듣지 못하게 하였다. 비록 신심이 독실하고 뜻이 굳건한 사람이 있어 수행을 오래도록 하더라도, 끝내 공을 알지 못하게 되어 때가 되면 황천으로 들어가고 마는구나. 오호라!

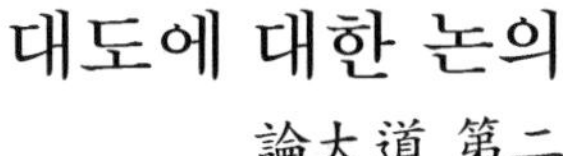

대도에 대한 논의

論大道 第二

呂曰: 所謂大道者, 何也?

여동빈이 말하였다: 이른바 대도란 무엇입니까?

鍾曰: 大道無形無名, 無問無應. 其大無外, 其小無內. 莫可得而知也, 莫可得而行也.

종리권이 말하였다: 대도는 형체도 없고, 이름도 없으며, 물어볼 수도 없고 대답할 수도 없는 것이다. 그 크기는 밖이 없고 그 작기는 안이 없다. 알 수도 없고 행할 수도 없는 것이다.

呂曰: 古今達士, 始也學道, 次以有道, 次以得道, 次以成道, 而脫塵世入蓬島. 升於洞天, 升於陽天, 而升三清, 是皆道成之士. 今日尊師, 獨言道不可得而知, 不可得而行. 然則道獨得隱乎?

여동빈이 말하였다: 고금의 통달한 선비들은 처음에는 도를 배우고, 다음에는 도가 있게 되며, 다음에는 도를 얻으며, 다음에는 도를 이루어 속세를 벗어나 봉래산과 같은 신선의 세계에 들어갑니다. 그리고 동천에 오르고 양천에 올라 삼청에 오르니, 이들을 모두 도를 이룬 선비라고 합니다. 그런데 오늘

스승님만이 유독 도는 알 수 없고 행할 수 없다고 하십니다. 그렇다면 도가 홀로 숨었다는 말입니까?

鍾曰: 僕於道也, 固無隱爾. 蓋擧世奉道之士, 止有好道之名, 聞大道而無信心. 有信心而無苦志, 朝爲而夕改, 坐作而立忘. 始乎憂勤, 終則懈怠. 僕以是言大道難知難行也.

종리권이 말하였다: 나는 도에 대해 본래 숨기는 것이 없다. 대체로 온 세상에 도를 받드는 선비는 도를 좋아한다는 이름을 얻는 데 그치기도 하고, 대도를 듣더라도 믿는 마음이 없기도 하다. 또 믿는 마음은 있지만 뜻이 굳건하지 않는 경우도 있고, 아침에는 도를 행하다가 저녁에는 고치는 경우도 있으며, 앉아서는 도를 행하다가 서서는 잊어버리기도 한다. 또 처음에는 조심스럽게 부지런히 행하다가 끝에서는 게을러지기도 한다. 내가 이러한 이유로 대도는 알기 어렵고 행하기 어렵다고 한 것이다.

呂曰: 大道難知難行之理, 如何?

여동빈이 말하였다: 대도가 알기 어렵고 행하기 어려운 이유는 무엇 때문입니까?

鍾曰: 以旁門小法, 易爲見功, 互相傳授, 至死不悟, 遂成風俗, 而敗壞大道. 有齋戒者, 有休粮者, 有採氣者, 有漱咽者. 有離妻者, 有斷味者, 有禪定者, 有不語者. 有存想者, 有採陰者, 有服氣者, 有持净者. 有息心者, 有絶累者, 有開頂者, 有縮龜者. 有絶迹者, 有看讀者, 有燒煉者, 有定息者. 有導引者, 有吐納者, 有採補者, 有布施者. 有供養者, 有救濟者, 有入山者, 有識性者. 有不動者, 有受持者, 旁門小法, 不可備陳.

종리권이 말하였다: 방문소술의 법이 쉽게 행하여 공이 나타나기 쉬워서 서

로 전수하면서 죽을 때까지 깨닫지 못하고, 마침내 유행이 되어 대도를 해쳐 무너지게 했기 때문이다. 재계하는 자도 있고, 벽곡하는 자도 있으며, 기를 채취하는 자도 있고, 침을 삼키는 자도 있다. 아내와 떨어져 사는 자도 있고, 오미를 끊는 자도 있으며, 선정을 행하는 자도 있고, 말을 하지 않는 자도 있다. 존상하는 자도 있고, 음을 채취하는 자도 있으며, 기를 먹는 자도 있고, 청정을 지키는 자도 있다. 식심[1]하는 자도 있고, 절루[2]하는 자도 있으며, 개정[3]하는 자도 있고, 축귀[4]하는 자도 있다. 흔적을 끊는 자도 있고, 책을 보는 자도 있으며, 소련하는 자도 있고, 숨을 안정하는 자도 있다. 도인술을 하는 자도 있고, 토납하는 자도 있으며, 채보법을 행하는 자도 있고, 보시를 베푸는 자도 있다. 공양하는 자도 있고, 구제하는 자도 있으며, 산에 들어가는 자도 있고, 본성만을 알려고 하는 자도 있다. 움직이지 않는 자도 있고, 수지하는 자도 있는 등, 방문소술법은 모두 갖추어 나열할 수가 없다.

至如採日月之華, 奪天地之氣, 心思意想, 望結丹砂, 屈體勞形, 欲求超脫, 多入少出, 攻病可也. 認爲眞胎息, 絶念忘言, 養性可也. 指作太一含眞氣, 金鎗不倒, 黄河逆流, 養命之下法. 形如槁木, 心若死灰, 集神之小術.

가령 일월의 정화를 채취하거나, 천지의 기를 빼앗는 수련을 하기도 하고, 마음으로 생각하고 뜻을 생각하거나, 단사를 맺기만 바라기도 하고, 몸을 굽히거나 신체를 수고롭게 하고, 초탈하기만 바라기도 하며, 많이 들여보내고 적게 내는 법들의 경우에 이르면 병을 제거할 수 있다. 참된 태식을 알고 행하며, 생각을 끊고 말을 잊어버리는 경우는 본성을 기를 수 있다. '태일함진기'[5]

1 식심: 심은 의념을 가리키고, 식은 호흡을 가리킨다.
2 절루: 정액을 사정하지 않는 방술을 의미한다.
3 개정: 불교의 수관정을 본뜬 방술이다.
4 축귀: 방중술의 하나로 금거북을 수축하는 것을 말한다.
5 태을함진기: 『영보필법』「취산수화」 참조.

한다고 하면서 금창이 전도되지 않거나[6] 황하가 역류[7]하는 것은 명을 기르는 하수의 법이다. 형체를 마른 나무처럼 하거나 마음을 죽은 재처럼 하는 것은 신을 모으는 작은 술수이다.

柰何古今奉道之士, 苦苦留心, 往往挂意? 以咽津爲藥, 如何得造化? 聚氣爲丹, 如何得停留? 指肝爲龍, 而肺爲虎, 如何得交合? 認坎爲鉛, 離爲汞, 如何得抽添? 四時澆灌, 望長黄芽, 一意不散, 欲求大藥, 差年錯月, 廢日亂時, 不識五行根蒂, 安知三才造化?
어찌 고금의 도를 받드는 선비는 힘들게 마음을 쓰면서 종종 뜻에 매어있기만 하는가? 침을 삼키는 것을 약으로 삼아서는 어떻게 조화를 이루겠는가? 기를 모으는 것을 단으로 삼기만 한다면 어떻게 머물러 있겠는가? 간을 가리켜 용이라고 하고 폐를 가리켜 호랑이라고만 하면 어떻게 교합하겠는가? 감을 연으로 리는 홍으로 삼기만 하면 어떻게 추첨을 하겠는가? 사계절 내내 물을 대서 황아가 자라기를 바라고, 한 뜻을 흩어지지 않게 하여 대약을 구하기를 바라면서, 해와 달에 어긋나고 일시에 어긋나며, 오행의 근본을 알지 못하는데 어찌 삼재 조화를 알겠는가?

尋枝摘葉, 迷惑後人. 致使大道日遠日疏, 異端並起, 而成風俗. 以失先師之本意者, 良由道聽途說口耳之學. 而指訣於無知之徒, 遞相訓式, 節序而入於泉下, 令人寒心. 非不欲開陳大道, 蓋世人孼重福薄, 不信天機, 重財輕命, 願爲下鬼.
지엽적인 것으로 후세 사람들을 미혹하게 하여 대도가 날로 멀어지고 날로

6 금창: 남성의 음경을 비유한 말이다.

7 황하역류(黃河逆流): 방중술에서 말하는 환정보뇌(還精補腦)를 의미한다. 환정보뇌는 남녀교합 시 정액을 체외로 배출하지 않고, 이렇게 비사정 시 분출되지 않은 에너지 압력을 남녀 교합 중 운기하여, 몸 전체로 돌린 후 그 기운을 뇌에까지 보내 뇌를 맑게 하는 방법이다.

소원해져 이단이 아울러 일어나 풍속이 되었다. 그렇기 때문에 선사의 본래 의도를 잃게 되어 정말로 길에서 주고받는 말이 되었고, 하찮은 학문이 되었다. 알지 못하는 무리들에게 비결을 가르쳐 주고 서로 번갈아 법식으로 삼아 차례대로 황천으로 들어가니 사람으로 하여금 (대도에 대한) 마음을 식게 하였다. 내가 대도에 대해 개진하고 싶지 않은 것이 아니라, 세상 사람들이 허물은 깊고 복은 얇아 천기를 믿지 않고, 재산을 중히 여기고 명은 가볍게 여겨, 하급의 귀신이 되고자 원하기 때문이다.

呂曰: 小法旁門, 旣已知矣. 其於大道, 可得聞乎?
여동빈이 말하였다: 방문소술법에 대해 이제 알았습니다. 그렇다면 대도에 관해 들을 수 있겠습니까?

鍾曰: 道本無問, 問本無應. 及乎眞原一判, 大朴已散. 道生一, 一生二, 二生三. 一爲體, 二爲用, 三爲造化. 體用不出於陰陽, 造化皆因於交媾. 上中下列爲三才. 天地人共得一道. 道生二氣, 氣生三才, 三才生五行, 五行生萬物. 萬物之中, 最靈最貴者, 人也. 惟人也, 窮萬物之理, 盡一己之性, 窮理盡性以至於命. 全命保生以合於道, 當與天地齊其堅固, 而同得長久.
종리권이 말하였다: 도에 대해서 본래 물을 수 없고, 묻더라도 대답할 수 없다. 진원이 한 번 나뉘게 되어 큰 통나무가 이미 흩어졌다. 도가 일을 생성하고 일이 이를 생성하며, 이는 삼을 생성한다. 일은 체가 되고 이는 용이 되며, 삼은 조화가 된다. 체용은 음양을 벗어나지 않고, 조화는 모두 교구를 따른다. 상·중·하로 나열된 것이 삼재이다. 천·지·인이 모두 하나의 도를 얻었다. 도가 음양 두 기를 생성하고, 기는 삼재를 생성하며, 삼재는 오행을 생성하고, 오행은 만물을 생성한다. 만물 가운데 가장 신령하고 가장 귀한 것이 사람이다. 오직 사람만이 온갖 것들의 이치를 궁구하여 자기의 본성을 다하

고, 이치를 궁구하고 본성으로 다하여 명에 이른다. 명을 온전히 하고 삶을 보존하여 도에 합함으로써 천지와 나란히 견고하여 천지와 함께 장구한다.

呂曰: 天長地久, 亘千古以無窮. 人壽百歲, 至七十而尙稀. 何道之獨在於天地, 而遠於人乎?
여동빈이 말하였다: 하늘과 땅은 장구하여 천고이래로 항상 무궁합니다. 사람의 수명은 백세라고 하는데, 칠십에 이른 자도 오히려 드뭅니다. 어찌 도가 유독 천지에 있으면서 사람과 멀단 말입니까?

鍾曰: 道不遠於人, 而人自遠於道耳. 所以遠於道者, 養命不知法, 所以不知法者, 下功不識時, 所以不識時者, 不達天地之機也.
종리권이 말하였다: 도는 사람에게서 멀지 않지만, 사람이 스스로 도를 멀리 했을 뿐이다. 도에서 멀어진 까닭은 명을 기르는 법을 알지 못해서이고, 그 법을 알지 못한 까닭은 수련을 행할 때를 알지 못해서이며, 그 때를 알지 못한 까닭은 천지의 기틀을 통달하지 못해서이다.

제3장

천지에 대한 논의

論天地 第三

呂曰: 所謂天地之機, 可得聞乎?

여동빈이 말하였다: 이른바 천지의 기틀에 대하여 들을 수 있겠습니까?

鍾曰: 天地之機, 乃天地運用大道, 而上下往來, 行持不倦, 以得長久堅固. 未嘗輕泄於人也.

종리권이 말하였다: 천지의 기틀은 곧 천지가 대도를 운용하는 것이니, 오르내리고 왕래하면서 쉬지 않고 운행을 지속하여 장구하고 견고하게 하는 것이다. 가볍게 사람들에게 누설할 것이 못 된다.

呂曰: 天地之於道也, 如何謂之運用之機, 如何謂之行持之機? 運用如何起首, 行持如何見功?

여동빈이 말하였다: 천지는 도를 어째서 운용하는 기틀이라고 하며, 어째서 운행을 지속하는 기틀이라고 합니까? 그리고 운용은 어떻게 처음을 시작하며, 운행의 지속은 어떻게 공효를 봅니까?

鍾曰: 大道旣判而有形, 因形而有數. 天得乾道, 以一爲體, 輕淸

而在上, 所用者, 陽也. 地得坤道, 以二爲體, 重濁而在下, 所用者, 陰也. 陽升陰降, 互相交合. 乾坤作用, 不失於道, 而起首有時, 見功有日.

종리권이 말하였다: 대도가 나뉘게 되면 형태가 있게 되고, 형태 때문에 수가 있게 된다. 천이 건도를 얻어 일로써 체를 삼으니 가볍고 맑아 위에 있고, 쓰는 것은 양이다. 지는 곤도를 얻어 이로써 체를 삼으니 무겁고 탁하여 아래에 있고, 쓰는 것은 음이다. 양은 오르고 음은 내려가 서로 사귀어 합한다. 건곤이 작용함에 도를 잃지 않으니, 처음 시작하는 것은 때가 있고, 공이 드러나는 것은 날이 있다.

呂曰: 天得乾道, 所用者陽也. 陽主升, 何以交於地? 地得坤道, 所用者陰也. 陰主降, 何以交於天? 天地不交, 陰陽如何得合? 陰陽不合, 乾坤如何作用? 乾坤旣無作用, 雖有起首之時, 見功之日, 大道如何可得也?

여동빈이 말하였다: 천은 건도를 얻어 쓰는 것은 양입니다. 양은 오르는 것을 주로 하는데, 어떻게 지와 사귑니까? 지는 곤도를 얻어 쓰는 것은 음입니다. 음은 내려가는 것을 주로 하는데, 어떻게 천과 사귑니까? 천과 지가 사귀지 않는다면 음양은 어떻게 합해집니까? 또 음양이 합하지 않는다면, 건곤은 어떻게 작용합니까? 건곤이 이미 작용함이 없다면, 시작하는 때가 있고 공이 드러나는 날이 있다 하더라도 대도를 어떻게 얻을 수 있습니까?

鍾曰: 天道以乾爲體, 陽爲用, 積氣在上, 地道以坤爲體, 陰爲用, 積水在下. 天行道, 以乾索於坤. 一索之而爲長男, 長男曰震. 再索之而爲中男, 中男曰坎. 三索之而爲少男, 少男曰艮. 是乃天交於地, 以乾道索坤道而生三陽. 及乎地行道, 以坤索於乾. 一索之而爲長女, 長女曰巽. 再索之爲中女, 中女曰離. 三索之爲少女,少女曰兌. 是乃地交於天, 以坤道索乾道而生三陰.

종리권이 말하였다: 천도는 건을 체로 삼고 양을 용으로 삼아 위에서 기를 쌓고, 지도는 곤을 체로 삼고 음을 용으로 삼아 아래에서 수를 쌓는다. 하늘이 도를 운행할 때, 도는 건으로 곤을 색索[1]한다. 건이 곤을 한 번 색하면 장남이 되는데, 장남을 진괘라고 한다. 두 번째로 색하면 중남이 되는데, 중남을 감괘라고 한다. 세 번째로 색하면 소남이 되는데, 소남을 간괘라고 한다. 이것이 곧 천이 지와 사귀는 것이니, 건도가 곤도를 색하여 세 양을 생성하는 것이다. 땅이 도를 운행할 때, 도는 곤으로 건을 색한다. 곤이 건을 한 번 색하면 장녀가 되는데, 장녀를 손괘라고 한다. 두 번째로 색하면 중녀가 되는데, 중녀를 리괘라고 한다. 세 번째로 색하면 소녀가 되는데, 소녀를 태괘라고 한다. 이것이 곧 지가 천과 사귀는 것이니, 곤도가 건도를 색하여 세 음을 생성하는 것이다.

三陽交合於三陰而萬物生, 三陰交合於三陽而萬物成. 天地交合, 本以乾坤相索, 而運行於道. 乾坤相索而生六氣, 六氣交合而分五行, 五行交合而生成萬物. 方其乾道下行, 三索旣終, 其陽復升, 陽中藏陰, 上還於天. 坤道上行, 三索旣終, 其陰復降, 陰中藏陽, 下還於地.

---

1 색: 『주역』 「설괘전」 제10장에서, "건은 하늘이므로 아버지라 일컫고, 곤은 땅이므로 어머니라 일컫는다. 진은 한번 색하여 남자를 얻으므로 장남이라 하고, 손은 한번 색하여 여자를 얻으므로 장녀라 한다. 감은 다시 색하여 남자를 얻으므로 중남이라 한다. 리는 또다시 색하여 여자를 얻으므로 중녀라고 한다. 간은 세 번 색하여 아들을 얻으므로 소남이라 하고, 태는 세 번 색하여 여자를 얻으므로 소녀라고 한다"(乾天也 故稱乎父 坤地也 故稱乎母. 震一索而得男 故謂之長男 巽一索而得女 故謂之長女. 坎再索而得男 故謂之中男 離再索而得女 故謂之中女. 艮三索而得男 故謂之少男 兌三索而得女 故謂之少女.)라고 설명한다. 여기서 일색(一索), 이색(二索), 삼색(三索)의 색(索)은 음효와 양효의 조합방법을 말한 것이다.

세 양이 세 음과 교합하여 만물이 생겨나고, 세 음이 세 양과 교합하여 만물이 이루어진다. 천지가 교합하는 것은 본래 건곤이 서로 색하면서 도를 운행하는 것이다. 건곤이 서로 색하여 육기를 생성하고, 육기가 사귀고 합하여 오행을 나누고, 오행이 교합하여 만물을 생성한다. 건도가 아래로 운행하여 삼색이 끝나고 나면 그 양은 다시 상승하니, 양 속에 음을 감추고 올라가 천으로 되돌아온다. 곤도가 위로 운행하여 삼색이 끝나고 나면 그 음은 다시 하강하니, 음 속에 양을 감추고 내려와 지로 되돌아온다.

陽中藏陰, 其陰不消, 乃曰眞陰. 眞陰到天, 因陽而生, 所以陰自天降. 陰中能無陽乎? 陰中藏陽, 其陽不滅, 乃曰眞陽. 眞陽到地, 因陰而发, 所以陽自地升. 陽中能無陰乎? 陽中藏陰, 其陰不消, 復到於地, 陰中藏陽, 其陽不滅, 復到於天. 周而復始, 運行不已. 交合不失於道, 所以長久堅固者如此.

양 속에 감춰진 음, 그 음은 소멸하지 않으니, 이를 곧 진음이라고 한다. 진음이 하늘에 이르면 양 때문에 나오게 되니, 그래서 음이 하늘로부터 내려온다. 그렇다면 음 속에 양이 없을 수 있겠는가? 음 속에 감춰진 양, 그 양은 소멸되지 않으니, 이를 곧 진양이라고 한다. 진양이 땅에 이르면 음 때문에 드러나니, 그래서 양은 땅으로부터 올라간다. 그렇다면 양 속에 음이 없을 수 있겠는가? 양 속에 감춰진 음, 그 음은 소멸하지 않아 다시 땅에 이르며, 음 속에 감춰진 양, 그 양은 소멸하지 않아 다시 하늘에 이른다. 두루 돌아 다시 시작하면서 운행을 그치지 않는다. 그 교합이 도를 잃지 않기 때문에 장구하고 견고하기가 이와 같은 것이다.

呂曰: 天地之機, 運行於道而得長久, 乃天地作用之功也. 惟人也, 雖有聪明之性, 留心於清净, 欲以奉行大道. 小則安樂延年, 中則長生不死, 大則脫質升仙. 如何作用, 運行大道, 法動天機, 而亦

得長久堅固, 浩劫常存?

여동빈이 말하였다: 천지의 기틀은 도를 운행하여 장구함을 얻으니, 이것이 곧 천지가 작용해서 이루어진 공효입니다. 오직 사람만이 총명한 성이 있어서 마음을 청정하게 유지하여 대도를 받들어 행하고자 합니다. 그 공효가 적은 경우에는 안락하면서 수명을 연장하고, 중간의 경우에는 장생하여 죽지 않으며, 큰 경우에는 형질을 벗어나 신선이 되어 오릅니다. 그렇다면 어떻게 작용하여야 대도를 운행하며, 천기를 본받아 움직이고, 또 장구하고 견고하여 무한한 시간에서 항상 존재할 수 있습니까?

鍾曰: 大道無形, 因彼之所得而爲形. 大道無名, 因彼之所有而爲名. 天地得之, 而曰乾坤之道. 日月得之, 而曰陰道陽道. 人若得之, 朝廷則曰君臣之道, 閨門則曰夫婦之道, 鄕黨則曰長幼之道, 庠序則曰朋友之道, 家室則曰父子之道. 是見於外者, 莫不有道也.

종리권이 말하였다: 대도는 형체가 없지만, 저것들이 얻은 바에 따라 형체를 삼는다. 대도는 이름이 없지만, 저것들이 있는 바에 따라 이름을 삼는다. 천지가 대도를 얻어 '건곤의 도'라고 이름하고, 일월이 대도를 얻어 '음도양도'라고 이름한다. 사람이 대도를 얻을 경우에 조정에서는 '군신의 도'라고 이름하고, 규방에서는 '부부의 도'라고 이름하며, 마을에서는 '장유의 도'라고 이름하고, 학교에서는 '붕우의 도'라고 이름하며, 가정에서는 '부자의 도'라고 이름한다. 이는 밖으로 드러난 것들이니, 도를 지니지 않은 것이 없다.

至如父母交會, 父則陽先進而陰後行, 以眞氣接眞水, 心火與腎水相交, 煉而爲精華. 精華旣出, 逢母之陰, 先進以水, 滌蕩於無用之處. 逢母之陽, 先進以血, 承受於子宮之前. 精血爲胞胎, 包含眞氣而入母子宮. 积日累月, 眞氣造化成人, 如天地行道, 乾坤相索, 而生三陰三陽.

부모의 교합으로 말하면, 아비에게 있어서 양이 먼저 나아가고 음이 뒤에 행하는데, 진기가 진수를 접하고 심화와 신수가 서로 사귀어 단련하여 정화精華가 된다. 정화가 나오게 되면 어미의 음이 마중 나와서, 수水를 앞세워 나아가 무용無用의 장소를 씻어 낸다. 그리고서 어미의 양이 마중 나와서, 혈을 앞세워 나아가 자궁 앞에서 이어받는다. 정과 혈이 포태가 되어 진기를 껴안아 간직하여 어미의 자궁에 들여보낸다. 날이 가고 달이 가면서 진기가 조화하여 사람을 만들어내는데, 이는 마치 천지가 도를 행하여 건곤이 서로 색하여 세 음과 세 양을 생성하는 것과 같다.

眞氣爲陽, 眞水爲陰. 陽藏水中, 陰藏氣中. 氣主於升, 氣中有眞水. 水主於降, 水中有眞氣. 眞水乃眞陰也, 眞氣乃眞陽也. 眞陽隨水下行, 如乾索於坤, 上曰震, 中曰坎, 下曰艮. 比之於人, 以中爲度, 自上而下, 震爲肝, 坎爲腎, 艮爲膀胱. 眞陰隨氣上行, 如坤索於乾, 下曰巽, 中曰離, 上曰兌. 以人比之, 以中爲度, 自下而上, 巽爲膽, 離爲心, 兌爲肺.

진기는 양이 되고 진수는 음이 된다. 양은 수 속에 감추어져 있고, 음은 기 속에 숨어 있다. 기는 오르는 것을 주로 하는데, 기 속에 진수가 있다. 수는 내려가는 것을 주로 하는데, 수 속에 진기가 있다. 진수는 곧 진음이고, 진기는 곧 진양이다. 진양은 수를 따라 아래로 내려가니, 이는 마치 건이 곤을 색하여, 위의 것을 진이라고 하고, 가운데 것을 감이라고 하며, 아래의 것을 간이라고 한 것과 같다. 사람으로 비유하면 중[신장]으로써 기준을 삼아 위로부터 아래로 진은 간장이 되고, 감은 신장이 되며, 간은 방광이 된다. 진음은 기를 따라 위로 올라가니, 이는 마치 곤이 건을 색하여, 아래의 것을 손이라고 하고, 가운데 것을 리라고 하며, 위의 것을 태라고 하는 것과 같다. 사람으로 비유하면 중[심장]을 기준으로 삼아 아래로부터 위로 손은 쓸개가 되고, 리는 심장이 되며, 태는 폐가 된다.

形象旣備, 數足離母. 旣生之後, 元陽在腎. 因元陽而生眞氣. 眞氣朝心, 因眞氣而生眞液. 眞液還元. 上下往復, 若無虧損, 自可延年. 如知時候無差, 抽添有度, 自可長生. 若以造作無倦, 修持不已, 陰盡陽純, 自可超凡入聖. 此乃天機深造之理, 古今不傳之事.

형상이 갖추어지고 나서 달수가 충족되면 어미와 떨어진다. 이미 태어난 이후에는 원양은 신장에 있게 되고, 원양에 말미암아 진기를 생성한다. 진기는 심장에 모이고 진기로 말미암아 진액을 생성한다. 진액은 원[신장]으로 되돌아간다. 상하로 왕복하되 만약 이지러지거나 손상됨이 없다면 저절로 수명을 연장할 수 있다. 때와 후를 알아 어긋남이 없고, 추첨에 법도가 있으면 저절로 장생할 수 있다. 조작에 게으름이 없고 수행에 그침이 없어서 음을 다하고 양이 순수해지면 저절로 범인을 벗어나 성인에 들 수 있다. 이것이 곧 천기의 심오한 이치로 예나 지금이나 전해지지 않은 일이다.

公若信心而無猶豫, 以利名若枷紐, 恩愛如寇讐, 避疾病若怕死亡之難. 防失身於別殼, 慮透靈於異類. 委有清淨之志, 當且杜其根源, 無使走失元陽, 耗散眞氣. 氣盛而魂中無陰, 陽壯而魄中有氣. 一升一降, 取法無出乎天地, 一盛一衰, 其往來亦似乎日月.

그대는 마치 독실한 마음으로 머뭇거림이 없이 명예와 이익을 수갑으로 여기며 은혜와 사랑을 원수로 여기고, 질병 피하기를 죽음의 재앙을 두려워하는 것처럼 하라. 또 별각[2]에 몸을 잃어버리는 것을 방지하고, 이상한 부류에 신령함이 스며드는 것을 근심하라. 나아가 청정한 뜻에 맡겨두면서 마땅히 그 근원을 막아 원양이 달아나지 않고 진기가 흩어지지 않게 하라. 그렇게 하면 기가 왕성해져 혼에도 음이 없게 되고, 양이 장성해져 백에도 기가 있게 될 것

2 별각: 동물이나 다른 생명체로 환생함을 의미한다.

이다. 더불어 한 번 오르고 한 번 내려감에 취한 법이 천지의 운행을 벗어나지 않게 되고, 한 번 성하고 한 번 쇠퇴함에 그 왕래 역시 일월의 운행과 같아질 것이다.

일월에 대한 논의

論日月 第四

呂曰: 天地之理亦粗知矣. 其日月之纏度交合, 於人可得比乎? 願聞其說.

여동빈이 말하였다: 천지의 이치 또한 거칠게나마 이해하였습니다. 그런데 일월이 일정한 궤도를 돌며 교합하는 것을 인체에 비유할 수 있겠습니까? 그 설에 대해 듣기를 원합니다.

鍾曰: 大道無形, 生育天地. 大道無名, 運行日月. 日月者, 太陰太陽之精, 默紀天地交合之度, 助行生成萬物之功. 東西出沒, 以分晝夜. 南北往來, 以定寒暑. 晝夜不息, 寒暑相催. 而魄中生魂, 魂中生魄. 進退有時, 不失乾坤之數, 往來有度, 無差天地之期.

종리권이 말하였다: 대도는 정해진 형체 없이 천지를 생육하며 특정한 이름 없이 일월을 운행한다. 일월이란 태음·태양의 정화로서, 묵묵히 천지가 교합하는 도수를 법도 삼아 만물을 생성하는 공을 돕는다. 동서로 출몰함으로써 밤낮을 나누며, 남북으로 왕래함으로써 추위와 더위를 정한다. 이로써 밤낮이 그치지 않고 추위와 더위가 번갈아 일어나며, 백 속에서 혼이 생기고 혼 가운데 백이 생긴다.[1] (일월이) 나아감과 물러남에 때가 있어 건곤의 수를 잃

지 않고, 가고 옴에 법도가 있어 천지의 주기를 어기지 않는다.

呂曰: 東西出沒, 以分晝夜, 何也?

여동빈이 말하였다: 동서로 출몰함으로써 밤낮을 나눈다는 것은 무슨 뜻입니까?

鍾曰: 混沌初分, 玄黃定位, 天地之狀, 其形如卵, 六合之中, 其圓如毬. 日月出沒, 運行於一天之上一地之下, 上下東西, 周行如輪. 凡日之東出而西未沒爲晝, 西沒而東未出爲夜. 是此日之出沒以分晝夜也.

종리권이 말하였다: 혼돈이 처음 나누어져 천지가 자리를 정하니, 천지의 모양은 알과 같은 형상이고, 육합의 가운데에서 구슬과 같이 둥글다. 일월의 출몰은 한 번은 하늘 위에서 한 번은 땅 아래로 운행하며 상하 동서를 마치 수레바퀴처럼 두루 운행한다. 무릇 해가 동쪽에서 떠서 서쪽으로 아직 지지 않았을 때가 낮이 되고, 서쪽으로 저서 동쪽에서 아직 뜨지 않았을 때가 밤이 된다. 이것이 해가 출몰함으로써 밤낮을 나누는 것이다.

若月之出沒, 不同於日, 載魄於西, 受魂於東, 光照於夜, 而魂藏於晝, 積日累時, 或出或沒, 自西而東. 始也魄中生魂, 狀若彎弓, 初夜而光照於西. 次也魄中魂半, 時應上弦, 初夜而光照於南. 其次魄中魂滿, 與日相望, 初夜而光照於東. 其次也魂中生魄, 狀如缺鏡, 初晝而魂藏於西. 其次也魂中魄半, 時應下弦, 初晝而魂藏於南. 其次也魂中魄滿, 與日相背, 初晝而魂藏於東. 是此月之出

---

1 백 속에서 … 혼 가운데 백이 생긴다.: 이는 한 달 동안의 달빛의 변화를 말한 것으로서, 백(魄)은 달빛이 없는 부분이며, 혼(魂)은 햇빛을 받아 빛을 발하는 부분이다.

沒以分晝夜也.

달의 출몰의 경우는 해와 달리 서쪽에서 백을 싣고 동쪽에서 혼을 받아 밤에 빛을 발하는데, 낮 동안에는 혼이 감추어져 있으며[2] 날이 쌓이고 시간이 쌓이는 동안 떠오르거나 가라앉으면서 서쪽에서 동쪽으로 간다. 그 처음에는 백 속에서 혼이 생기는데 그 모양이 마치 굽은 활[초승달]과 같으며 초저녁에 서쪽에서 빛을 발한다. 그 다음에는 백 속에 혼이 반이 되는데, 이때는 상현에 해당하며 초저녁에 남쪽에서 빛을 발한다. 그 다음에는 (보름달로서) 백 속에 혼이 가득 차 해와 함께 서로 마주하며 초저녁에 동쪽에서 빛을 발한다. 그 다음에는 (보름달과 하현달 사이로서) 혼 속에 백이 생겨 이지러진 거울과 같은 모습으로 새벽에 서쪽에서 혼을 감춘다. 그 다음에는 혼 속에 백이 반으로 이때는 하현으로서 새벽에 남쪽에서 혼을 감춘다. 그 다음에는 (그믐달로서) 혼 속에 백이 가득 차 해와 더불어 등지며 새벽에 동쪽에서 혼을 감춘다. 이것이 바로 달이 출몰함으로써 밤낮을 나누는 것이다.

呂曰: 南北往來, 以定寒暑者, 何也?

여동빈이 말하였다: 남북으로 왕래함으로써 추위와 더위를 정한다는 것은 무슨 뜻입니까?

鍾曰: 冬至之後, 日出辰初五十分, 日沒申末五十分. 過此以往, 出沒自南而北, 以夏至爲期. 夏至之後, 日出寅末五十分, 日沒戌初五十分. 過此以往, 出沒自北而南, 以冬至爲期. 自南而北, 以冬至夏, 乃寒爲暑也, 自北而南, 以夏至冬, 乃暑爲寒也. 夏之日乃冬之夜也, 冬之日乃夏之夜也. 冬至之後, 月出自北而南, 比於夏之日也. 夏至之後, 月出自南而北, 比於冬之日也. 是此日月之

2 낮 … 있다: 달의 모습이 낮 동안에 드러나지 않는 것을 말한다.

往來以定寒暑者也.

종리권이 말하였다: 동지에는 해는 진방 초 오십분에서 나와 신방 말 오십분에 저문다. 이때를 지나면 출몰이 남쪽으로부터 북쪽으로 옮겨가는데 하지에 한 주기를 이룬다. 하지에는 해는 인방 말 오십분에 나와 술방 초 오십분에 저문다. 이때를 지나면 출몰이 북쪽으로부터 남쪽으로 옮겨가는데 동지에 이르러 한 주기를 이룬다. 남쪽에서 북쪽으로 가는 것은 겨울에서 여름에 이르는 기간이니 바로 추위가 더위로 변하는 것이고, 북쪽에서 남쪽으로 가는 것은 여름에서 겨울에 이르는 기간이니 바로 더위가 추위로 변하는 것이다. 여름의 낮의 길이는 바로 겨울의 밤의 길이와 같고, 겨울의 낮의 길이는 바로 여름의 밤의 길이와 같다. 동지 이후에 달이 뜨는 것은 북쪽에서 남쪽으로 가니, 이는 여름의 해에 비견된다. 하지 이후에 달이 뜨는 것은 남쪽에서 북쪽으로 가니, 이는 겨울의 해에 비견된다. 이것이 일월의 왕래로써 추위와 더위를 정한다는 것이다.

呂曰: 天地之機, 陰陽升降, 正與人之行持無二等, 若此日月之出沒往來, 交合躔度, 於人可得比乎?

여동빈이 말하였다: 천지의 기틀인 음양의 승강이 바로 사람의 수행하는 것과 다르지 않다고 하였는데, 일월이 출몰하고 왕래하며 교합하고 궤도를 도는 것을 사람의 수행에 비교할 수 있겠습니까?

鍾曰: 天地之機, 在於陰陽之升降. 一升一降, 太極相生, 相生相成, 周而復始, 不失於道, 而得長久. 修持之士, 若以取法於天地, 自可長生而不死. 若比日月之躔度, 往來交合, 止於月受日魂, 以陽變陰, 陰盡陽純. 月華瑩淨, 消除暗魄, 如日之光輝, 照耀於下土. 當此時, 如人之修煉, 以氣成神, 脫質升仙, 煉就純陽之體也.

종리권이 말하였다: 천지의 기틀은 음양이 승강하는 데 있다. 한 번 오르고

한 번 내려감에 크게 극하여 서로 낳는다. 서로 낳고 서로 이루며 두루 돌아 다시 시작하면서 법도를 잃지 않아 장구할 수 있다. 수행하는 선비가 만약 천지에서 법도를 취한다면 스스로 장생하여 죽지 않을 수 있다. 만약 일월이 일정한 궤도를 돌면서 왕래하며 교합하는 것에 비유하자면, 달이 해의 혼을 받을 때에 이르러 양으로써 음을 변화시키면 음이 소진되어 양이 순수해진다. 이에 달의 정화가 밝고 깨끗하여 어두운 백을 소멸시켜 마치 빛나는 해가 지구를 비추는 것과 같다. 이때에 해당하는 것을 사람의 수련에 비유할 것 같으면, 기로써 신을 성취시켜 형질을 벗어 신선이 되어 오르며, 순양의 체를 단련하여 성취하는 것과 같다.

呂曰: 修眞奉道之士, 其於天地陰陽升降之理, 日月精華交合之度, 下手用功, 而於二者何先?

여동빈이 말하였다: 진을 닦으며 도를 받드는 선비는 천지음양이 승강하는 이치와 일월의 정화가 교합하는 법도 가운데 수행할 때 둘 중 어느 것을 먼저 해야 합니까?

鍾曰: 始也效法天機, 用陰陽升降之理, 使眞水眞火合而爲一. 錬成大藥, 永鎭丹田, 浩劫不死, 而壽齊天地. 如厭居塵世, 用功不已, 當取日月之交會, 以陽煉陰, 使陰不生, 以氣養神, 使神不散. 五氣朝元, 三花聚頂, 謝絕俗流, 以歸三島.

종리권이 말하였다: 처음에는 천기를 본받아 음양이 오르내리는 이치를 사용하여 진수와 진화를 합하여 하나가 되게 한다. 이것을 단련하여 대약을 이루어 단전에 안치시키면 영원토록 죽지 않아 수명이 천지와 같아진다. 만약 티끌 같은 세상에 머무는 것을 싫어하여 수행의 공을 그치지 않고자 한다면, 일월이 교회하는 것을 취하여 양으로써 음을 단련하여 음이 생기지 않게 하고, 기로써 신을 기르고 신을 흩어지지 않게 해야 한다. 그리고 오기조원[3]하고 삼

화취정[4]하여 세속을 사절함으로써 신선의 세계[三島]로 돌아간다.

呂曰: 若此之功驗, 深達旨趣, 所患不得時節矣.

여동빈이 말하였다: 이러한 공험에 대해선 그 뜻을 깊이 깨닫겠습니다만, 수련의 합당한 때를 얻지 못할까 걱정입니다.

鍾曰: 天地之陰陽升降, 一年一交合, 日月之精華往來, 一月一交合. 人之氣液, 一晝一夜一交合矣.

종리권이 말하였다: 천지의 음양이 승강하는 것은 일 년에 한 번 교합하고, 일월의 정화가 왕래하는 것은 한 달에 한 번 교합한다. 사람의 기액은 하루에 한 번 교합한다.

3 오기조원(五氣朝元): 이 책 15장『논조원』참고.
4 삼화취정(三花聚頂): 이 책 15장『논조원』참고.

제5장

사시에 대한 논의

論四時 第五

呂曰: 天地日月之交合年月日時, 可得聞乎?

여동빈이 말하였다: 천지일월의 교합이 연월일시를 이루는 것을 들을 수 있겠습니까?

鍾曰: 凡時有四等. 人壽百歲, 一歲至三十乃少壯之時. 三十至六十乃長大之時, 六十至九十乃老耄之時, 九十至百歲或百二十歲乃衰敗之時也. 是此則曰身中之時, 一等也.

종리권이 말하였다: 무릇 시時에는 네 가지가 있다. 사람 수명 백여 세 가운데, 한살에서 서른까지는 젊고 장성하는 시기이다. 서른에서 예순까지는 장대해지는 시기이며, 예순에서 아흔까지는 늙는 시기이며, 아흔에서 백세 혹은 백이십 세는 쇠퇴하는 시기이다. 이와 같이 말하는 것을 일러 '신중의 시[身中之時, 인체의 변화를 나타내는 시]'라 하니, 첫 번째 종류의 시이다.

若以十二辰爲一日, 五日爲一候, 三候爲一氣, 三氣爲一節, 二節爲一時, 時有春夏秋冬. 時當春也, 陰中陽半, 其氣變寒爲溫, 乃春之時也. 時當夏也, 陽中有陽, 其氣變溫爲熱, 乃夏之時也. 時

當秋也, 陽中陰半, 其氣變熱爲涼, 乃秋之時也. 時當冬也, 陰中有陰, 其氣變涼爲寒, 乃冬之時也. 是此則曰年中之時, 二等也.

12신으로 하루를 삼는 경우, 5일은 1후候가 되고, 3후는 1기氣가 되며, 3기는 1절節이 되고, 2절이 1시時가 되니, 이때 시에는 춘하추동이 있다. 때가 봄이 되면 음 가운데 양이 반이니, 한기가 변하여 온기가 되는 것이 바로 봄의 시이다. 때가 여름이 되면 양 가운데 양이 있으니, 온기가 변하여 열기가 되는 것이 바로 여름의 시이다. 때가 가을이 되면 양 가운데 음이 반이니, 열기가 변하여 양기로 변하는 것이 바로 가을의 시이다. 때가 겨울이 되면 음 가운데 음이 있으니, 양기가 변하여 한기로 되는 것이 바로 겨울의 시이다. 이러한 것을 '연중의 시[年中之時, 1년의 변화를 나타내는 시]'라 하니, 두 번째 종류의 시이다.

若以律中起呂, 呂中起律, 凡一月三十日, 三百六十辰, 三千刻一十八萬分. 月旦至上弦, 陰中陽半, 自上弦至月望, 陽中陽. 自月望至下弦, 陽中陰半, 自下弦至晦朔, 陰中陰. 是此曰[1]月中之時, 三等也.

율律 속에서 려呂를 일으키고 려 속에서 율을 일으키는 경우,[2] 무릇 한 달은 30일, 360신, 3000각, 180,000분이다.[3] 초하루로부터 상현이 되었을 때에는

---

1 曰: 底本에는 '日'로 되어 있으나, 전후 문맥상 曰이 합당하기에 '曰'로 교감하였다. 집요본에는 '是此曰'이 '此則'으로 되어 있다.

2 율려(律呂): 일반적으로 율려란 악률(樂律), 즉 12율(律)의 양율(陽律)인 육율(六律)과 음려(陰呂)인 육려(六呂)를 통틀어 일컫는 말이다. 육률은 황종(黃鐘) · 태주(太簇) · 고선(姑洗) · 유빈(蕤賓) · 이칙(夷則) · 무역(無射)이고, 육려는 대려(大呂) · 협종(夾鐘) · 중려(中呂) · 임종(林鐘) · 남려(南呂) · 응종(應鐘)이다.

3 신(辰) · 각(刻) · 분(分): 각각의 시간 단위이다. 하루를 12지(支)로 나눈 단위를 신(辰: 현재 2시간에 해당)이라 한다. 시헌력 이전에는 하루(밤낮)를 100으로 나누어 보았는데, 밤낮을 100으로 나눈 단위를 刻(1각은 현재 시간

음 속에 양이 반이며, 상현으로부터 보름달에 이르렀을 때는 양 속에 양만 있다. 보름달에서부터 하현에 이르렀을 때는 양 속에 음이 반이며, 하현으로부터 그믐달에 이르렀을 때는 음 속에 음만 있다. 이것을 '월중의 시[月中之時, 한 달의 변화를 나타내는 시]'라 말하니, 세 번째 종류의 시이다.

若以六十分爲一刻, 八刻二十分爲一時, 一時半爲一卦. 言其卦, 定八方, 論其正, 分四位. 自子至卯, 陰中陽半, 以太陰中起少陽. 自卯至午, 陽中有陽, 純少陽而起太陽. 自午至酉, 陽中陰半, 以太陽中起少陰. 自酉至子, 陰中有陰, 純少陰而起太陰. 是此則曰日中之時, 四等也.

60분으로 1각을 삼으면 8각 20분이 1시가 되고 1시 반[4]이 1괘가 된다. 그 괘를 말하면서 8곳의 방위를 정하고, 그 바름[정방위]을 논하면서 네 곳의 위치를 나눈다. 자로부터 묘에 이르렀을 때는 음 속에 양이 반으로 태음 속에서 소양이 일어난다. 묘로부터 오에 이르렀을 때는 양 속에 양만 있으니, 순수한 소양에서 태양이 일어난다. 오로부터 유에 이르렀을 때는 양 속에 음이 반으로, 태양 속에서 소음이 일어난다. 유로부터 자에 이르렀을 때는 음 속에 음만 있으니, 순수한 소음에서 태음이 일어난다.[5] 이것을 '일중의 시[日中之時, 하

으로는 14분 24초)이라 한다. 따라서 춘분과 추분의 밤낮은 각각 50각으로 구분되고, 하지에는 낮 60각, 밤 40각, 동지에는 낮 40각, 밤 60각으로 구분하여 시간을 계산하였다. 시헌력에서는 하루 12신(辰:지금의 2시간)에 해당하여, 1신(현재의 120분)을 8로 나눈 15분(현재 단위)을 각이라고 하였다. 원문에서의 신 · 각 · 분은 시헌력 이전의 시간 단위로, '1일=12신=100각=6000분'이다(1각=60분은 현재의 14분 24초).

4 1시 반:1시(時)는 1신(辰)으로서 현재 시간 개념으로 2시간이며, 1시(時) 반(半)은 3시간이다.

5 자로부터 … 태음이 일어난다.:자(子)로부터 묘(卯)는 밤 11시~새벽 5시, 묘(卯)로부터 오(午)에는 새벽 5시~오전 11시, 오(午)로부터 유(酉)는 오전 11시~오후 5시, 유(酉)로부터 자(子)는 오후 5시~밤 11시까지이다.

루의 변화를 나타내는 시]'라 말하니, 네 번째 종류의 시이다.

蓋[6]難得而易失者, 身中之時也, 去速而來遲者, 年中之月也, 急如電光速如石火者, 日中之辰也. 積日爲月, 積月爲歲, 歲月蹉跎, 年光迅速. 貪名求利, 而妄心未除, 愛子憐孫, 而恩情又起. 縱得回心向道, 爭奈年老氣衰! 如春雪秋花, 止有時間之景, 夕陽曉月, 應無久遠之光. 奉道之士, 難得者, 身中之時矣.

대개 얻기는 어려우나 잃기는 쉬운 것이 신중의 시이며, 가는 것은 빠르나 오는 것은 느린 것은 연중의 월이며, 전광석화와 같이 빠른 것은 일중의 신이다. 날이 차서 달이 되고, 달이 쌓여 해가 되니, 세월이 흐르는 것은 빛과 같이 빨리 간다. 명예와 이익을 구하니 허망한 마음은 제거되지 않고, 자손을 사랑하고 어여삐 여겨 인정의 감정이 또 일어난다. 설령 마음을 되돌려 도를 향하더라도 나이 들어 기운이 쇠했으니 어찌하겠는가! 봄눈과 가을꽃도 단지 사라질 한 때의 풍경일 뿐이요, 석양과 새벽달도 응당 오래지 않아 사그라질 빛일 뿐이다. 도를 받드는 선비가 얻기 어려운 것이 '신중의 시'이다.

艷陽媚景, 百卉芬芳. 水榭危樓, 淸風快意. 月夜閑談, 雪天對飮. 恣縱無窮之樂, 消磨有限之時, 縱得回心向道, 須是疾病纏身. 如破舟未濟, 誰無求救之心, 漏屋重完, 忍絕再修之意? 奉道之士, 虛過者,[7] 年中之時也.

따사로운 볕과 아름다운 정경, 온갖 향기로운 꽃과 풀이 만발하네. 물 위의 정자와 우뚝 솟은 누대, 맑고 상쾌한 바람에 마음이 환히 펴지네. 달 밝은 밤에 한가로이 이야기 나누며, 눈 오는 날 함께 술 마시네. 이처럼 무궁한 즐거움을 마음껏 즐기며 유한한 시간을 소비하니, 설령 마음을 돌이켜 도로 향하

---

6 蓋: 底本에는 '迅'으로 되어 있으나, 문맥상 輯要本에 따라 '蓋'로 교감하였다.
7 者: 底本에는 '少'로 되어 있으나, 문맥상 輯要本에 따라 '者'로 교감하였다.

더라도, 이렇게 하면 반드시 질병이 몸을 둘러쌀 것이다. 만약 배가 망가져 건너지 못할 때라면 누군들 구하려는 마음이 없겠으며, 물이 새는 집을 새로 완비하려 할 경우라면 누군들 차마 다시 고치려는 마음을 끊겠는가? 도를 받드는 선비가 헛되이 보내며 소홀히 하는 것이 '연중의 시'이다.

鄰雞未唱而出戶嫌遲, 街鼓遍聞而歸家恨早. 貪癡爭肯暫休, 妄想惟憂不足. 滿堂金玉, 病來著甚抵當, 一眼兒孫, 氣斷誰能替換? 曉夜不停, 世人莫悟. 奉道之士, 可惜者, 日中時也.

옆집 닭이 아직 울지 않았는데도 집을 나서며 늦었다고 불평하고, 거리에 (귀가를 알리는) 북소리가 두루 울리는데도 집에 돌아가며 이르다고 한스러워한다. 탐냄과 어리석음이 어찌 잠시라도 쉬겠으며, 망상은 오직 부족함을 걱정한다. 집안 가득한 금옥 일지라도 병이 와 붙는 것을 어떻게 막겠으며, 눈에 넣어도 아깝지 않을 자손일지라도 숨이 끊기는 것을 누가 대신할 수 있겠는가? 하루가 쉬이 지나 가는 것을 세상 사람들은 깨닫지 못하니, 도를 받드는 선비가 애석해 하는 것이 '일중의 시'이다.

呂曰: 身中之時, 年中之時, 月中之時, 日中之時, 皆是時也. 尊師獨於身中之時爲難得, 又於日中之時爲可惜者, 何也?

여동빈이 말하였다: 신중의 시, 연중의 시, 월중의 시, 일중의 시가 모두 시입니다. 그런데 스승님께서는 신중의 시에 대해선 얻기 어렵다 하시고 또 일중의 시에 대해선 애석하다고 한 것은 어째서입니까?

鍾曰: 奉道者難得少年. 少年修持, 根元完固, 凡事易爲見功, 止於千日而可大成也. 奉道者又難得中年. 中年修持, 先補之完備, 次下手進功, 始也返老還童, 後卽入聖超凡也. 奉道者少年不悟, 中年不省, 或因災難而留心淸靜, 或因疾病而志在希夷.

종리권이 말하였다: 도를 받드는 것은 소년 시절을 얻기가 어렵다. (하지만 소년시기에 도를 받든다면) 소년시기 수행은 근원이 견고하여 무슨 일이든지 쉽게 공효를 볼 수 있어, 수행이 천 일에 그치더라도 크게 이룰 수 있다. 또 도를 받드는 것은 중년 시절 역시 얻기가 어렵다. (하지만 중년시기에 도를 받든다면) 중년시기의 수행은 먼저 자신의 건강을 보하는 것을 온전히 갖추고 그 다음에 공부에 나아가는 것을 착수하니, 처음에는 노쇠함을 돌이켜 청춘을 회복하며 이 후에 일반사람의 경지를 벗어나 성인의 경지에 들어간다. 도를 받드는 것을 소년 시절엔 깨닫지 못하고 중년 시기엔 살피지 못하지만, 때로는 재난으로 말미암아 마음을 청정에 머물게 하거나 때로는 질병으로 말미암아 뜻을 도에 두기도 한다.

晩年修持, 先論救護, 次說補益. 然後自小成法積功以至中成, 中成法積功至於返老還童, 煉形住世. 而五氣不能朝元, 三陽難爲聚頂. 脫質升仙, 無緣而得成. 是難得者, 身中之時也.

만년의 수행은 먼저 질병으로부터 몸을 구하고 보호하는 것을 논해야 하고, 그 다음에 정기를 보익함을 말해야 한다. 그런 연후에 소성법에서부터 공을 쌓아 중성에 이르며, 중성법으로 공을 쌓아 노쇠함을 돌이켜 청춘을 회복한 상태에 이르러 형체를 단련하며 세상에 머문다. 하지만 오기가 조원할 수 없고 삼양이 니환에 모이기 어려우니, 형질을 벗어 신선이 되어 오르는 것은 인연이 있더라도 이룰 수 없다. 이렇듯 얻기 어려운 것이 신중의 시이다.

呂曰: 身中之時, 固知難得矣. 而日中之時可惜者, 何也?

여동빈이 말하였다: 신중의 시가 진실로 얻기 어려운 것임을 알았습니다. 헌데 일중의 시가 애석한 것은 어째서입니까?

鍾曰: 人之一日, 如日月之一月, 如天地之一年. 大道生育天地,

天地分位上下, 相去八萬四千里. 冬至之後, 地中陽升, 凡一氣十五日, 上進七千里, 計一百八十日, 陽升到天, 太極生陰. 夏至之後, 天中陰降, 凡一氣十五日, 下進七千里, 計一百八十日, 陰降到地, 太極復生陽. 周而復始, 運行不已, 而不失於道, 所以長久.

종리권이 말했다: 사람의 하루는 일월에 있어서는 한 달과 같고, 천지에 있어서는 일 년과 같다. 대도가 천지를 낳은 후 천지가 위 아래로 자리가 나뉘어 서로의 거리가 8만 4천 리가 되었다. 동지 이후에 땅 속에서 양이 오르는데, 무릇 일기인 15일마다 위로 7천 리를 올라 대략 180일 만에 양이 하늘에 도달한 후 태극이 음을 낳는다. 하지 이후에 하늘 가운데에서 음이 내려오는데, 무릇 일기인 15일마다 아래로 7천 리를 내려와 대략 180일 만에 음이 땅에 도달한 후 크게 극하여 다시 양을 낳는다. 두루 돌아 다시 시작하며 운행하기를 그치지 않으니, 도를 잃지 않았기에 오래 갈 수 있는 것이다.

運行日月, 日月成形, 周圍各得八百四十里. 月旦之後, 六中起九, 凡一日計十二時, 魄中魂進七十里, 凡十五日, 計一百八十時, 魄中魂進八百四十里. 月望之後, 九中起六, 凡一日計十二時, 魂中魄進七十里, 凡十五日, 計一百八十時, 魂中魄進八百四十里. 周而復始, 運行不已 而不失於道, 所以堅固.

(대도가) 일월을 운행하는 경우에는 일월이 형체를 이룰 때 그 둘레를 각기 840리로 하였다. 초하루 후에 음 속에서 양이 일어나는데, 대체로 하루 12시 동안 백 속에서 혼이 70리를 나아가 총 15일 180시 동안 백 속에서 혼이 840리를 나아간다. 보름달 이후에는 양 속에서 음이 일어나는데, 일반적으로 하루 12시 동안 혼 속에서 백이 70리를 나아가 총 15일 180시 동안 혼 속에서 백이 840리를 나아간다.[8] 두루 돌아 다시 시작하며 운행을 그치지 않으니, 도를

---

8 하루 12시 동안 … 840리를 나아간다. 하루 12시 동안 70리를 나아가면 12일에 이르러 840리가 된다. 그런데 종리권은 15일에 840리에 이른다고 말한다.

잃지 않았기에 견고한 것이다.

大道長養萬物, 萬物之中最靈最貴者人也. 人之心腎, 上下相遠八寸四分, 陰陽升降, 與天地無二等. 氣中生液, 液中生氣, 氣液相生, 與日月可同途. 天地以乾坤相索, 而陰陽升降, 一年一交合, 不失於道, 一年之後有一年. 日月以魂魄相生, 而精華往來, 一月一交合, 交合不失於道, 一月之後有一月.

대도가 만물을 오랫동안 기르는데, 만물 가운데 가장 신령하고 가장 귀한 것이 사람이다. 사람의 심장과 신장은 위 아래로 서로 8치 4푼 떨어져 있으면서 음양이 오르내리기에 천지와 더불어 다를 바가 없다. 기 속에서 액을 낳고 액 속에서 기를 낳으며 기액이 서로 낳는 것은 일월과 더불어 운행하는 것과 같다고 할 수 있다. 천지는 건곤으로써 서로를 색하고 음양으로써 오르내리며 1년에 한 번 교합하는데, 교합이 도를 잃지 않아 1년 후에 또 1년이 생긴다. 일월은 혼백으로써 서로 낳아 정화가 왕래하여 한 달에 한 번 교합하는데, 교합이 도를 잃지 않기에 한 달 후에 또 한 달이 생긴다.

人之交合, 雖在一晝一夜, 不知交合之時, 又無採取之法, 損時又不解補, 益時又不解收. 陰交時不解養陽, 陽交時不解煉陰. 月中不知損益, 日中又無行持, 過了一年無一年, 過了一日無一日. 當風臥濕, 冒暑涉寒, 不肯修持而甘心受病, 虛過時光而端坐候死.

사람의 교합은 비록 하루 동안에 있지만 교합의 때를 알지 못하고 또 채취의 법도 모르며, 줄어들 때에 보충할 줄도 모르고 찰 때에 거두어들일 줄도 모른다. 음과 교합할 때에 양을 기를 줄도 모르고, 양과 교합할 때에 음을 단련할

이는 15일 가운데 그믐과 삭 등 완전히 어두운 달(魄만 있는 경우)과 완전히 밝은 달(魂만 있는 경우) 3일을 제외했기 때문으로 보인다. 『영보필법』에는 3일 제하여 12일로 나온다.

줄도 모른다. 한 달 속에서 줄어들고 더하는 것을 모르고, 하루 중에도 수행을 지속하지 않아 1년이 지나면 정말로 1년이 없어져 버리고, 하루가 지나면 정말로 하루가 없어져 버린다. 바람을 맞고 습한 곳에 눕고, 더위를 먹고 추운 곳에 돌아다니며, 기꺼이 수행하려 하지 않으면서 병을 얻는 것을 달가워하며, 헛되이 시간을 보내면서 똑바로 앉아 죽음을 기다린다.

呂曰: 奉道之人, 非不知年光虛度, 歲月蹉跎, 而疾病纏身, 死限將至. 蓋以修煉不知法, 行持不知時, 是致陰陽交合有差, 時月行持無准.

여동빈이 말하였다: 도를 받드는 선비가 시간이 부질없이 지나가고 세월이 덧없이 흘러 질병이 몸을 감싸 사망에 결국 이르게 됨을 알지 못하는 것은 아닙니다. 하지만 대개 수련에 있어서는 방법을 알지 못하고 수행을 지속함에 있어서는 때를 알지 못하기 때문에, 음양이 교합하는 데 어그러짐이 있고 사시와 달에 따라 수행을 지속하는 데 준칙이 없게 되는 데에 이릅니다.

鍾曰: 身中用年, 年中用月, 月中用日, 日中用時. 蓋以五臟之氣, 月上有盛衰, 日上有進退, 時上有交合. 運行五度而氣傳六候. 金木水火土分列無差, 東西南北中生成有數. 煉精生眞氣, 煉氣合陽神, 煉神合大道.

종리권이 말하였다: (수행의 법과 절후는) 신 가운데 년을 쓰고, 년 가운데 월을 쓰며, 월 가운데 일을 쓰며, 일 가운데 시를 쓰는 것이다. 대개 오장의 기는 한 달 동안 성쇠가 있고 하루 동안에는 진퇴가 있으며 한 시진 동안에는 교합이 있다. 운행은 5도에 의하고 기가 전해짐은 6후에 의한다. 금・목・수・화・토가 나뉘어 나열됨이 어긋나지 않고, 동・서・남・북・중이 생성됨에 규칙이 있게 된다. 정을 단련하여 진기를 생성하고, 기를 단련하여 양신에 합하며, 신을 단련하여 대도에 합한다.

제6장

오행에 대한 논의

論五行 第六

呂曰: 所謂五藏之氣而曰金木水火土, 所謂五行之位而曰東南西北中. 若此如何得相生相成? 而交合有時乎? 採取有時乎? 願聞其說.

여동빈이 말하였다: 이른바 오장의 기를 두고서 금·목·수·화·토라 하고, 오행의 자리를 두고서 동·남·서·북·중이라 합니다. 오행이 이와 같은데, 어떻게 서로 생하고 성합니까? 교합에 때가 있습니까? 채취에 때가 있습니까? 그 설에 대해 듣기를 원합니다.

鍾曰: 大道旣判而生天地, 天地旣分而列五帝. 東曰靑帝, 而行春令, 於陰中起陽, 使萬物生. 南曰赤帝, 而行夏令, 於陽中生陽, 使萬物生長. 西曰白帝, 而行秋令, 於陽中起陰, 使萬物成. 北曰黑帝, 而行冬令, 於陰中進陰, 使萬物死.

종리권이 말하였다: 대도가 나눠지면 천지를 낳고, 천지가 나눠지면 오제를 늘어놓는다. 동쪽을 청제라 하니 봄에 해야 할 정령을 실행하며 음 가운데 양을 일으켜 만물을 생하게 한다. 남쪽을 적제라 하니 여름에 해야 할 정령을 실행하며 양 가운데 양을 일으켜 만물을 생장시킨다. 서쪽을 백제라 하니 가

을에 해야 할 정령을 실행하며 양 가운데 음을 일으켜 만물을 완성시킨다. 북쪽을 흑제라 하니 겨울에 해야 할 정령을 실행하며 음 가운데 음을 진작시켜 만물을 사그라지게 한다.

四時各九十日. 每時下十八日, 黃帝主之. 若於春時, 助成青帝而發生, 若於夏時, 接序赤帝而長育, 若於秋時, 資益白帝而結立, 若於冬時, 制攝黑帝而嚴凜. 五帝分治, 各主七十二日, 合而三百六十日而爲一歲, 輔弼天地以行於道. 青帝生子而曰甲乙, 甲乙東方木. 赤帝生子而曰丙丁, 丙丁南方火. 黃帝生子而曰戊己, 戊己中央土. 白帝生子而曰庚辛, 庚辛西方金. 黑帝生子而曰壬癸, 壬癸北方水.

네 계절은 각각 90일이다. 각 계절마다 마지막 18일은 황제가 주관한다. 황제는 봄의 경우 청제를 도와 발생시키고, 여름에는 적제에게 이어주어 성장시키고, 가을에는 백제를 북돋아 결실을 맺게 하며, 겨울에는 흑제를 통제해서 삼가고 움츠리게 한다. 오제가 나누어 다스림은 각각 72일을 주관하니, 합하면 360일로 1년이 되어, 천지를 보필하여 도를 행한다. 청제가 낳은 자[子, 기준]를 갑을이라 하니, 갑을은 동쪽 방위인 목[東方木]이다. 적제가 낳은 자를 병정이라 하니, 병정은 남쪽 방위인 화[南方火]이다. 황제가 낳은 자를 무기라 하니, 무기는 가운데 방위인 토[中央土]이다. 백제가 낳은 자를 경신이라 하니, 경신은 서쪽 방위인 금[西方金]이다. 흑제가 낳은 자를 임계라 하니, 임계는 북쪽 방위인 수[北方水]이다.

見於時而爲象者, 木爲青龍, 火爲朱雀, 土爲勾陳, 金爲白虎, 水爲玄武. 見於時而生物者, 乙與庚合, 春則有楡, 青而白, 不失金木之色. 辛與丙合, 秋則有棗, 白而赤, 不失金火之色. 己與甲[1]合, 夏末秋初有瓜, 青而黃, 不失土木之色. 丁與壬合, 夏則有椹, 赤

而黑, 不失水火之色. 癸與戊合, 冬則有橘,[2] 黑而黃, 不失水土之色. 以類推求, 五帝相交而見於時者, 生在物者, 不可勝數.

계절[時]에 따라 드러나 상이 되는 것은, 목은 청룡이 되고 화는 주작이 되며, 토는 구진[3]이 되고 금은 백호가 되며, 수는 현무가 된다. 계절에 따라 드러나 물을 생하는 것은, (음목인) 을이 (양금인) 경과 합한 봄에는 느릅나무가 있으니, 푸르면서 희어 금목의 색을 잃지 않는다. (음금인) 신이 (양화인) 병과 합한 가을에는 대추나무가 있으니, 희면서도 붉어 금화의 색을 잃지 않는다. (음토인) 기가 (양목인) 갑과 합한 늦여름과 초가을 사이에는 오이가 있으니, 푸르면서도 누르스름하여 토목의 색을 잃지 않는다. (음화인) 정이 (양수인) 임과 합한 여름에는 오디나무가 있으니, 붉으면서도 거무스름하여 수화의 색을 잃지 않는다. (음수인) 계가 (양토인) 무와 합한 겨울에는 귤이 있으니, 검으면서도 누르스름하여 수토의 색을 잃지 않는다. 같은 부류로 구하는 것을 유추할 수 있으니, 오제가 서로 사귀며 계절에 따라 드러내는 것과 사물에서 생겨나는 것은 이루 헤아릴 수 없다.

呂曰: 五行在時若此, 五行在人如何?

여동빈이 말하였다: 오행이 계절에 배속되어 있는 것은 이와 같은데, 오행이 사람에게 배속되어 있는 것은 어떠합니까?

鍾曰: 惟人也頭圓足方. 有天地之象, 陰降陽升, 又有天地之機.

---

1 甲: 底本에는 '庚'으로 되어 있지만, 문맥상 木陽인 '甲'이 합당하기에 輯要本과 『傳道篇』에 따라 교감하였다.

2 橘: 底本에는 '桔'로 되어 있지만, 문맥상 '도라지'의 뜻이 아닌 '橘'의 속자로 쓰였기에, 輯要本과 『傳道篇』에 따라 '橘'로 교감하였다.

3 구진: 구진(句陳)으로도 쓰인다. 오방을 지키는 육신(六神)의 하나로서 등사(螣蛇)와 함께 방위의 중앙을 맡아 지킨다. 북극(北極)에 가장 가까운 여섯 별 가운데 하나인 구진성(鉤陳星)을 말하기도 한다.

而腎爲水, 心爲火, 肝爲木, 肺爲金, 脾爲土. 若以五行相生, 則水生木, 木生火, 火生土, 土生金, 金生水. 生者爲母, 受生者爲子. 若以五行相剋, 則水剋火, 火剋金, 金剋木, 木剋土, 土剋水. 剋者爲夫, 受剋者爲妻.

종리권이 말하였다: 사람은 머리가 둥글고 발이 모나니 천지의 상이 갖춰져 있으며, 인체의 음은 내려가고 양은 올라가니 천지의 기틀 또한 갖춰져 있다. 사람에게 있어 신은 수가 되고, 심은 화가 되며, 간은 목이 되고, 폐는 금이 되며, 비는 토가 된다. 만약 오행이 상생하는 것을 말하자면, 수가 목을 생하고, 목이 화를 생하며, 화가 토를 생하고, 토가 금을 생하며, 금이 수를 생한다. 생하는 자는 모母가 되고, 생함을 받는 자는 자子가 된다. 만약 오행이 상극하는 것을 말하자면, 수가 화를 극하고, 화가 금을 극하며, 금이 목을 극하고, 목이 토를 극하며, 토가 수를 극한다. 극하는 것은 부夫이며, 극함을 받는 것은 처妻이다.

以子母言之, 腎氣生肝氣, 肝氣生心氣, 心氣生脾氣, 脾氣生肺氣, 肺氣生腎氣. 以夫妻言之, 腎氣剋心氣, 心氣剋肺氣, 肺氣剋肝氣. 肝氣剋脾氣, 脾氣剋腎氣. 腎者, 心之夫, 肝之母. 脾之妻, 肺之子. 肝者, 脾之夫, 心之母, 肺之妻, 腎之子. 心者. 肺之夫, 脾之母, 腎之妻, 肝之子. 肺者, 肝之夫, 腎之母, 心之妻, 脾之子. 脾者, 腎之夫, 肺之母, 肝之妻, 心之子.

모자 관계로써 오장관계를 말하자면, 신기가 간기를 생하고, 간기가 심기를 생하며, 심기가 비기를 생하고, 비기가 폐기를 생하며, 폐기가 신기를 생한다. 부처 관계로써 오장관계를 말하자면 신기가 심기를 극하고, 심기가 폐기를 극하며, 폐기가 간기를 극하며. 간기가 비기를 극하고, 비기가 신기를 극한다. 신은 심의 부이자 간의 모요, 비의 처이자 폐의 자이다. 간은 비의 부이자 심의 모요, 폐의 처이자 신의 자이다. 심은 폐의 부이자 비의 모요, 신의 처이자 간의 자이다. 폐는 간의 부이자 신의 모요, 심의 처이자 비의 자이다. 비는 신의 부이자 폐의 모요, 간의 처이자 심의 자이다.

心之見於內者爲脉, 見於外者爲色, 以寄舌爲門戶. 受腎之制伏, 而驅用於肺, 蓋以夫婦之理如此. 得肝則盛, 見脾則減, 蓋以子母之理如此.

심이 안에서 나타나는 것은 맥이고, 밖에서 나타나는 것은 안색이며, 입 안의 혀를 문으로 삼는다. 신에 의해 제어되고 폐를 부리니, 대개 부부의 이치 때문이다. 간기를 얻으면 왕성해지고 비기에 의해서는 약화되니, 대개 모자의 이치 때문이다.

腎之見於內者爲骨, 見於外者爲髮, 以兩耳爲門戶. 受脾之制伏, 而驅用於心, 蓋以夫婦之理如此. 得肺則盛, 見肝則減, 蓋以子母之理如此.

신이 안에서 나타나는 것은 골이고, 밖에서 나타나는 것은 모발이며, 두 귀를 문으로 삼는다. 비에 의해 제어되고 심을 부리니, 대개 부부의 이치 때문이다. 폐를 얻으면 왕성해지고 간을 보면 약화되니, 대개 모자의 이치 때문이다.

肝之見於內者爲筋, 見於外者爲爪, 以眼目爲門戶. 受肺之制伏, 而驅用於脾, 蓋以夫婦之理如此. 見腎則盛, 見心則減, 蓋以子母之理如此.

간이 안에서 나타나는 것은 힘줄이고, 밖에서 나타나는 것은 손발톱이며, 두 눈을 문으로 삼는다. 폐에 의해 제어되고 비를 부리니, 대개 부부의 이치 때문이다. 신을 보면 왕성해지고 심을 보면 약화되니, 대개 모자의 이치 때문이다.

肺之見於內者爲膚, 見於外者爲毛, 以鼻穴爲門戶. 受心之制伏, 而驅用於肝, 蓋以夫婦之理如此. 得脾則盛, 見腎則滅, 蓋以子母之理如此.

폐가 안에서 나타나는 것은 살갗이고, 밖에서 나타나는 것은 털이며, 콧구멍을 문으로 삼는다. 심에 의해 제어되고 간을 부리니, 대개 부부의 이치 때문이다. 비를 얻으면 왕성해지고 신을 보면 약화되니, 대개 모자의 이치 때문이다.

脾之見於內者爲臟, 均養心腎肝肺. 見於外者爲肉, 以唇口爲門戶, 呼吸定往來. 受肝之制伏, 而驅用於腎, 蓋以夫婦之理如此. 得心則盛, 見肺則滅, 蓋以子母之理如此.

비가 안에서 나타나는 것은 장부로서 심, 신, 간, 폐를 균등하게 기른다. 밖에서 나타나는 것은 살이고, 입술을 문으로 삼으며, 호흡으로 왕래를 안정시킨다. 간에 의해 제어되고 신을 부리니, 대개 부부의 이치 때문이다. 심을 얻으면 왕성해지고 폐를 보면 약화되니, 대개 모자의 이치 때문이다.

此是人之五行, 相生相剋而爲夫婦子母, 傳氣衰旺見於此矣.

이상이 사람의 오행으로서, 서로 생하고 극하면서 부부자모가 되어, 기를 전하거나 쇠하게 하거나 왕성하게 하는 것이 여기에서 나타난다.

呂曰: 心, 火也, 如何得火下行? 腎, 水也, 如何得水上升? 脾, 土也. 土在中而承火則盛, 莫不下剋於水乎? 肺, 金也. 金在上而下接火則損, 安得有生於水乎? 相生者遞相間隔, 相剋者親近難移. 是此五行自相損剋, 爲之奈何?

여동빈이 말하였다: 심은 화인데, 어떻게 화가 아래로 내려갈 수 있습니까? 신은 수인데, 어떻게 수가 위로 오를 수 있습니까? 비는 토입니다. 토는 중앙에 있으면서 화를 받들면 왕성해지는데, 어떻게 아래로 수를 극하지 않을 수

있습니까? 폐는 금입니다. 금은 위에 있으면서 아래로 화를 접하면 손상되는데, 어떻게 수를 생할 수 있습니까? 상생하는 것은 서로 떨어져 있고, 상극하는 것은 가까워서 피하기 어렵습니다. 이것은 바로 오행이 서로 손해 입히고 극하는 것이니, 어떻게 해야 합니까?

鍾曰: 五行歸原, 一氣接引, 元陽升擧而生眞水, 眞水造化而生眞氣, 眞氣造化而生陽神.

종리권이 말하였다: 오행의 처음을 보자면, 일기가 원양을 이끌어 올라가 진수를 낳고, 진수가 조화하여 진기를 낳으며, 진기가 조화하여 양신을 낳는다.

始以五行定位, 而有一夫一婦. 腎, 水也, 水中有金. 金本生水, 下手時要識水中金. 水本嫌土, 採藥後須得土歸水. 龍乃肝之象, 虎本肺之神. 陽龍出於離宮, 陰虎生於坎位.

처음에 오행이 자리를 정하면, 하나의 아비와 하나의 어미가 있게 된다. 신은 수이지만 수 가운데 금이 있다. 금이 본래 수를 낳기에 수련을 할 때 수 가운데 금이 있음을 알아야만 한다. 수는 본래 토를 싫어하기에, 채약한 후에는 토를 얻고 나서 수는 돌려보내야 한다. 용은 바로 간의 상이요, 호는 본래 폐의 신이다. 양용은 리궁에서 나오며, 음호는 감위에서 생한다.

五行逆行, 氣傳子母. 自子至午, 乃曰陽時生陽. 五行顚倒, 液行夫婦. 自午至子, 乃曰陰中煉陽. 陽不得陰不成, 到底無陰而不死. 陰不得陽不生, 到底絕陰而壽長.

오행이 역행하면 기는 (오행 각각의) 모자 관계로 전해진다. 이는 자시로부터 오시에 이르기까지로서 이를 양의 때에 양을 생하는 기간[陽時生陽]이라 한다. 오행이 전도하면 액은 (오행 각각의) 부부 관계로 운행된다. 이는 오시로부터 자시에 이르기까지로서 이를 음 속에서 양을 단련하는 기간[陰中煉陽]이라 한다. 양이 음을 얻지 못하면 이루지 못하나, 음이 없는 데에 이르러야 죽지 않는다. 음이 양을 얻지 못하면 생하지 못하나, 음이 끊어진 데에 이르러야 장수한다.

呂曰: 五行本於陰陽一氣. 所謂一氣者, 何也?

여동빈이 말하였다: 오행은 음양일기에 근본한다고 말하는데, 일기라고 하는 것은 무엇입니까?

鍾曰: 一氣者, 昔父與母交, 卽以精血造化成形. 腎生脾, 脾生肝, 肝生肺, 肺生心, 心生小腸, 小腸生大腸, 大腸生膽, 膽生胃, 胃生膀胱.

종리권이 말하였다: 일기란 일찍이 아비와 어미가 교합하여, 즉 (아비의) 정과 (어미의) 혈이 조화하여 형성된 것이다. 이로부터 신이 비를 생하고, 비가 간을 생하며, 간이 폐를 생하고, 폐가 심을 생하며, 심이 소장을 생하고, 소장이 대장을 생하며, 대장이 담을 생하고, 담이 위를 생하며, 위가 방광을 생한다.

是此陰以精血造化成形, 其陽止在起首始生之處, 一點元陽而在二腎. 且腎, 水也, 水中有火, 升之爲氣, 因氣上升以朝於心. 心, 陽也, 以陽合陽, 太極生陰, 乃積氣生液. 液自心降, 因液下降以還於腎. 肝本心之母, 腎之子, 傳導其腎氣以至於心矣. 肺本心之妻, 腎之母, 傳導其心液以至於腎矣. 氣液升降, 如天地之陰陽, 肝肺傳導, 若日月之往復.

이것은 음이 정과 혈로 조화하여 형을 이루고, 양은 생명이 시작되는 곳에 머무니, 한 점 원양이 두 신장 사이에 있게 된다. 이 신은 수로, 수 가운데 화가 있어 그것이 위로 올라 기가 되며, 기가 위로 올라가는 것으로 말미암아 심에서 조회한다. 심은 양이니, (신의 원양인) 양을 (심장인) 양에 합하고 크게 극하여 음을 생하니, 이에 기를 쌓고 액을 생한다. 액은 심으로부터 내려가니, 액이 아래로 내려가는 것으로 말미암아 (양이) 신장으로 돌아온다. 간은 본래 심의 모이자 신의 자로서, 그 신기를 전도하여 심에 이르게 한다. 폐는 본래 심의 처이자 신의 모로서, 그 심액을 전도하여 신에 이르게 한다. 기와 액이 승강하는 것은 천지의 음양이 승강하는 것과 같고, 간과 폐가 (기와 액을) 전도하는 것은 일월이 왕복하는 것과 같다.

五行, 名之數也. 論其交合生成, 乃元陽一氣爲本. 氣中生液, 液中生氣. 腎爲氣之根, 心爲液之源. 靈根堅固, 恍恍惚惚, 氣中自生眞水. 心源淸潔, 杳杳冥冥, 液中自有眞火. 火中識取眞龍, 水中認取眞虎. 龍虎相交而變黃芽, 合就黃芽而結成大藥, 乃曰金丹. 金丹旣就, 乃曰神仙.

오행은 이름의 가짓수이다. 오행이 교합하며 생성하는 것을 논하자면, 바로 원양 일기가 근본이 된다. 기 속에서 액을 낳고, 액 속에서 기를 낳는다. 신이 기의 뿌리가 되고, 심이 액의 근원이 된다. 신의 신령한 뿌리는 굳건하고 아득한 상태로서 기 속에서 스스로 진수를 낳는다. 심의 근원은 청결하고 그윽하고 아련한 상태로서 액 속에서 스스로 진화를 낳는다. 화 속에서 진용을 인식하여 취하고, 수 속에서 진호를 인지하여 취한다. 용호가 서로 사귀어 황아로 변하니, 황아를 합하고 이루어 대약을 결성하는 것을 일러 금단이라 한다. 금단이 이루어지면 이를 일러 신선이라 한다.

呂曰: 金丹就而脫質升仙, 以返十州, 固可知矣. 如何謂之黃芽?

여동빈이 말하였다: 금단이 이루어지면 형질을 벗어 신선이 되어 하늘로 올라 (신선이 사는) 십주十州로 돌아감을 진실로 알 수 있습니다. 그런데 무엇을 일러 황아라 합니까?

鐘曰: 眞龍眞虎者是也.

종리권이 말하였다: 진용과 진호가 그것이다.

呂曰: 龍虎者何也?

여동빈이 말하였다: 용호란 무엇입니까?

鐘曰: 龍非肝也, 乃陽龍. 陽龍出在離宮眞水之中. 虎非肺也, 乃陰虎. 陰虎出在坎位眞火之中.

종리권이 말하였다: 용은 간이 아니라 바로 양용이다. 양용은 리궁의 진수 속에서 나온다. 호는 폐가 아니라 바로 음호이다. 음호는 감위의 진화 속에서 나온다.

제7장

수화에 대한 논의

論水火 第七

呂曰: 人之長生者, 錬就金丹. 欲錬金丹, 先採黃芽, 欲得黃芽, 須得龍虎. 所謂眞龍出於離宮, 眞虎生於坎位, 離坎之中而有水火, 水火者何也?

여동빈이 말했다: 사람이 오래 사는 것은 금단을 단련하여 이루는 데 있습니다. 금단을 단련하려면 먼저 황아를 채취해야 되고, 황아를 얻고자 하면 반드시 용호를 얻어야 합니다. 진용은 리궁에서 나오고 진호는 감위에서 나오고, 리괘와 감괘의 가운데 수화가 있다고 하셨는데, 수화란 무엇입니까?

鍾曰: 凡身中以水言者, 四海, 五湖, 九江, 三島, 華池, 瑤池, 鳳池, 天池, 玉池, 崑池, 元潭, 閬苑, 神水, 金波, 瓊液, 玉泉, 陽酥, 白雪, 若此名號, 不可備陳. 凡身中以火言者, 君火, 臣火, 民火而已. 三火以元陽爲本, 而生眞氣. 眞氣聚而得安, 眞氣弱而成病. 若以耗散眞氣, 而走失元陽, 元陽盡, 純陰成, 元神離體. 乃曰死矣.

종리권이 말했다: 무릇 몸 가운데 수로 말한 것은 사해, 오호, 구강, 삼도, 화지, 요지, 봉지천지, 옥지, 곤지, 원담, 랑원, 신수, 금파, 경액, 옥천, 양소, 백설 등이니, 이처럼 이름을 다 나열할 수 없다. 무릇 몸 가운데 화로 말한 것은

균화, 신화, 민화일 뿐이다. 세 가지 화는 원양을 근본으로 하여 진기를 생한다. 진기가 모이면 편안해지고 진기가 약해지면 병이 든다. 만약 진기를 소모하고 흩어지게 하여 원양을 잃어버리게 되면, 원양은 다하고 순음이 되어 원신은 몸에서 떠나게 된다. 이것이 곧 죽음이다.

呂曰: 人身之中, 以一點元陽而興擧三火, 三火起於群水衆陰之中, 易爲耗散而難炎熾. 若此陽弱陰盛, 火少水多, 令人速於衰敗而不得長生, 爲之奈何也?

여동빈이 말했다: 사람의 몸 속에서 한 점의 원양으로 세 가지 화를 일으키는데, 세 가지 화는 많은 수와 많은 음 사이에서 일어나니 흩어지기는 쉬우나 불타오르기는 어렵습니다. 이처럼 양은 약하고 음은 왕성하며 화는 적고 수는 많으면, 사람으로 하여금 빨리 쇠퇴하게 하고 장생을 얻지 못하게 될 것이니, 어찌해야 합니까?

鍾曰: 心爲血海, 腎爲氣海, 腦爲髓海, 脾胃乃水穀之海, 是此四海者如此. 五藏各有液, 所主之位東西南北中, 是此五湖者如此. 小腸二丈四尺, 而上下九曲, 乃曰九江, 小腸之下, 元潭之說如此. 頂曰上島, 心曰中島, 腎曰下島, 三島之內, 根源閬苑之說如此. 華池在黃庭之下, 瑶池出丹闕之前, 崑池上接玉京, 天池正衝內院. 鳳池乃心肺之間, 玉池在唇齒之內. 神水生於氣中, 金波降於天上. 赤龍住處, 自有瓊液玉泉. 凡胎換後方見白雪陽酥. 澆灌有時, 以沃炎盛. 先曰玉液, 次曰金液, 皆可以還丹. 抽添有度, 以應沐浴. 先曰中田, 次曰下田, 皆可以鍊形. 玉蘂金花, 變就黃白之體, 醍醐甘露, 鍊成奇異之香. 若此水之功效.

종리권이 말했다: 심은 혈해가 되고, 신은 기해가 되고, 뇌는 수해가 되고, 비위는 수곡의 해가 되니, 사해라는 것은 이와 같다. 오장에는 각각 진액이 있

는데 주로 삼는 위치에 따라 동 · 서 · 남 · 북 · 중이 되니, 오호라고 하는 것은 이와 같다. 소장은 2장 4척인데 위아래로 아홉 번 굽어져 있어 바로 구강이라 말하는 것이니, 소장의 아래를 원담이라 하는 것은 이와 같다. 정수리를 상도라 하고, 심장을 중도라 하고, 신장을 하도라 하니, 삼도의 속 근원을 낭원이라 하는 것은 이와 같다. 화지는 황정의 아래에 있으며, 요지는 단궐의 앞에 나와 있고, 곤지는 위로 옥경에 맞닿아 있으며, 천지는 내원을 똑바로 가로지른다. 봉지는 바로 심과 폐의 사이에 있으며, 옥지는 입술과 이 사이에 있다. 신수는 기에서 생겨나고 금파는 하늘에서 내려온다. 적룡이 거처하는 곳에 저절로 경액과 옥천이 있다. 무릇 태가 바뀐 뒤에 백설과 양소를 볼 수 있다. 물을 대는 데에는 때가 있어, 이로써 불꽃을 왕성하게 한다. 먼저는 옥액이라 하고 다음은 금액이라 하는데, 모두 환단할 수 있다. 빼고 더하는 데에는 도수가 있어, 이로써 목욕에 응한다. 먼저는 중전이라 하고 다음은 하전이라 하는데, 모두 형을 단련할 수 있다. 옥예와 금화가 변하여 황백의 체가 되며, 제호와 감로가 단련되어 기이한 향을 이룬다. 이와 같은 것이 수의 공효이다.

及夫民火上昇, 助腎氣以生眞水, 腎水上昇, 交心液而生眞氣, 小則降魔除病, 大則鍊質燒丹. 用周天則火起焚身, 勒陽關則還元鍊藥. 別九州之勢以養陽神, 燒三尸之累以除陰鬼. 上行則一撞三關, 下運則消磨七魄. 鍊形成氣而輕擧如飛, 鍊氣成神而脫胎如蛻. 若此皆火之功效也.

민화가 상승하면 신장의 기를 도와서 진수를 낳고, 신수가 상승하여 심장의 액과 교류하여 진기를 낳는데, 적게는 마를 물리치고 병을 제거하며 크게는 형질을 단련하고 단을 만든다. 주천을 쓰면 화가 일어나 몸을 태우고, 늑양관[1]하면 환원하여 약을 단련할 수 있다. 구주의 형세를 떠나 양신을 기르고,

1 늑양관: 영보필법 4장 참조.

삼시의 얽매임을 태워서 음귀를 제거한다. 위로 운행하면 삼관을 한꺼번에 뚫고, 아래로 운행하면 칠백[2]을 소멸시킨다. 형을 단련하여 기를 이루면 나는 것 같이 가볍게 되고, 기를 단련하여 신을 이루면 허물과 같이 태를 벗어버린다. 이와 같은 것이 모두 화의 공효이다.

呂曰: 始也聞命, 所患者火少水多而易衰敗. 次聽高論, 水火有如此之功驗. 畢竟如何造化, 使少者可以勝多, 弱者可以致强?

여동빈이 말했다: 처음에 말씀을 들을 때에는, 근심스러운 것은 화는 적고 수는 많아 쉽게 쇠약해지는 것이었습니다. 다음에 고매한 말씀을 들으니 수와 화에 이와 같은 공효가 있습니다. 그렇다면 결국에는 어떻게 조화하여야 적은 것으로 많은 것을 이기게 하고 약한 것으로 강하게 할 수 있습니까?

鍾曰: 二八陰消, 九三陽長, 赫赤金丹, 指日可成. 七返九還, 而胎仙自化者也. 眞氣在心, 心是液之源, 元陽在腎, 腎是氣之海. 膀胱爲民火, 不止於民火. 不能爲用,[3] 而膀胱又爲津液之府. 若以不達天機, 罔測玄理, 奉道之士難爲造化, 不免於疾病死亡者矣.

종리권이 말했다: 2 · 8의 음이 줄어들고 9 · 3의 양이 자라나면, 붉게 빛나는 금단은 머지않아 이룰 수 있다. 칠반환단과 구전환단을 이루면 태선은 저절로 변화한다. 진기는 심장에 있으니 심장은 액의 근원이요, 원양은 신장에 있으니 신장은 기의 바다이다. 방광은 민화가 되지만 민화에만 그치지 않는다. (민화에만 그치면) 쓰임이 될 수 없으니, 방광은 또 진액의 창고가 된다. 만약 천기를 통달하지 못하고 현묘한 이치를 헤아릴 수 없으면, 도를 받드는 자는

---

2 칠백: 칠백은 인체에 있는 탁귀를 말한다. 이는 일곱 종류로 尸狗, 伏矢, 雀陰, 非毒, 吞賊, 除穢, 臭肺이다. 매월초, 보름, 그믐에 온 몸을 돌아다니며, 삿됨을 불러들이고 악을 일으킨다고 한다.

3 不止於民火不能爲用: 輯要本에는 '不止民火爲用'으로 되어 있다. 원문 해석은 底本과 輯要本을 참조하여 풀이하였다.

조화를 이루기 어려워 질병과 사망을 면치 못한다.

呂曰: 所謂造化使陽長陰消, 金丹可成, 而胎仙自化者, 何也?

여동빈이 말했다: 조화하여 양을 기르고 음을 소멸시키면 금단을 이룰 수 있고 태선이 저절로 변화한다고 하는 것은 무엇입니까?

鍾曰: 人之心腎相去八寸四分, 乃天地定位之比也. 氣液太極相生, 乃陰陽交合之比也. 一日十二時, 乃一年十二月之比也.

종리권이 말했다: 사람의 심장과 신장의 거리가 8촌 4푼인 것은 곧 하늘과 땅이 자리를 잡은 것에 비견된다.[4] 기와 액이 크게 극하여 서로 생하는 것은 곧 음양이 교합하는 것에 비견된다. 하루에 12시가 있는 것은 곧 한 해에 열두 달이 있는 것에 비견된다.

心生液, 非自生也, 因肺液降於心液行, 液行夫婦. 自上而下以還下田, 乃曰婦還夫宮. 腎生氣, 非自生也, 因膀胱氣升而腎氣行, 氣行子母. 自下而上以朝中元, 乃曰夫返婦室.

심장에서 액이 생겨나는 것은 저절로 생겨나는 것이 아니라, 폐액이 심장으로 내려감으로 인해 심액이 가는 것이니,[5] 액이 가는 것은 부부 관계로 행한다. 위에서 아래로 가서 하전으로 돌아가니, 바로 지어미가 지아비 궁으로 돌아간다는 것이다. 신장에서 기가 생겨나는 것은 저절로 생겨나는 것이 아니라, 방광의 기가 상승하여 신기가 가는 것이니, 기가 가는 것은 모자 관계로 행한다. 아래에서 위로 가서 중원[6]에 조회하니, 바로 지아비가 지어미 방으로

4 하늘과 땅이 자리를 잡는다(天地定位): 『주역』「설괘전」 2장에 "하늘과 땅은 제 위치에 자리 잡고 있으며, 산과 연못은 기를 통한다"(天地定位, 山澤通氣)라고 되어 있다.

5 因肺液降於心液行: 輯要本에는 "因肺液降於心而心液行"으로 뜻이 좀 더 분명하게 되어 있다.

돌아간다는 것이다.

肝氣導引腎氣, 自下而上以至於心. 心, 火也. 二氣相交, 薰蒸於肺, 肺液下降, 自心而來, 皆曰心生液. 以液生於心而不耗散, 故曰眞水也. 肺液傳送心液, 自上而下以至於腎. 腎, 水也. 二水相交, 浸潤膀胱, 膀胱氣上升, 自腎而起, 皆曰腎生氣. 以氣生於腎而不消磨, 故曰眞火也.

간기는 신기를 인도하여 아래에서 위로 가 심장에 이르게 한다. 심장은 화이다. 두 기가 서로 사귀어 폐장을 찌면 폐액이 아래로 내려가서 심장으로부터 나오니, 모두 심장에서 액이 생긴다고 한다. 액은 심장에서 생겨나지만 흩어지지 않기 때문에 '진수'라 한다. 폐액은 심액을 전송하여 위에서 아래로 가 신장에 이르게 한다. 신장은 수이다. 두 수가 서로 사귀어 방광을 서서히 적시면 방광의 기가 올라가서 신장에서 일어나니, 모두 신장에서 기가 생긴다고 한다. 기는 신장에서 생겨나지만 없어지지 않기 때문에 '진화'라 한다.

眞火出於水中, 恍恍惚惚, 其中有物, 視之不可見, 取之不可得也. 眞水出於火中, 杳杳冥冥, 其中有精, 見之不能留, 留之不能住也.

진화는 수로부터 나오나 희미하고 어렴풋하여, 그 속에 물이 있으나 보려 해도 볼 수가 없고 취하려 해도 얻을 수 없다. 진수는 화로부터 나오나 희미하고 아득하여, 그 속에 정이 있으나 보려 해도 머물지 않고 머물게 하려 해도 멈추지 않는다.

呂曰: 腎, 水也, 水中生氣, 名曰眞火. 火中何者爲物? 心, 火也, 火中生液, 名曰眞水. 水中何者爲精? 火中之物, 水中之精, 旣無形

6 중원: 15장 「논조원」 참조.

狀可求, 縱求之而又難得, 縱得之而又何用?

여동빈이 말했다: 신장은 수인데, 수에서 기가 생긴 것을 이름하여 진화라 하셨습니다. 화 속의 무엇이 물이 됩니까? 심장은 화인데, 화에서 액이 생긴 것을 이름하여 진수라 하셨습니다. 수 속의 무엇이 정이 됩니까? 화 속의 물과 수 속의 정은 이미 형상을 구할 수 없으니, 설령 구하려 해도 얻기 어렵고, 설령 얻더라도 어떻게 쓰겠습니까?

鍾曰: 前古上聖, 道成不離於此. 二物交媾而變黃芽, 數足胎完以成大藥, 乃眞龍眞虎者也.

종리권이 말했다: 옛날 성인들이 도를 이루었던 것은 이것을 벗어나지 않는다. 두 물이 교구하면 황아로 변화하고, 날이 충족되면 태가 온전해져 대약을 이루니, 두 물은 바로 진용과 진호라는 것이다.

제8장

용호에 대한 논의

論龍虎 第八

呂曰: 龍本肝之象, 虎乃肺之神. 是此心火之中而生液, 液爲眞水, 水之中, 杳杳冥冥而隱眞龍. 龍不在肝而出自離宮者, 何也? 是此腎水之中而生氣, 氣爲眞火, 火之中, 恍恍惚惚而藏眞虎. 虎不在肺而生於坎位者, 何也?

여동빈이 말했다: 용은 본래 간장의 상이고, 호는 바로 폐장의 신이라 하셨습니다. 심장의 화 속에서 액이 생겨나고, 액은 진수가 되는데, 수의 속은 희미하고 아득하면서도 진용을 숨기고 있다고 하셨습니다. 그런데 용이 간장에 있지 않고 리궁으로부터 나온다 하신 것은 어째서입니까? 신장의 수 속에서 기가 생겨나고, 기는 진화가 되는데, 화의 속은 희미하고 어렴풋하면서도 진호를 감추고 있다고 하셨습니다. 그런데 호가 폐장에 있지 않고 감위에서 생겨난다고 하신 것은 어째서입니까?

鍾曰: 龍, 陽物也. 升飛在天, 吟而雲起, 得澤而濟萬物. 在象爲青龍, 在方爲甲乙, 在物爲木, 在時爲春, 在道爲仁, 在卦爲震, 在人身中五藏之內爲肝. 虎, 陰物也, 奔走於地, 嘯而風生, 得山而威制百蟲. 在象爲白虎, 在方爲庚辛, 在物爲金, 在時爲秋, 在道爲

義, 在卦爲兌, 在人身中五藏之內爲肺.

종리권이 말했다: 용은 양물이다. 날아올라 하늘에 있으면서, 울면 구름이 일어나고 연못을 얻어서 만물을 돕는다. 상에서는 청룡이 되고, 방위에서는 갑을이 되고, 물에서는 목이 되고, 시에서는 봄이 되고, 도에서는 인이 되고, 괘에서는 진이 되고, 몸의 오장에서는 간장이 된다. 호는 음물이다. 땅 위에서 내달리면서, 울부짖으면 바람이 생기고 산을 얻어서 온갖 짐승을 제압한다. 상에서는 백호가 되며, 방위에서는 경신이 되며, 물에서는 금이 되며, 시에서는 가을이 되고, 도에서는 의가 되고, 괘에서는 태가 되고, 몸의 오장에서는 폐장이 된다.

且肝, 陽也. 而在陰位之中, 所以腎氣傳肝氣, 氣行子母, 以水生木, 腎氣足而肝氣生, 肝氣旣生, 以絕腎之餘陰, 而純陽之氣上昇者也. 且肺, 陰也. 而在陽位之中, 所以心液傳肺液, 液行夫婦, 以火剋金, 心液到而肺液生, 肺液旣生, 以絕心之餘陽, 而純陰之液下降者也.

또 간장은 양이다. 하지만 음의 자리에 있는 것은, 신장의 기가 간장의 기에 전해짐에 기는 모자 관계로 행해져 수가 목을 낳으니, 신장의 기가 가득차면 간장의 기가 생기고, 간장의 기가 생기고 나서는 신장의 남은 음을 끊어버리고 순양의 기가 올라가기 때문이다. 또 폐장은 음이다. 하지만 양의 자리에 있는 것은, 심장의 액이 폐장의 액에 전해짐에 액은 부부 관계로 행해져 화가 금을 극하니, 심장의 액이 이르면 폐장의 액이 생기고, 폐장의 액이 생기고 나서는 심장의 남은 양을 끊어버리고 순음의 액이 내려가기 때문이다.

以其肝屬陽, 以絕腎之餘陰, 是以知氣過肝時, 卽爲純陽. 純陽氣中包藏眞一之水, 恍惚無形, 名曰陽龍. 以其肺屬陰, 以絕心之餘陽, 是知液到肺, 時卽爲純陰. 純陰液中負載正陽之炁, 杳冥不見,名曰陰虎也.

간장을 양에 배속함으로써 신장의 남은 음을 끊어버리니, 이로써 기가 간장을 지나갈 때에 바로 순양이 됨을 안다. 순양의 기 속에는 진일의 수를 싸서 감추고 있으나 희미하고 어렴풋하여 형체가 없으니, 이름하기를 양룡이라 한다. 폐장을 음에 배속함으로써 심장의 남은 양을 끊어버리니, 이로써 액이 폐장에 이를 때에 바로 순음이 됨을 안다. 순음의 액 속에는 정양의 기를 싣고 있으나 희미하고 아득하여 볼 수가 없으니, 이름하기를 음호라 한다.

氣升液降, 本不能相交, 奈何氣中眞一之水, 見液相合, 液中正陽之氣, 見氣自聚? 若也傳行之時, 以法制之, 使腎氣不走失, 氣中收取眞一之水, 心液不耗散, 液中採取正陽之炁. 子母相逢, 互相顧戀, 日得黍米之大, 百日無差藥力全, 二百日聖胞堅, 三百日胎仙完. 形若彈丸, 色同朱橘, 名曰丹藥. 永鎭下田, 留形住世, 浩劫長生, 以作陸地神仙.

기는 올라가고 액은 내려가서 본래 서로 사귈 수 없는데, 어떻게 기 속의 진일의 수가 액을 만나 서로 합해지고, 액 속의 정양의 기가 기를 만나 저절로 모이는가? 만약 기와 액이 전해지고 행해질 때 법으로써 제어하여, 신장의 기를 잃어버리지 않게 하면 기 속의 진일의 수를 거두어들일 수 있고, 심장의 액을 흩어지지 않게 하면 액 속의 정양의 기를 취할 수 있다. 모자가 만나 서로 떨어지지 않으려 하듯이 하면, 날마다 크기가 기장쌀만한 것을 얻을 수 있고, 백일 동안 어긋남이 없으면 약의 힘이 온전하고, 이백일에는 성포가 단단해지고, 삼백일에는 태선이 완성된다. 형체는 탄환과 같고, 색깔은 붉은 귤과 같으니, 이름하기를 단약이라 한다. 그러면 길이 하단전을 자리 잡아 형체를 가지고 세상에 살면서 영겁의 세월 동안 장생함으로써 육지신선이 된다.

呂曰: 腎水生氣, 氣中有眞一之水, 名曰陰虎. 虎見液相合也. 心

火生液, 液中有正陽之氣, 名曰陽龍. 龍見氣相合也. 方以類聚, 物以羣分, 理當然也. 氣生時液亦降, 氣中眞一之水, 莫不隨液而下傳於五藏乎? 液生時氣亦升, 液中正陽之氣, 莫不隨氣而出於重樓乎? 眞水隨液下行, 虎不能交龍, 眞陽隨氣上昇, 龍不能交虎. 龍虎不交, 安得黃芽? 黃芽旣無, 安得大藥?

여동빈이 말했다: 신장의 수에서 기가 생겨나고, 기 속에 진일의 수가 있으니, 이름하기를 음호라 합니다. 호는 액을 만나 서로 합해집니다. 심장의 화에서 액이 생겨나고, 액 속에 정양의 기가 있으니, 이름하여 양룡이라 합니다. 용은 기를 만나 서로 합해집니다. 방소는 같은 종류끼리 모이고 사물은 같은 무리끼리 나뉨은 이치상 당연합니다. 기가 생길 때 액도 내려오니, 기 중의 진일의 수도 모두 액을 따라 내려가서 오장에 전해지지 않겠습니까? 액이 생길 때 기도 상승하니, 액 중의 정양의 기도 모두 기를 따라 중루[1]를 벗어나지 않겠습니까? 진수가 액을 따라 내려가면 호는 용과 사귈 수 없고, 진양이 기를 따라 상승하면 용은 호와 사귈 수 없습니다. 용과 호가 사귀지 못하면, 어찌 황아를 얻을 수 있겠습니까? 황아가 이미 없다면, 어찌 대약을 얻을 수 있겠습니까?

鍾曰: 腎氣旣生, 如太陽之出海, 霧露不能蔽其光. 液下如疏簾, 安足以勝其氣! 氣壯則眞一之水自盛矣. 心液旣生, 如嚴天之殺物, 呼呵不能敵其寒. 氣升如翠幕, 安足以勝其液! 液盛則正陽之氣或強或弱, 未可必也.

종리권이 말했다: 신장의 기가 생기고 나면, 태양이 바다 위에 떠오르는 것을 안개와 이슬이 그 빛을 가릴 수 없는 것과 같다. 액이 내려감은 성긴 발과 같으니, 어찌 그 기를 이길 수 있겠는가! 기가 군세면 진일의 수는 저절로 왕성

1 중루: 목의 12마디 뼈를 말한다.

해진다. 심액이 생기고 나면, 엄한 하늘이 사물을 죽이는 것을 호통과 꾸짖음이 그 차가움을 물리칠 수 없는 것과 같다. 기가 올라감은 푸른 장막과 같으니, 어찌 그 액을 이길 수 있겠는가! 액이 왕성해지면 정양의 기는 강해지기도 하고 약해지기도 하는데, 반드시 어떻다고 할 수 없다.

呂曰: 氣生液生各有時. 時生氣也, 氣盛則眞一之水亦盛. 時生液也, 液盛則正陽之氣亦盛, 盛衰未保何也?

여동빈이 말했다: 기가 생기고 액이 생기는 것은 각각 때가 있습니다. 때가 되면 기가 생기고, 기가 왕성해지면 진일의 수도 왕성해집니다. 때가 되면 액이 생기고, 액이 왕성해지면 정양의 기도 왕성해지나, 왕성해지고 쇠퇴하는 것을 보증하지 못함은 어째서입니까?

鍾曰: 腎氣易爲耗散, 難得者眞虎. 心液難爲積聚, 易失者眞龍. 丹經萬卷, 議論不出陰陽, 陰陽兩事, 精粹無非龍虎. 奉道之士, 萬中識者一二. 或以多聞廣記, 雖知龍虎之理, 不識交合之時, 不知採取之法. 所以今古達士, 皓首修持, 止於小成, 累代延年, 不聞超脫, 蓋以不能交媾於龍虎, 採黃芽而成丹藥.

종리권이 말했다: 신장의 기는 흩어지기가 쉬우니, 얻기 어려운 것은 진호이다. 심장의 액은 모으기가 어려우니, 쉬이 잃는 것은 진용이다. 만권의 단경은 의론이 음양을 벗어나지 않고, 음양 두 가지 일은 정수가 용호 아님이 없다. 도를 받드는 선비 만 명 중에 이것을 아는 이는 한둘이라. 혹 많이 듣고 널리 기록하여 용호의 이치를 알더라도, 교합의 때를 알지 못하며, 채취하는 법을 알지 못한다. 고금의 통달한 선비가 백발이 되도록 수행하여도 소성에 그쳐서 여러 대에 걸쳐 수명을 늘려도 초탈을 듣지 못하는 것은, 용호를 교구하고 황아를 채취하여 단약을 이루지 못했기 때문이다.

제9장

단약에 대한 논의

論丹藥 第九

呂曰: 龍虎之理旣已知矣. 所謂金丹大藥可得聞乎?

여동빈이 물었다: 용호의 이치는 이제 알겠습니다. 이른바 금단대약에 대해서 들을 수 있겠습니까?

鍾曰: 所謂藥者, 可以療病. 凡病有三等. 當風臥濕, 冒暑涉寒, 勞逸過度, 饑飽失時, 非次不安, 則曰患矣, 患爲時病. 及夫不肯修持, 恣情縱意, 散失元陽, 耗損眞氣, 年高憔悴, 則曰老矣, 老爲年病. 及夫氣盡體空, 魂消神散, 長籲一聲, 四大無主, 體臥荒郊, 則曰死矣, 死爲身病.

종리권이 답했다: 약이라는 것은 병을 치료할 수 있는 것이다. 병에는 세 가지 등급이 있다. 바람을 맞고 습한 곳에 누우며, 더위를 무릅쓰고 추위에 돌아다니며, 노고와 안일함이 정도를 넘으며, 굶주림과 배부름이 때를 잃으며, 때가 적절하지 않아서 편안하지 않는 것을 환患이라 하니, 환은 시기와 관련된 병이다. 기꺼이 수행하지 않고 마음 가는 대로 하여 원양을 잃어버리고 진기를 소모시켜, 나이가 많아지면 초췌해지는 것을 노老라 하니, 노는 나이와 관련된 병이다. 기가 다 소진되고 몸은 텅 비어, 혼이 사그라지고 신이 흩어

지며, 마지막 숨을 길게 내쉬고 나서는 사대四大에[1] 주인이 없게 되어, 황폐한 들에 몸을 누이는 것을 사死라 하니, 사는 몸과 관련된 병이다.

且以時之有病, 以春夏秋冬運行於寒暑温涼. 陽大過而陰不足, 當以涼治之也, 陰大過而陽不足, 當以溫治之也. 老者多冷而幼者多热, 肥者多涎而羸者多積. 男子病生於氣, 婦人患本於血. 補其虛而取其實, 保其弱而損其餘. 小則針灸, 甚則藥餌. 雖有非次不安而時之有患, 委於明士良醫, 對病服食, 悉得保愈.

가령 시기와 관련하여 병이 생기는 것은 춘하추동이 추위와 더위, 따뜻함과 서늘함을 운행하기 때문이다. 양이 지나치게 많아서 음이 부족하면 서늘함으로 다스려야 하고, 음이 지나치게 많아서 양이 부족하면 따뜻함으로 다스려야 한다. 늙은이는 냉이 많고 어린이는 열이 많으며, 살찐 자는 점액이 많고 야윈 자는 적취[2]가 많다. 남자의 질병은 기에서 생겨나고, 여자의 질환은 혈에 근본한다. 허함은 보충하고 실함은 뽑아내고, 약함은 보호하고 남음은 덜어낸다. 작은 병은 침과 뜸을 쓰고, 심한 병은 약과 음식을 쓴다. 만약 때가 적절치 못해 편안하지 않아서 생긴 시기와 관련된 질환이 있더라도, 총명한 인사나 유능한 의사에게 맡겨 병에 따라 약을 먹으면 모두 나을 수 있다.

然而老病如何醫, 死病如何治? 洗腸補肉, 古之善醫者也, 面皺髮白以返童顏, 無人得會. 換頂續支, 古之善醫者也, 留形住世以得長生, 無人得會.

그러나 늙음의 병에는 어떻게 의사가 있겠으며, 죽음의 병에는 어떻게 치료가 있겠는가? 장을 세척하고 살을 보충하는 것은 옛날의 뛰어난 의술이었으

---

1 사대(四大): 문맥상 인간의 육체를 의미한다.

2 적취는 의학용어로, 몸속에 생긴 덩어리를 말한다. 덩어리가 만져지면 적이고, 만져지지 않고 이리저리 옮겨가는 것은 취이다.

나, 주름진 얼굴과 흰 머리를 동안으로 되돌릴 줄 아는 방법은 아무도 얻지 못했다. 머리를 고치고 팔다리를 연결하는 것은 옛날의 뛰어난 의술이었으나, 형체를 유지하며 세상에 살면서 장수할 줄 아는 방법은 아무도 얻지 못했다.

呂曰: 非次不安, 因時成病, 良醫名藥固可治矣. 虛敗年老之病, 氣盡命終之苦, 如何治之, 莫有藥乎?

여동빈이 물었다: 때가 적절하지 않아서 편안하지 못하고, 때로 인하여 생긴 병은 양의나 명약으로 진실로 치료할 수 있을 것입니다. 그런데 몸이 허해지고 무너지는 늙음의 병과 기가 다 소진되어 목숨을 마치는 괴로움은, 어떻게 치료해야 하며, 약은 없는 것입니까?

鍾曰: 凡病有三等. 時病以草木之藥, 療之自愈. 身病年病, 所治之藥而有二等. 一曰內丹, 次曰外丹.

종리권이 답했다: 무릇 병에는 세 가지 등급이 있다. 때로 인해 생긴 병은 초목의 약으로 치료하면 자연히 낫는다. 몸 때문에 생긴 병과 나이 먹음으로 생긴 병은 치료하는 약은 두 가지 종류가 있다. 첫째는 내단이고, 둘째는 외단이다.

呂曰: 外丹者, 何也?

여동빈이 물었다: 외단이란 무엇입니까?

鍾曰: 昔高上元君傳道於人間, 指喩天地升降之理, 日月往復之宜. 自爾丹經滿世, 世人得聞大道. 廣成子以教黃帝, 黃帝政治之暇, 依法行持, 久而不見功. 廣成子以心腎之間而有眞氣眞水, 氣水之間而有眞陰眞陽, 配合爲大藥, 可比於金石之中而隱至寶, 乃於崆峒山中, 以內事爲法而煉大丹.

종리권이 답했다: 옛날에 고상원군[3]이 인간에게 도를 전함에 천지 사이에 오르내리는 이치와 일월이 왕복하는 마땅함을 가리켜 깨우쳐 주었다. 이로부터 단경이 세상에 가득하니, 세상 사람들이 대도를 들을 수 있었다. 광성자[4]가 황제를 가르쳤으나, 황제가 정치를 하는 겨를에 법에 따라 수행을 하였기에, 오래되어도 공을 보지 못했다. 광성자가 '심장과 신장의 사이에 진기와 진수가 있고, 기와 수의 사이에 진음과 진양이 있어, 이를 배합하여 대약을 만들 수 있으니, 이는 금석 속에 지극한 보물이 숨어 있는 것에 비유할 수 있다'고 하니, (황제가) 이에 공동산[5]에서 몸 안의 일을 법도로 삼아 (외단인) 대단을 연단하였다.

八石之中惟用朱砂, 砂中取汞. 五金之中惟用黑鉛, 鉛中取銀. 汞比陽龍, 銀比陰虎, 以心火如砂之紅, 腎水如鉛之黑. 年火隨時, 不失乾坤之策, 月火抽添, 自分文武之宜. 卓三層之鑪, 各高九寸, 外方內圓, 取八方之氣, 應四時之候. 金鼎之象包藏鉛汞, 無異於肺液. 硫黃爲藥, 合和靈砂, 可比於黃婆. 三年小成, 服之可絶百病. 六年中成, 服之自可延年. 九年大成, 服之而升擧自如. 壯士展臂, 可千里萬里, 雖不能返於蓬萊, 亦於人世浩劫不死.

팔석[6] 중에선 오직 주사만을 사용하여 사 속의 홍汞을 취한다. 오금[7] 중에선

3 고상원군: 도교에서 태고 혹은 원시의 근원적인 신선을 말할 때 극상원군(極上元君), 무상원군(無上元君), 상원군(上元君) 등의 용어가 사용된다.

4 광성자: 전설에 나오는 옛날의 선인이다. 공동산(崆峒山)의 석실(石室)에서 진리와 도를 닦으면서 살았다. 나이가 1천 2백 살이 되었는데도 늙지 않았다고 하며, 황제(黃帝)가 그의 소문을 듣고 두 번이나 찾아와 지도(至道)와 치신(治身)의 요점을 물었다고 한다.

5 공동산: 도교의 명산으로 호랑이가 웅크리고 용이 감고 있는 형태를 하고 있다.

6 팔석: 외단에서 연단할 때 사용하는 8가지 광물질로 주사(硃砂), 웅황(雄黃), 자황(雌黃), 공청(空青), 운모(雲母), 유황(硫黃), 융염(戎鹽), 초석(硝石)을

오직 흑연만을 사용하여 연 속의 은銀을 취한다. 홍은 양용에 비견되고 은은 음호에 비견되는데, 심화는 주사의 홍으로 여기고 신수는 흑연의 흑으로 여기는 것과 같기 때문이다. 일 년의 화후는 때를 맞추어서 건곤의 책策을 잃지 않고, 한 달의 화후는 빼고 더하여 자연스럽게 문무의 마땅함을 나눈다. 세 층의 화로를 세우되 각각 높이는 9촌으로 하고, 밖은 네모나고 안은 둥글게 하여 팔방[8]의 기를 취하고 사시의 절후에 응한다. 금정이 연홍을 감싸 안는 형상은 폐액과 다름없다. 유황을 약으로 삼아 영사[9]를 화합하는 것은 내단의 황파[10]에 비할 수 있다. 3년을 연단하면 소성을 이루는데, 이것을 복용하면 온갖 병을 물리칠 수 있다. 6년이 되면 중성을 이루는데, 이것을 복용하면 저절로 수명을 연장할 수 있다. 9년이 되면 대성을 이루니, 이것을 복용하면 자유롭게 떠오른다. 장사가 팔을 뻗듯이 하면 천 리나 만 리라도 갈 수 있다. 비록 봉래산으로 돌아갈 수 없어도, 인간 세상에서 영겁토록 죽지 않는다.

呂曰: 歷古以來, 煉丹者多矣, 而見功者少, 何也?

여동빈이 물었다: 옛날부터 지금까지 연단하는 자는 많으나 공효를 본 자는 적으니 어째서입니까?

말한다.

7 오금: 외단에서 연단할 때 사용하는 5가지 광물질로 황금(黃金), 백은(白銀), 적동(赤銅), 흑연(黑鉛), 흑철(黑鐵)을 말한다.

8 팔방: 사방(四方)과 사우(四隅) 곧, 동, 서, 남, 북, 동북, 동남, 서북, 서남의 여덟 방위를 말한다.

9 영사: 수은과 유황을 고아서 결정체로 만든 약제이다. 홍령사와 백령사가 있으며, 맛은 달고 성질은 따뜻하다. 심경(心經)과 신경(腎經)에 작용하는데, 정신을 안정시키고 피를 잘 돌게 하며 담을 삭인다. 영사는 금정영사(金鼎靈砂), 구전영사(九轉靈砂), 노화영사(老火靈砂), 청금단두(靑金丹頭)와 영사의 5가지로 구분된다.

10 황파: 비장 가운데의 진액을 가리킨다. 진의(眞意), 진토(眞土), 진신(眞信), 토부(土釜), 황정(黃庭), 중궁(中宮)이라는 이름도 있다. 일설에는 진의(眞意)나 정념(正念)이라고도 한다.

鍾曰: 煉丹不成者, 有三也. 不辨藥材眞僞, 不知火候抽添, 將至寶之物一旦消散於烟焰之中, 而爲灰塵. 廢時亂日, 終無所成者, 一也. 藥材雖美, 不知火候. 火候雖知, 而乏藥材, 兩不契合, 終無所成者, 二也. 藥材雖美, 火候合宜, 年中不差月, 月中不錯日, 加減有數, 進退有時, 氣足丹成. 而外行不備, 化玄鶴而凌空, 無緣而得餌, 此不成者, 三也.

종리권이 답했다: 연단을 해도 이루지 못하는 것에는 세 가지 경우가 있다. 약재의 진짜와 가짜를 분별하지 못하고, 화후의 빼고 더함을 알지 못하여, 지극히 보배로운 물건을 하루아침에 연기와 불꽃 속에서 흩어져 버리게 하여 재와 먼지가 되게 한다. 게다가 때와 날도 어긋나고 어지러워져서 끝내 이루지 못한 것이 첫 번째 경우이다. 약재는 비록 좋으나 화후를 알지 못하고, 화후는 비록 알아도 약재가 모자라서 약재와 화후 두 가지가 딱 들어맞지 못하여 끝내 이루지 못한 것이 두 번째 경우이다. 약재도 비록 좋고 화후도 적합하며, 해 가운데 달을 어기지 않고 달 가운데 날을 어기지 않아, 더하고 뺌에 수가 있게 하며 나아가고 물러남에 때에 맞게 하면 기는 족히 단을 이룰 수 있다. 하지만 외적인 덕행이 갖춰지지 않을 경우는 현학으로 변하여 허공을 건널 수 있더라도 인연이 없어 약을 얻지 못한 것, 이것이 이루지 못한 세 번째 경우이다.

又況藥材本天地秀氣結實之物, 火候乃神仙修持得道之術. 三皇之時, 黃帝煉丹, 九轉方成, 五帝之後, 混元煉丹, 三年才就. 迨夫戰國, 凶氣凝空, 流尸滿野, 物不能受天地之秀氣, 而世乏藥材. 當得法之人, 而逃難老死岩谷. 丹方仙法, 或有竹帛可紀者, 久而弃壞, 人世不復有矣. 若以塵世有藥材, 秦始皇不求於海島, 若以塵世有丹方, 魏伯陽不參於周易. 或而多聞强識, 迷惑後人, 萬萬破家並無一成, 以外求之, 亦爲誤矣.

더구나 약재는 본래 천지의 빼어난 기가 결실된 물이고, 화후는 곧 신선이 수행하여 도를 얻은 술법이다. 삼황의 때에 황제가 연단하였는데 구전해서야 바야흐로 이루었고, 오제의 뒤에 혼원[11]이 연단하였는데 삼 년 만에 겨우 이루었다. 전국시대에 이르러서는 흉한 기운이 허공에 응결되고 버려진 시체가 들판에 가득하여 물이 천지의 빼어난 기를 받을 수 없어 세상에 약재가 드물었다. 당시에는 단법을 얻은 사람도 난을 피해서 바위골짜기에서 늙어 죽었다. 간혹 단과 선의 방법을 대나무나 비단에 기록한 자도 있었으나 오래되자 버려지고 썩어서 인간 세상에 다시 있지 않게 됐다. 만약 속세에 약재가 있었다면 진시황이 바다속 섬에서 구하지 않았을 것이며, 만약 속세에 단을 만드는 방법이 있었다면 위백양이 『주역』을 참구하지 않았을 것이다. 그런데도 어떤 이는 널리 듣고 많이 아는 것으로 후인들을 미혹시켜서 많고 많은 집을 파산시키고도 하나도 이룸이 없었으니, 이는 밖에서 구했기 때문이다. 또한 어리석은 것이다.

呂曰: 外丹之理, 出自廣成子, 以內事爲法則, 縱有成就, 九年方畢. 又況藥材難求丹方難得, 到底只能升騰, 不見超凡入聖而返十洲者矣. 敢問內藥者可得聞乎?

여동빈이 물었다: 외단의 이치는 광성자[12]로부터 나왔는데, 몸 안의 일을 법칙으로 삼아 비록 성취가 있었지만 구년이나 되어서야 바야흐로 마쳤습니다. 또 게다가 약재는 구하기 어렵고 단방은 얻기 어려우니, 결국에는 단지 날아오를 수 있는 데 그치고, 범인을 넘어서 성인에 들어가 십주[13]로 돌아가는 자

11 혼원: 태상노군을 추존하여 부른 이름이다. 태상노군 즉, 노자를 당대 이후에 추존하여 혼원이라고 불렀다.

12 광성자: 고대 전설 속의 신선으로 공동산 석실에 거처하면서 양생법을 익혔고, 1200세가 되도록 늙지 않았다고 하며, 황제에게 양생의 도를 전했다고 한다.

13 십주: 10곳의 선계(仙界)로 조주(祖洲), 영주(瀛洲), 현주(玄洲), 염주(炎洲),

는 볼 수가 없습니다. 감히 여쭙건대 내약에 대하여 들을 수 있겠습니까?

鍾曰: 外藥非不可用也. 奉道之人, 晚年覺悟, 根源不甚堅固. 腎者氣之根, 根不深則葉不茂矣. 心者液之源, 源不清則流不長矣. 必也假其五金八石, 积日累月, 煉成三品. 每品三等, 乃曰九品.

종리권이 답했다: 외약이 쓸 수 없는 것은 아니다. 도를 받드는 사람이 늦은 나이에 깨달으면 뿌리가 그리 견고하지 않다. 신장이란 기의 뿌리인데, 뿌리가 깊지 못하면 잎이 무성하지 못하다. 심장이란 액의 근원인데, 근원이 맑지 못하면 흐름이 길지 못하다. 그러므로 반드시 오금과 팔석을 빌려 여러 날과 여러 달 동안 세 가지 품목을 단련하여 이루어야 한다. 품목마다 세 등급이 있으니 곧 아홉 품목이다.

龍虎大丹, 助接其眞氣, 煉形住世, 輕擧如飛. 若以修持內事, 識交合之時, 知採取之法, 胎仙旣就, 指日而得超脫. 彼人不悟, 執在外丹, 進火加日, 服之欲得上升天界, 誠可笑也.

'용호대단'은 진기에 접하는 것을 돕고, 형체를 단련하여 세상에 머물면서 나는 것 같이 가볍게 움직이게 한다. 만약 몸 안의 일을 수행하면서 교합하는 때를 알고 채취하는 법을 알아 태선을 이루게 되면 며칠 안에 초탈할 수 있다. 저들은 이것을 깨닫지 못하고 외단에만 집착해 불을 때는 것으로 날을 보내면서 그것을 먹고 천계로 올라가고자 하니 참으로 우습도다.

彼旣不究外藥之源, 當以詳陳內丹之理. 內丹之藥材出於心腎, 是人皆有也. 內丹之藥材本在天地. 天地常日得見也. 火候取日月往復之數, 修合效夫婦交接之宜. 聖胎就而眞氣生, 氣中有氣,

---

항주(亢洲), 장주(長洲), 생주(生洲), 유주(流洲), 풍린주(風麟洲), 취굴주(聚窟洲)가 있다.

如龍養珠. 大藥成而陽神出, 身外有身, 似蟬脫蛻. 是此內藥[14]本於龍虎交而變黃芽, 黃芽就而分鉛汞.

저들은 이미 외약의 근원을 궁구하지 않으니, 마땅히 내단의 이치를 상세히 말하겠다. 내단의 약재는 심장과 신장에서 나오니, 이는 모든 사람에게 있는 것이다. 내단의 약재는 본래 천지에 있다. 천지는 일상생활에서 볼 수 있는 것이다. 화후는 해와 달의 왕복하는 수를 취하고, 약을 결합하는 것은 부부가 교접하는 마땅함을 본떠서 한다. 성태가 이루어지고 진기가 생겨나면 기 중에 기가 있으니 마치 용이 구슬을 기르는 것과 같다. 대약이 이루어지고 양신이 몸 밖으로 나오면 몸 밖에 몸이 있으니, 마치 매미가 껍질을 벗는 것과 같다. 이 내약의 이치는 용호가 교합하여 황아로 변하고, 황아가 이루어지고 나서 연홍으로 나뉘는 데 있다.

---

14 내약(內藥): 底本에는 '藥內'로 되어 있으나, 문맥상 '外藥'과 상대되는 용어로 쓰인 것이기에 輯要本에 따라 교감하였다.

제10장

연홍에 대한 논의

論鉛汞 第十

呂曰: 內藥不出龍虎也. 虎出於坎宮, 氣中之水是也. 龍出於離宮, 水中之氣是也. 外藥取砂中之汞, 比於陽龍, 用鉛中之銀, 比於陰虎. 而鉛汞外藥也. 何以龍虎交而變黃芽, 黃芽就而分鉛汞? 所謂內藥之中鉛汞者何也?

여동빈이 물었다: 내약은 용호에서 벗어나지 않는다고 하셨습니다. 호는 감궁에서 나오는데 기 속의 수가 이것이라 하셨습니다. 용은 리궁에서 나오는데 수 속의 기가 이것이라 하셨습니다. 외약에서 사 속의 홍을 취하는 것은 (내약에서) 양용에 비할 수 있고, 연 속의 은을 쓰는 것은 (내약에서) 음호에 비할 수 있다고 하셨습니다. 그런데 연과 홍은 외약입니다. 용호가 교구하여 황아로 변하며, 황아가 이루어지고 나서 연과 홍으로 나뉘는 것은 어째서입니까? 이른바 내약의 가운데 연과 홍이란 무엇입니까?

鍾曰: 抱天一之質而爲五金之首者, 黑鉛也. 鉛以生銀, 鉛乃銀之母. 感太陽之氣而爲衆石之首者, 硃砂也, 砂以生汞, 汞乃砂之子. 難取者, 鉛中之銀, 易失者, 砂中之汞. 銀汞若相合煅鍊, 自成至寶. 此鉛汞之理, 見於外者如此.

종리권이 답했다: 천일의 질[1]을 포함하면서 오금의 으뜸이 되는 것은 흑연이다. 연이 은을 낳기 때문에 연은 바로 은의 어미이다. 태양의 기를 감응하면서 뭇 돌들의 으뜸이 되는 것은 주사이다. 사는 홍을 낳기 때문에 홍은 바로 사의 아들이다. 취하기 어려운 것은 연 속의 은이요, 잃어버리기 쉬운 것은 사 속의 홍이다. 은과 홍을 서로 합하여 단련한다면, 저절로 지극한 보배가 이루어진다. 이 연과 홍의 이치가 밖으로 드러난 것은 이와 같다.

若以內事言之, 見於人者, 今古議論差別有殊, 取其玄妙之說. 本自父母交通之際, 精血相合, 包藏眞氣, 寄質於母之純陰之宮, 藏神在陰陽未判之內. 三百日胎完, 五千日氣足. 以五行言之, 人身本是精與血, 先有水也. 以五藏言之, 精血爲形像, 先生腎也. 腎水之中伏藏於受胎之初, 父母之眞氣, 眞氣隱於人之內腎. 所謂鉛者, 此也. 腎中正氣, 氣中眞一之水, 名曰眞虎. 所謂鉛中銀者, 此也. 腎氣傳肝氣, 肝氣傳心氣. 心氣太極而生液, 液中有正陽之氣, 所謂硃砂者, 心液也. 所謂汞者, 心液之中正陽之氣是也. 以氣中眞一之水顧戀和合於液中正陽之氣, 積氣液爲胎胞. 傳送在黃庭之內, 進火無差, 胎仙自化. 乃比鉛銀合汞, 煅鍊成寶者也.

만약 몸 안의 일로 말하자면, 사람에게 드러난 것은 고금의 의론이 차별과 다름이 있으므로, 그 현묘한 설을 취해 말해 보겠다. 본래 부모가 교합할 때부터 정과 혈이 서로 합하여 진기를 감싸서, 질은 어머니의 순음의 궁에 맡기고 신은 음양이 나뉘지 않은 속에 간직된다. 삼백 일이 지나면 태가 완성되고 오천 일이 지나면 기가 충족된다. 오행으로 말하자면, 사람의 몸은 본래 정과 혈이므로 먼저 수가 있게 된다. 오장으로 말하자면, 정과 혈이 형상을 갖추는데, 먼저 신장이 생긴다. 신수 속에는 처음 수태할 때의 부모의 진기가 간직

---

1 천일의 질: 『주역』에 "천일은 수(水)를 생성하고, 수는 신(腎)을 이루며 음(陰)에 속한다"(天一生水, 水爲腎, 屬陰)라고 하였다.

돼 있으니, 진기는 사람 몸 안의 신장에 숨어 있다. 이른바 연이란 이것이다. 신장 속에 정기가 있고 기 속에 진일의 수가 있는데, 이것을 이름하여 진호라 한다. 이른바 연 가운데 은이란 이것이다. 신장의 기는 간장의 기로 전해지고 간장의 기는 심장의 기로 전해진다. 심장의 기가 크게 극하여 액을 낳는데, 액 속에 정양의 기가 있으니, 이른바 주사란 것은 심액이다. 홍이란 심액 속의 정양의 기가 바로 이것이다. 기 속의 진일의 수가 돌아보고 연모하여 액 속의 정양의 기를 화합하여 기와 액을 쌓아서 태포가 된다. 태포를 황정 속으로 보내고, 진화가 어긋남이 없으면 태선은 저절로 화한다. 이것이 연 속의 은이 홍에 합하여 연단하여 보배를 이루는 것으로 비유되는 것이다.

呂曰: 在五金之中, 鉛中取銀, 於八石之內, 砂中出汞. 置之鼎器, 配之藥餌, 汞自爲砂, 而銀自爲寶. 然而在人之鉛如何取銀? 在人之砂如何取汞? 汞如何作砂, 銀如何作寶也?
여동빈이 물었다: 오금 중에서는 연 속에서 은을 취하고, 팔석 중에서는 사 속에서 홍을 추출한다고 하셨습니다. 그리고 솥단지에 두고서 약이藥餌로 배합하면 홍은 저절로 사가 되며 은은 저절로 보배가 된다고 하셨습니다. 그렇다면 사람 몸속에 있는 연에서 어떻게 은을 취합니까? 또 사람 몸속에 있는 사에서 어떻게 홍을 취합니까? 홍은 어떻게 사가 되며, 은은 어떻게 보배가 됩니까?

鍾曰: 鉛本父母之眞氣合而爲一. 純粹而不離, 旣成形之後, 而藏在腎中. 二腎相對, 同升於氣, 乃曰元陽之氣. 氣中有水, 乃曰眞一之水. 水隨氣升, 氣住水住, 氣散水散. 其水與氣, 如子母之不相離. 善視者止見於氣, 不見於水. 若以此眞一之水, 合於心之正陽之氣, 乃曰龍虎交媾而變黃芽, 以黃芽而爲大藥.
종리권이 답했다: 연은 본래 부모의 진기가 합하여 하나가 된 것이다. 순수하

며 떨어지지 않은 것인데, 형태가 이루어지고 난 뒤에는 신장 속에 간직되어 있다. 두 개의 신장은 서로 짝이 되어 함께 기를 떠 올리는데 이 기를 원양의 기라 한다. 기 속에는 수가 있으니, 곧 진일의 수라 한다. 수는 기를 따라 올라가는데, 기가 머물면 수도 머물고, 기가 흩어지면 수도 흩어진다. 수와 기는 마치 자식과 어미가 떨어지지 않는 것과 같다. 잘 살피는 자라도 기를 보는데 그치고 수를 보지 못한다. 이 진일의 수로 심장의 정양의 기에 합하면, 바로 용호가 교구하여 황아로 변하고, 이 황아가 대약이 되는 것이다.

大藥之材, 本以眞一之水爲胎, 內包正陽之氣. 如昔日父母之眞氣, 卽精血爲胞胎. 造化三百日, 胎完氣足而形備神來, 與母分離. 形外旣合, 合則形生形矣. 奉道之人, 腎交心氣, 氣中藏眞一之水, 負載正陽之氣, 以氣交氣, 水爲胞胎. 狀同黍米, 溫養無虧. 始也卽陰留陽, 次以用陽鍊陰, 氣變爲精, 精變爲汞. 汞變爲珠, 珠變爲砂, 砂變爲金丹. 金丹旣就, 眞氣自生, 鍊氣成神, 而得超脫. 化火龍而出昏衢, 驂玄鶴而入蓬島.

대약의 재료는 본래 진일의 수로 태를 삼고 안으로 정양의 기를 포함하고 있는 것이다. 마치 예전 부모의 진기가 정혈을 포태로 삼는 것과 같다. 삼백 일간 조화하면 태가 완성되고 기가 충족되어 형이 갖추어지고 신이 와서 부모와 떨어진다. 형이 밖으로 이미 합해졌으니, 합해지면 형이 형을 낳는다. 도를 받드는 사람은 신장의 기를 심장의 기와 교합하게 하는데, (즉 신장의) 기 속에 간직된 진일의 수와 (심액이) 싣고 있는 정양의 기를 교합하는 것이니, 기로써 기를 교합하니 수가 포태가 된다. 그 형상은 기장쌀과 같은데, 따뜻하게 길러 어그러지지 않게 해야 한다. 처음에는 음으로 양을 머물게 하고 다음에는 양을 써서 음을 단련하니, 기가 변하여 정이 되고 정이 변하여 홍이 된다. 홍이 변하여 주가 되고 주가 변하여 사가 되며 사가 변하여 금단이 된다. 금단이 이루어지고 나면 진기는 저절로 생기니, 이 진기를 단련하여 신을 이루면 초탈을 얻을 수 있다. 초탈 후 화룡으로 화하여 어두운 거리를 벗어나고, 현학을 걸말로 부리고서 봉도[2]로 들어간다.

呂曰: 以形交形, 形合生形, 以氣合氣, 氣合生氣. 數不出三百日, 分形之後, 男女形狀之不同. 自己丹砂色澤之何似也?
여동빈이 물었다: 형으로 형을 교합하니 형이 합해져서 형을 낳고, 기로 기를 교합하니 기가 합해져서 기가 생긴다고 하셨습니다. 날수로 삼백 일을 넘지 않아 어머니로부터 태어난 이후에는 남자와 여자가 형상이 같지 않습니다. 그런데 남녀 자신들의 단사의 색깔과 광택은 어째서 비슷합니까?

鍾曰: 父母之形交, 父精先進, 而母血後行, 血包於精而爲女. 女者, 內陽而外陰以象母, 蓋以血在外也. 若以母血先進, 而父精後行, 精包於血而爲男. 男者, 內陰而外陽以象父, 蓋以精在外也. 所謂血者, 本生於心, 而無正陽之氣. 所謂精者, 本生於腎, 而有正陽之氣.
종리권이 답했다: 부모가 형을 교합할 때, 아버지의 정이 먼저 나아가고 어머니의 혈이 뒤에 가서, 혈이 정을 감싸면 여자가 된다. 여자란 안은 양이고 밖은 음으로 어머니를 본뜨니, 대개 혈이 밖에 있기 때문이다. 만약 어머니의 혈이 먼저 나아가고 아버지의 정이 뒤에 가서 정이 혈을 감싸면 남자가 된다. 남자란 안은 음이고 밖은 양으로 아버지를 본뜨니, 대개 정이 밖에 있기 때문이다. 이른바 혈이란 본래 심장에서 생기나 정양의 기가 없다. 이른바 정이란 본래 신장에서 생기나 정양의 기가 있다.

正陽之氣乃汞之本也, 卽眞一之水, 和合而入黃庭之中. 汞用鉛

2 봉도: 삼신산의 하나인 봉래산을 말한다.

湯煮, 鉛以汞火煎. 鉛不得汞, 不能發擧眞一之水, 汞不得鉛, 不能變化純陽之氣.

정양의 기가 바로 홍의 근본으로, 진일의 수에 나아가 화합하여 황정 속으로 들어간다. 홍은 연을 사용하여 끓이고, 연은 홍으로 달인다. 연이 홍을 얻지 못하면 진일의 수를 발동시켜 일어나게 할 수 없고, 홍이 연을 얻지 못하면 순양의 기를 변화시킬 수 없다.

呂曰: 鉛在腎中而生元陽之氣, 氣中有眞一之水, 視之不可見也. 鉛以得汞, 汞在正陽之氣, 以正陽之氣燒鍊於鉛, 鉛生氣盛而發擧於眞一之水, 可以上升. 然而汞本正陽之氣, 卽眞一之水而爲胎胞, 保送黃庭之中, 已是龍虎交媾, 陰陽兩停. 亦以鉛湯煮之, 莫不陰太過耗散眞陽, 安得成大藥而氣中生氣也?

여동빈이 물었다: 연은 신장 속에 있으면서 원양의 기를 낳는데, 그 기 속에 진일의 수가 있으나 보려 해도 볼 수가 없다고 하셨습니다. 연으로 홍을 얻을 수 있는데, 홍에는 정양의 기가 있어서 이 정양의 기로 연을 단련하면, 연이 기를 생성함이 왕성해져 진일의 수를 발동시켜 상승시킬 수 있다고 하셨습니다. 그런데 홍은 본래 정양의 기로서 진일의 수에 나아가 태포가 되니, 이를 보존하여 황정 속으로 보내면 이미 이것은 용호가 교구하여 음양이 함께 머물러 있는 상태입니다. 그런데 또 연으로 끓인다면 음이 너무 많아져 진양을 흩어지게 하지 않음이 없으니, 어찌 대약을 이루어 기 속에 기가 생기게 할 수 있겠습니까?

鍾曰: 腎氣投心氣, 氣極生液. 液中有正陽之氣, 配合眞一之水, 名曰龍虎交媾. 日得之黍米之大, 名曰金丹大藥, 保送黃庭之中. 且黃庭者, 脾胃之下, 膀胱之上, 心之北, 而腎之南, 肝之西, 而肺之東, 上淸下濁, 外應四色, 量容二升, 路通八水. 所得之藥晝夜在其中, 若以採藥不進火, 藥必耗散而不能住, 若以進火不採藥, 陰中陽不能住. 止於發舉腎氣, 而壯暖下元而已.

종리권이 답했다: 신장의 기를 심장의 기로 보내면 기가 지극해져서 액을 낳는다. 액 중에 있는 정양의 기가 진일의 수에 배합하는 것을 용호가 교구한다고 한다. 날마다 기장쌀만한 크기를 얻으면 금단대약이라 하는데, 보존하여 황정 속으로 보낸다. 황정이란, 비장과 위장의 아래, 방광의 위, 심장의 북쪽, 신장의 남쪽, 간장의 서쪽, 폐장의 동쪽에 위치하며, 위는 맑고 아래는 탁하며, 밖으로 네 가지 색에 응하며, 용량은 두 되이며, 팔수八水[3]에 통한다. 얻은 약이 밤낮으로 그 안에 있는데도, 만약 채약만 하고 진화하지 않으면 약은 반드시 흩어져서 머물 수 없을 것이며, 만약 진화하고 채약하지 않으면 음 속에 양이 머물 수 없다. 이렇게 되면 신장의 기를 일으켜서 하원[4]을 건장하고 따뜻하게 하는 데 그칠 뿐이다.

若以採藥有時, 而進火有數, 必先於鉛中作借氣進火, 使大藥堅固, 永鎭下田. 名曰採補之法. 而鍊汞補丹田, 延年而益壽, 可爲地仙. 若以採藥而以元鉛抽之於肘後飛金精, 旣抽鉛, 須添汞, 不添汞, 徒以還精補腦, 而眞氣如何得生? 眞氣不生, 陽神如何得就也? 旣添汞, 須抽鉛, 不抽鉛, 徒以鍊汞補丹田, 如何變砂, 砂旣不變, 而金丹如何得就?

만약 채약이 때에 맞고 진화가 도수에 맞으면, 반드시 먼저 연 가운데서 기를 빌려 진화하여 대약을 견고하게 해서 하단전에 영원히 머물도록 해야 한다. 이것을 채보採補의 법이라 한다. 그리고 연홍보단전[홍을 단련하여 단전을 보한다]하면, 나이를 늘리고 수명을 더하여 지선이 될 수 있다. 만약 채약하고서 원연元鉛을 뽑아서 주후비금정[5]했다면, 이미 연을 뽑아내었으므로 반드시 홍

3 팔수: 몸속에 있는 음적인 부분을 지칭한다. 12장 「논하거」 참조.
4 하원: 15장 「논조원」 참조.

을 더해야 하는데, 홍을 더하지 않으면 한갓 환정보뇌還精補腦일 뿐이니, 진기가 어떻게 생길 수 있겠는가? 또 진기가 생기지 않으면 양신을 어떻게 이룰 수 있겠는가? 홍을 더하고 나서는 연을 뽑아내야 하는데, 연을 뽑아내지 않으면 한갓 홍을 단련하여 단전을 보할 뿐이니, 어떻게 사를 변화시키며, 사가 이미 변하지 못했는데 어떻게 금단을 이룰 수 있겠는가?

---

5 주후비금정: 『영보필법』 제5장 참고.

제11장

추첨에 대한 논의

論抽添 第十一

呂曰: 採藥必賴氣中之水, 進火須借鉛中之氣, 到底抽鉛成大藥. 若以添汞, 止[1]可以補丹田. 所謂抽添之理何也?

여동빈이 물었다: 채약은 반드시 기 중의 수에 의지하고, 진화는 반드시 연 중의 기에 의지하니, 결국에는 연을 뽑아내어 대약을 이룬다고 하셨습니다. 그런데 홍을 더하기만 하면 단전을 보하는 데 그친다고 하셨습니다. 이른바 추첨의 이치는 어떤 것입니까?

鍾曰: 昔者上聖傳道於人間, 以太古之民淳而復朴, 冥然無知, 不可得聞大道. 指論天地[2]陰陽升降之宜. 交換於溫涼寒暑之氣, 而節候有期, 一年數足, 周而復始, 不失於道, 天地所以長久. 又[3]慮人之不知, 而闇於大理, 蔽在一隅, 比說於日月精華往來之理. 進退在旦望弦朔之時, 而出沒無差. 一月數足, 運行不已, 不失於道,

1 止: 底本에는 '上'으로 되어 있으나, 문맥상 輯要本에 따라 교감하였다.
2 指論天地: 底本에는 '天地指論'로 되어 있으나, 문맥상 '天地陰陽升降之宜'가 합당하므로 輯要本에 따라 교감하였다.
3 又: 底本에는 '不'로 되어 있으나, 문맥상 輯要本에 따라 교감하였다.

日月所以長久.

종리권이 답했다: 옛날 상성上聖께서 인간에게 도를 전했는데, 태고의 백성들은 순박하고 까마득히 무지하여 대도를 알아들을 수 없었다. 이에 천지 음양의 기운이 승강하는 마땅함을 가르쳐 깨우쳐 주셨다. 따뜻하거나 서늘하며 춥거나 더운 기운이 서로 바뀌어 절후의 때가 있게 되는데, 일 년의 수가 충족되어 두루 돌면 다시 시작하니, 도를 잃지 않으므로 천지가 장구한 것이다. 또 사람들이 알지 못해 큰 이치에 어두워 한쪽 구석에 가려진 것을 고려해서, 일월의 정화가 왕래하는 이치로 비유하여 설명하였다. 일월은 초하루와 보름, 상현과 하현의 시기에 따라 나아가고 물러나면서 뜨고 지는 것이 어긋남이 없다. 한 달의 수가 채워져도 쉼 없이 운행하니, 도를 잃지 않으므로 일월이 장구한 것이다.

奈何寒來暑往, 暑往寒來, 世人不悟天地升降之宜, 月圓復缺, 月缺復圓, 世人不悟日月往來之理? 恣縱無窮之慾, 消磨有限之時. 富貴奢華, 筭來只中裝點浮生之夢,[4] 恩愛愁煩, 到底做下來生之債. 歌聲未絕而苦惱早來, 名利正濃而紅顏已去. 貪財貪貨, 將謂萬劫長存, 愛子憐孫, 顯望永生同聚. 貪癡不息, 妄想長生, 而耗散元陽, 走失眞氣. 直待惡病纏身, 方是歇心之日, 大限臨頭, 纔爲了首之時.

추위가 오면 더위가 가고 더위가 가면 추위가 오는데, 어찌하여 세상 사람들은 천지의 승강하는 마땅함을 모르며, 달이 차면 다시 기울고 달이 기울면 다시 차는데, 어찌하여 세상 사람들은 일월이 왕래하는 이치를 깨닫지 못하는가? 세상 사람들은 끝없는 욕심으로 방종하면서 유한한 시간을 소모한다. 부귀와 사치는 따져보면 다만 꿈처럼 떠도는 인생을 꾸밀 뿐이고, 은혜와 사랑,

---

4 筭來只中裝點浮生之夢: 輯要本에는 '算來皆過眼之浮雲'으로 되어 있다. 의미상 큰 차이는 없다.

근심과 번뇌는 결국 다음 생의 부채만 만들 뿐이다. 노랫소리 끊어지기도 전에 고뇌는 일찌감치 찾아오고, 명리가 때마침 무르익었으나 홍안은 벌써 가버린다. 또 재화를 탐하여 만겁토록 가질 것처럼 말하고, 자식을 사랑하여 영원토록 같이 있기를 바란다. 탐내어 미혹됨은 그칠 줄 모르고 망상은 오래도록 생겨나니, 원양은 흩어지고 진기는 달아난다. 다만 몹쓸 병이 몸을 얽어매기를 기다리다가, 바야흐로 심장이 멈춰 목숨이 다할 때가 임박하면 비로소 끝나는 때가 된다.

眞仙上聖, 憫其如此輪回已而歸墮落,[5] 深欲世人明悟大道. 比於天地日月之長久, 始也備說天地陰陽升降之理, 次以比喻日月精華往來之理. 彼以不達天機, 罔測玄妙. 以內藥比外藥, 以無情說有情. 無情者金石, 金石者外藥也. 有情者氣液, 氣液者內藥也. 大之天地, 明之日月, 外之金石, 內之氣液, 旣採須添, 旣添須抽, 抽添之理, 乃造化之本也.

진선과 상성은 이처럼 윤회하여 생을 마치고도 다시 타락함을 가엾게 여겨서 세상 사람들이 대도를 밝게 깨닫기를 깊이 바랬다. 이에 천지와 일월이 장구함에 비유하여, 처음에는 천지의 음양이 승강하는 이치를 갖추어 말하였고, 다음에는 일월의 정화가 왕래하는 이치를 비유하여 깨우쳤다. 그러나 저들은 천기를 통달하지 못해서 헛되이 현묘를 헤아렸다. 이에 내약으로 외약을 비유하였고, 무정으로 유정을 말하였다. 무정이란 금석이니, 금석이란 외약이다. 유정이란 기액이니, 기액은 내약이다. 천지의 큼과 일월의 밝음, 몸 밖의 금석과 몸 안의 기액 등은 이미 채취했으면 반드시 첨가하고, 이미 첨가했으면 반드시 뽑아내야 하니, 추첨의 이치가 바로 조화의 근본이다.

---

5 輪回已而歸墮落: 輯要本에는 '輪回墮落'로 되어 있다. 의미상 큰 차이는 없다.

且冬至之後, 陽升於地. 地抽其陰, 太陰抽而爲厥陰, 少陽添而爲陽明. 厥陰抽而爲少陰, 陽明添而爲太陽. 不然無寒而變溫, 溫而變熱者也. 夏至之後, 陰降於天, 天抽其陽. 太陽抽而爲陽明, 少陰添而爲厥陰. 陽明抽而爲少陽, 厥陰添而爲太陰. 不然無熱而爲涼, 涼而變寒也. 是以天地陰陽昇降而變六氣, 其抽添之驗也.

가령 동지가 지나면 양이 땅에서 올라오면서 땅에서 음을 뽑아낸다. 태음[6]은 추抽해져서 궐음[7]이 되고, 소양[8]은 첨添해져서 양명[9]이 된다. (다음으로) 궐음이 추해져서 소음이 되고, 양명이 첨해져서 태양[10]이 된다. 그렇지 않으면 춥다가 따뜻해지고 따뜻하다가 더워지는 변화가 있을 수 없다. 하지가 지나면 음이 하늘에서 내려오면서 하늘에서 양을 뽑아낸다. 태양은 추해져서 양명이 되고, 소음은 첨해져서 궐음이 된다. (다음으로) 양명이 추해져서 소양이 되고, 궐음이 첨해져서 태음이 된다. 그렇지 않으면 덥다가 서늘해지고 서늘하다가 추워지는 변화가 있을 수 없다. 이러한 이유로 천지의 음양이 승강하여 육기가 변하는 것이니, 이것이 추첨의 징험이다.

若以月受日魂, 日變月魄, 前十五日, 月抽其魄而日添其魂. 精華已滿, 光照下土. 不然無初生而變上弦, 上弦而變月望者也. 若以月還陰魄, 日收陽精, 後十五日, 日抽其魂而月添其魄. 光照已謝, 陰魄已足. 不然無月望而變下弦, 下弦而變晦朔者也. 是此日月往復而變九六, 其抽添之驗也.

만일 달이 일혼을 받고 해가 월백을 변화시키는 한 달의 전반부 15일 기간이라면, 달은 그 백을 뽑아내고 해는 그 혼을 더한다. 그래서 정화가 가득 차게

6 태음은 3음 중의 하나로, 음기가 왕성해지기 시작하는 때를 의미한다.
7 궐음은 3음 중의 하나로, 음기가 끝나는 마지막에 이른 때를 의미한다.
8 소양은 3양 중의 하나로, 양기가 적은 때를 말한다.
9 양명은 3양 중의 하나로, 양기가 가장 왕성해진 때를 의미한다.
10 태양은 3양 중의 하나로, 양기가 왕성해지기 시작하는 때를 의미한다.

되면 빛이 지면을 비추게 된다. 그렇지 않으면 초생달이 상현달로 변하고 상현달이 보름달이 되는 변화가 있을 수 없다. 만일 달이 음백을 돌아오게 하고 해가 양정을 거둬들이는 한 달의 후반부 15일 기간이라면, 해는 그 혼을 뽑아내고 달은 그 백을 더한다. 그러면 빛은 사그라지고 음백이 충족되게 된다. 그렇지 않으면 보름달이 변하여 하현달이 되고 하현달이 변하여 그믐달이 되는 변화가 있을 수 없다. 이러한 이유로 일월이 왕복하여 음양을 변화시키니, 이것이 추첨의 징험이다.

世人不達天機, 罔測玄理. 眞仙上聖, 以人心所愛者無病長生, 將金石錬大丹, 以人心所好者黃金白銀, 將鉛汞成至寶. 本意欲世人悟其大理. 無情之金石, 火候無差, 抽添有數, 尚可延年益壽. 若以己身有情之正陽之氣, 眞一之水, 知交合之時, 明採取之法, 積日累月, 氣中有氣, 錬氣成神, 以得超脫. 莫不爲今古難得之事!

세상 사람들은 하늘의 기틀에 통달하지 못하면서 헛되이 현묘한 이치를 헤아렸다. 진선과 상성은, 사람들이 아끼는 것이 무병장수이기 때문에 금석을 가지고 대단을 연단하게 하였고, 사람들이 좋아하는 것이 황금과 백은이기 때문에 연홍을 가지고 지극한 보배를 이루게 하였다. 그러나 본뜻은 세상 사람들이 큰 이치를 깨닫게 하려는 것이다. 무정한 금석조차도 화후에 어긋남이 없게 하고 추첨을 절도에 맞게 하면 오히려 나이를 늘이고 수명을 더할 수 있다. 만약 자기 몸에 있는 유정한 정양의 기와 진일의 수로 교합의 때를 알고 채취하는 법에 밝아서 오랫동안 해낸다면, 기 가운데 기가 있게 되고, 그 기를 단련하여 신을 이루면 초탈할 수 있다. 어찌 고금에 얻기 어려운 일이겠는가!

人間天上, 少得解悟, 當以志心行持而棄絕外事, 效天地日月長久, 誘勸迷徒留心於道. 故有外藥之說. 今古聖賢, 或而陳說, 得聞於世, 世人又且不悟, 欺己罔人, 以失先師之本意. 將砂取汞,

以汞點鉛, 卽鉛乾汞, 用汞變銅, 不顧身命, 狂求財物, 互相推舉以好道爲名, 其實好利而志在黃白之術.

인간이 천상에 대해 조금이라도 이해하고 깨닫는다면, 마땅히 마음을 다하여 수행하면서 몸 밖의 일을 끊어버리고, 천지와 일월의 장구함을 본받아 미혹한 무리를 권유하여 도에 마음이 머물게 해야 할 것이다. 그래서 외약의 설이 있게 되었다. 고금의 성현이 간혹 설을 늘어놓아 세상 사람들이 들을 수 있었는데, 세상 사람들은 또 깨닫지 못하고 자신을 속이고 남을 망치면서 선사의 본뜻을 잃게 했다. (이들은) 사를 가지고 홍을 취하고 홍을 연에 떨어뜨려 연이 홍을 마르게 하고 홍을 동으로 변화시키면서, 수명은 돌보지 않고 사납게 재물만을 구하며 서로 추대하여 도를 좋아한다는 것으로 명예를 삼으니, 그 실상은 이익을 좋아하여 뜻이 황백술[11]에 있다.

先聖上仙, 不得已而隨緣設化, 對物教人而有鉛汞之說, 比喻於內事. 且鉛汞自出金石, 金石無情之物, 尙有造化而成寶. 若以有情自己所出之物, 如鉛汞之作用, 莫不亦有造化. 旣有造化, 莫不勝彼黃白之物也. 奉道之士, 當以深究之, 而勿執在外丹與丹竈之術.

선성과 상선이 부득이하게 인연에 따라 교화를 설하려고, 물에 응대하여 사람들을 가르침에, 연홍의 설을 두어 몸 안의 일을 비유하였다. 가령 연홍은 금석으로부터 나오는데, 금석은 무정한 물인데도 오히려 조화가 있으면 보물을 이룬다. 만약 유정한 내 몸에서 나오는 물을 가지고 연홍의 작용과 같이 한다면 역시 조화가 있지 않을 수 없다. 이미 조화가 있고 나면 저 황백의 물을 이기지 않을 리 없다. 도를 받드는 선비는 이것을 마땅히 깊이 궁구하여 외단과 단약 만드는 기술에 집착하지 말아야 한다.

---

11 황백술: 도교의 외단술(外丹術) 또는 금단술(金丹術)을 말한다.

且夫人之鉛也, 乃天地之始. 因太始而有太質. 爲萬物之母, 因太質而有太素. 其體也爲水中之金, 其用也爲火中之水, 五行之祖而大道之本也. 旣以採藥爲添汞, 添汞須抽鉛, 所以抽添[12]非在外也.

한편 사람의 연은 곧 천지의 시초와 같다. 태시로 인해 태질이 있게 된다. 이 태질이 만물의 어미가 되고 태질로 인하여 태소가 있게 된다. 그 체는 수 가운데 금이 되고, 그 용은 화 가운데 수가 되니, 오행의 시초이고 대도의 근본이다. 채약으로 홍을 더하고 나서, 홍을 더했으면 반드시 연을 뽑아내니, 추첨은 몸 밖에 있는 것이 아니다.

自下田入上田, 名曰肘後飛金晶. 又曰起河車而走龍虎, 又曰還精補腦而長生不死. 鉛旣後抽, 汞自中降, 以中田還下田. 始以龍虎交媾而變黃芽, 是五行顚倒. 此[13]以抽鉛添汞而養胎仙, 是三田返覆. 五行不顚倒, 龍虎不交媾, 三田不返覆, 胎仙不氣足. 抽鉛添汞, 一百日藥力全, 二百日聖胎堅, 三百日胎仙完而眞氣生. 眞氣旣生, 鍊氣成神. 功滿忘形而胎仙自化, 乃曰神仙.

하단전으로부터 상단전으로 들어가는 것을 이름하여 주후비금정이라 한다. 또 하거를 일으키고 용호를 달리게 한다고 하고, 또 환정보뇌하여 장생불사한다고 한다. 연을 뒤로 뽑고 나면 홍은 저절로 가운데에서 내려가 중단전을 거쳐 하단전으로 돌아간다. 처음에 용호교구하여 황아로 변한 것은 오행전도에 해당한다. 여기에서 연을 뽑고 홍을 더하여 태선을 기르는 것은 삼전반복에 해당한다. 오행이 전도되지 않으면 용호가 교구하지 않으며, 세 단전을 반

12 添: 底本에는 '鉛'으로 되어 있으나, 문맥상 '添'이 합당하므로 輯要本에 따라 교감하였다.

13 此: 輯要本에서는 '繼'로 되어 있다. 이 경우 '계속해서 연홍을 추첨하여 태선을 기른다'는 의미가 된다.

복하여 돌지 않으면 태선은 기가 충족되지 않는다. 연을 뽑고 홍을 더하기를 백 일이면 약의 힘이 온전해지고, 이백 일이면 성태가 견고해지고, 삼백 일이면 태선이 완성되어 진기가 생긴다. 진기가 생겨나고 그 기를 단련하여 신을 이룬다. 공이 가득 차고 형을 잊으면 태선이 저절로 변하니, 이를 곧 신선이라 한다.

呂曰: 出於金石者, 外鉛外汞, 抽添可以爲寶. 出於己身, 腎中所藏父母之眞氣而爲鉛, 眞一正陽所合之藥, 變而爲汞, 抽添可以生神. 所謂眞鉛眞汞, 亦有抽添乎?

여동빈이 물었다: 금석에서 나오는 것은 외연과 외홍으로서, 이를 빼고 더함으로써 보배가 될 수 있다고 하셨습니다. 내 몸에서 나오는 것은, 신장 속에 숨어 있는 부모의 진기인 연과 진일지수와 정양지기가 합해져 변한 약인 홍이니, 이 연과 홍을 빼고 더함으로써 신을 생하게 할 수 있다고 하셨습니다. 그렇다면 이른바 진연과 진홍도 추첨이 있습니까?

鍾曰: 始也得汞須用鉛, 用鉛終是錯. 故以抽之而入上宮. 元氣不傳, 還精入腦. 日得之汞, 陰盡陽純, 精變爲砂. 而砂變爲金, 乃曰眞鉛. 眞鉛者, 自身之眞氣, 合而得之也. 眞鉛生眞氣之中, 炁中眞一之水, 五氣朝元而三陽聚頂. 昔者金精下入丹田, 升之鍊形, 而體骨金色. 此者眞鉛升之內府, 而體出白光. 自下而上, 自上而下, 還丹鍊形, 皆金精往復之功也. 自前而後, 自後而前, 焚身合氣, 皆眞氣造化之功也. 若以不抽不添, 止於日用採藥進火, 安有如此之功驗.

종리권이 답했다: 처음에 홍을 얻을 때는 반드시 연을 쓰지만, 연만 쓰면 결국에는 어긋남이 있다. 그러므로 연을 뽑아 상궁[14]으로 들어가게 한다. 원기는 전하지 않고 정을 돌려 뇌로 들어가게 한다. 날마다 얻은 홍이 음이 다하고

양이 순수해지면, 정이 변하여 사가 된다. 이 사가 변하여 금이 되니, 곧 진연이다. 진연은 자신의 진기와 합하여 얻어진 것이다. 진연에서 진기가 생겨나는 중에 진일의 수가 있고, 오기는 조원하고 삼양이 정수리에 모이게 된다. 이전에는 금정이 내려가 단전에 들어가고 다시 올려서 형을 단련하면 신체가 금색을 띠었다. 이번에는 진연이 내부로 올라가서 몸에서 흰색의 빛이 난다. 아래로부터 위로, 다시 위로부터 아래로 단을 돌려서 형을 단련하니, 모두 금정이 왕복하는 공이다. 앞에서 뒤로, 다시 뒤에서 앞으로 몸을 태우고 기를 합하니, 모두 진기가 조화하는 공이다. 만약 빼거나 더하지 않고 단지 날마다 채약과 진화를 쓰는 데 그친다면 어찌 이와 같은 효험이 있겠는가?

呂曰: 凡抽之添之, 如何得上下有度, 前後無差?

여동빈이 물었다: 무릇 빼고 더할 때에, 어떻게 해야 올리고 내림에 절도가 있으며, 앞으로 가고 뒤로 감에 어긋남이 없을 수 있습니까?

鍾曰: 可昇之時不可降, 可抽之時不可添, 上下往來, 無差毫釐, 河車之力也.

종리권이 답했다: 올라가야 할 때 내려가면 안 되고, 빼야 할 때 더해서는 안 되니, 올라가고 내려가서 왕래함에 조금이라도 어긋나지 않음은 하거의 힘이다.

14 상궁: 상단전의 다른 이름으로 니환을 가리킨다.

제12장

하거에 대한 논의

論河車 第十二

呂曰: 所謂河車者何也?

여동빈이 물었다: 이른바 하거란 무엇입니까?

鍾曰: 昔有志智人,[1] 觀浮雲蔽日可以取陰而作蓋, 觀落葉浮波可以載物而作舟, 觀飄蓬隨風往來運轉而不已, 退而作車. 且車之爲物, 蓋軫有天地之象, 輪轂如日月之比. 高道之士, 取喻於車. 且車行於地而轉於陸, 今以河車者, 亦有說矣.

종리권이 말했다: 옛적에 뜻이 있고 지혜로운 사람이, 하늘에 뜬 구름이 해를 가려서 그늘을 만들 수 있는 것을 보고서 수레 덮개를 만들었고, 낙엽이 물에 떠서 물건을 실을 수 있는 것을 보고서 배를 만들었으며, 나부끼는 쑥대가 바람에 따라 이리저리 돌고 돌아 그치지 않는 것을 보고서 물러나 수레를 만들었다. 수레라는 물건은 수레덮개와 수레 진[2]에는 천지의 상이 있으며, 수레바퀴와 바퀴통은 일월에 비유한 것이다. 이는 도가 높은 선비가 수레를 취하여 가르친 것이다. 또 수레는 땅에서 가는 것으로 뭍에서 굴러다니는데, 지금 하

1 昔有志智人: 輯要本에는 '昔者智人'이라 되어 있다. 의미상 큰 차이는 없다.
2 진(軫): 고대의 수레 하부의 사방으로 가로지르는 횡목을 가리킨다.

거河車라고 한 것 역시 설이 있다.

蓋人身之中, 陽少陰多, 言水之處甚衆. 車則取意於般運, 河乃主象於多陰. 故此河車不行於地而行於水. 自上而下, 或後或前, 駕在於八瓊之內, 驅馳於四海之中. 昇天則上入崑崙, 旣濟則下奔鳳闕. 運載元陽直入於離宮, 般負眞氣曲歸於壽府. 往來九州而無暫停, 巡歷三田何時休息.

사람의 몸에는 양의 기운은 적고 음의 기운은 많아서, 물로 말하는 곳이 매우 많다. 거車라는 것은 운반한다는 뜻을 취한 것이고 하河는 바로 음이 많은 형상을 주로 취한 것이다. 그러므로 이 하거는 땅에서 가는 것이 아니라 물에서 가는 것이다. 올라가기도 하고 내려가기도 하며, 혹은 뒤로 가기도 하고 혹은 앞으로 가기도 하며, 팔경[3] 안에 있기도 하고 사해 속으로 달리기도 한다. 승천[4]하는 경우에는 올라가서 곤륜으로 들어가며, 기제[5]한 경우에는 내려와서 봉궐[6]로 달린다. 원양을 싣고서는 리궁으로 곧바로 들어가고, 진기를 지고서는 수부[7]로 굽어서 돌아간다. 구주[8]를 왕래하면서 잠시라도 멈추지 않고 세 단전을 순회하니 어느 때에 쉬겠는가!

龍虎旣交, 令黃婆駕入黃庭, 鉛汞纔分, 委金男般入金闕. 玉泉千

3 팔경: 八水와 비슷한 뜻인 것 같으나 미상이다.
4 승천: 몸 속의 하늘에 오르는 경우이다. 곧 다음 질문에 대한 종리권의 대답 중, "곡강 아래에서 鉛을 抽한 경우에는 이를 운반하여 위로 내원으로 올라간다"의 경우로 볼 수 있다.
5 기제: 『영보필법』 3장 참조. 늙어서 도를 받들 경우에는 근원이 견고하지 않아서, 스스로 허하고 비고 기가 부족한 것을 헤아려 보충해야 하는데, 보충하는 수련이 마침을 '수화기제'라고 한다.
6 봉궐(鳳闕): 輯要本의 주석에 따르면 '심장과 폐 사이(心肺之間)'를 지칭한다.
7 수부(壽府): 輯要本의 주석에 따르면 황정(黃庭)을 지칭한다.
8 구주: 9주(九州)는 고대 중국의 지역구획(地域區劃)을 가리키는 명칭이다. 여기에서는 인체 내의 장부를 지칭한다.

派, 運時止半日工夫, 金液一壺, 般過只時間功迹. 五行非此車般運也, 難得生成, 二氣非此車般運也, 豈能交會? 應節順時而下功, 必假此車而般之, 方能有驗, 養陽鍊陰而立事, 必假此車而般之始得無差. 乾坤未純, 其或陰陽而往來之, 是此車之功也, 宇宙未周, 其或氣血而交通之, 是此車之功也. 自外而內, 運天地純粹之氣, 而接引本宮之元陽, 自凡而聖, 運陰陽眞正之氣, 而補鍊本體之元神. 其功不可以備紀.

용호가 교구하고 나면 황파가 황정으로 몰고 들어가고, 연홍이 나뉘자마자 금남이 맡아 금궐[9]로 싣고 들어간다. 옥천[10]이 천 갈래로 나오더라도 운반할 때는 반나절의 공부에 그치고, 금액[11]이 한 항아리를 가득 채우더라도 운반하여 지나감은 잠깐 동안의 공적일 뿐이다. 오행도 이 수레의 운반이 아니면 생성하기 어렵고, 음양 두 기도 이 수레의 운반이 아니면 어찌 교합할 수 있겠는가? 절기에 응하며 때에 따라 공부를 하는 것도 반드시 이 수레를 빌려 운반해야 바야흐로 효험이 있을 수 있고, 양을 기르고 음을 단련하여 일을 세움도 반드시 이 수레를 빌려 운반해야 비로소 어긋남이 없을 수 있다. (몸 안의) 건곤이 아직 순일해지지 않았더라도 간혹 음과 양이 왕래하는 것은 이 수레의 공이며, (몸 안의) 우주가 아직 두루 돌려지지 못했더라도 간혹 기와 혈이 교통하는 것도 이 수레의 공이다. (하거는) 바깥에서 안으로 (기를 가져오는 경우), 천지의 순수한 기를 운행하여 본궁의 원양에 끌어다 붙이며, 범인에서 성인으로 (기가 변해가는 경우), 음양의 진정한 기를 운행하여 본체의 원신을 도와 단련시키니, 그 공을 다 갖추어 기록할 수 없다.

呂曰: 河車如此妙用, 敢問河車之理. 必竟人身之中何物而爲之?

---

9 금궐: 輯要本에서는 '금궐'을 '니환'으로 보고 있다.
10 옥천: 혀 아래의 진액(律液)인 옥천장(玉泉漿)을 가리킨다.
11 금액: 13장 「논환단」, 14장 「논연형」 참조.

既得之而如何運用?

여동빈이 물었다: 하거에 이러한 묘용이 있다고 하셨는데, 감히 하거의 이치에 대해 묻습니다. 결국에는 몸속의 어떤 물건이 하거가 됩니까? 또 이를 이미 얻었다면 어떻게 운용합니까?

鍾曰: 河車者, 起於北方正水之中. 腎藏眞氣, 眞氣之所生之正氣, 乃曰河車. 河車作用, 今古罕聞, 眞仙祕而不說者也.

종리권이 말했다: 하거라는 것은 북쪽의 정수 가운데서 일어난다. 신장은 진기를 간직하고 있는데, 이 진기로부터 생겨난 정기가 바로 하거이다. 하거의 작용은 고금에 드물게 들리니 진선이 숨기고 말하지 않은 것이다.

如乾再索坤而生坎, 坎本水也, 水乃陰之精. 陽旣索於陰, 陽返負陰而還位. 所過者艮震巽. 以陽索陰, 因陰取陰, 般運入離, 承陽而生. 是此河車般陰入於陽宮. 坤再索於乾而生離, 離本火也, 火乃陽之精. 陰旣索於陽, 陰返抱陽而還位. 所過者坤兌乾. 以陰索陽, 因陽取陽, 般運入坎, 承陰而生, 是此河車運陽於入陰宮.

예컨대 건이 두 번째로 곤을 색하여 감을 낳는데, 감은 본래 수이고 수는 바로 음의 정이다. 양이 음을 색하고 나면, 양은 음을 지고서 되돌아 자기 자리로 돌아간다. 이때 지나가는 곳은 간, 진, 손이다. 양으로 음을 색했기 때문에, 음으로 말미암아 음을 취하여, 이를 운반하여 리궁으로 들어가 양을 받들어 (음을) 생성한다. 이것이 하거가 음을 운반하여 양궁에 들어가는 것이다. 곤이 두 번째로 건을 색하여 리를 낳는데, 리는 본래 화이고 화는 바로 양의 정이다. 음이 양을 색하고 나면, 음은 양을 안고서 되돌아 자기 자리로 돌아간다. 이때 지나가는 곳은 곤, 태, 건이다. 음으로 양을 색했기 때문에, 양으로 말미암아 양을 취하여, 이를 운반하여 감궁으로 들어가 음을 받들어 (양을) 생성한다. 이것이 하거가 양을 운반하여 음궁에 들어가는 것이다.[12]

及夫採藥於九宮之上, 得之而下入黃庭, 抽鉛於曲江之下, 般之而上昇內院. 玉液金液本還丹, 般運可以鍊形而使水上行, 君火民火本鍊形, 般運可以燒丹而使火下進. 五氣朝元, 般運各有時, 三花聚頂, 般運各有日. 神聚多魔, 般眞火以焚身, 則三尸絶迹. 藥就海枯, 運霞漿而沐浴, 而入水無波. 若此, 河車之作用也.

구궁 위에서 채약한 경우에는 약을 얻어서 아래로 황정으로 들어가고, 곡강 아래에서 연을 추한 경우에는 이를 운반하여 위로 내원으로 올라간다. 옥액과 금액은 본래 환단할 수 있지만 (하거가) 운반하여야 연형하여 수를 위로 가게 할 수 있고, 군화와 민화는 본래 연형할 수 있지만 (하거가) 운반하여야 소단하여 화를 아래로 가게 할 수 있다. 오기가 조원할 경우에도 각각 알맞은 때에 (하거가) 운반하고, 삼화가 정수리에 모일 경우에도 각각 알맞은 날에 (하거가) 운반한다. 신이 모여도 마가 많을 때에는 진화를 운반하여 몸을 태우면 삼시의 자취가 끊어진다. 약이 이루어져도 바다가 마를 때에는 하장[13]을 운반하여 목욕하면 물에 들어가도[14] 파도가 일지 않는다. 이와 같은 것이 하거의 작용이다.

呂曰: 河車本北方之正氣, 運轉無窮, 而負載陰陽, 各有成就, 所用工不一也. 尊師當爲細說.

여동빈이 물었다: 하거는 북방의 정기를 바탕으로 하는데, 운행하여 도는 것

---

12 이 부분은 3장 「논천지」를 참조.

13 하장: 신선이 먹는다는 선약이다. 금(金)이 흘러 즙(液)을 씻음이 있는 때를 하장이라 하는데, 이것을 먹으면 도를 얻는다고 한다.

14 入水: 도추본에는 관련 구절이 '八水波焉'으로 되어 있고, 집요본에는 '八水無波'로 되어 있어, '八水'일 가능성도 배제할 수 없다. 도추본의 경우 "載眞火以焚其軀, 則三彭亡焉, 藥就則海枯矣. 運霞漿而沐浴, 則八水波焉."으로 삼팽이 망한다'와 '팔수가 일렁인다'가 대구로 되어 있다. 바로 앞의 질문에 대한 답 중, '駕在於八瓊之內'의 8경을 8수로 볼 수 있다. 7장 「논수화」 몸 안의 수에 대한 표현 참조.

이 다함이 없고, 음과 양을 실음에 각각의 경우마다 성취가 있어 그 공부가 한결같지 않습니다. 존사께서는 자세하게 말씀해 주십시오.

鍾曰: 五行巡還, 周而復始. 默契顚倒之術, 以龍虎相交而變黃芽者, 小河車也. 肘後飛金精, 還精入泥丸, 抽鉛添汞而成大藥者, 大河車也. 若以龍虎交而變黃芽, 鉛汞交而成大藥, 眞氣生而五氣朝中元, 陽神就而三神超內院. 紫金丹成, 常如玄鶴對飛, 白玉汞就, 鎭似火龍踴起. 金光萬道, 罩俗骨以光輝, 琪樹一株, 現鮮葩而燦爛. 或出或入, 出入自如, 或去或來, 往來無礙. 般神入體, 且混時流, 化聖離俗以爲羽客, 乃曰紫河車也.

종리권이 말했다: 오행은 순환하여 두루 돌아 다시 시작한다. 전도의 법에 묵묵히 들어맞아서 용호가 교구하여 황아로 변하는 것은 소하거小河車이다. 주후비금정하여 정을 돌이켜 니환으로 들어가고 연홍을 추첨하여 대약을 이루는 것은 대하거大河車이다. 용호가 교구하여 황아로 변하고 연홍을 추첨하여 대약을 루면, 진기가 생겨나고 오기가 중원에 조원하여 양신이 이루어져 삼신이 내원을 벗어난다. 그러면 자금단이 이루어져 흡사 현학이 짝을 이루어 나는 것 같고, 백옥홍이 이루어져 흡사 화룡이 뛰어오르는 것 같다. 수만 갈래의 금빛이 속인의 골격을 덮어 빛을 발하고, 옥나무 한 그루가 아름다운 꽃봉오리를 드러내 찬란하게 빛난다. 나가거나 들어옴에 자유롭게 출입하고, 가거나 옴에 막힘없이 왕래한다. 신을 운반하여 몸체로 들어가서 시류에 섞여 있기도 하고, 성인으로 화하여 속인을 벗어나 신선이 되기도 하니, 이를 바로 자하거紫河車라 한다.

是此三車之名, 而分上中下三成. 故曰三成者, 言其功之驗證, 非比夫釋教之三乘車, 而曰羊車鹿車大牛車也. 以道言之, 河車之後, 更有三車. 凡聚火而心行意使, 以攻疾病而曰使者車. 凡旣濟

自上而下, 陰陽正合, 水火共處, 靜中聞雷霆之聲, 而曰雷車. 若以心爲境, 役性以情牽, 感物而散於眞陽之氣, 自內而外, 不知休息. 久而氣弱體虛, 以成衰老. 或而八邪五疫, 返以般入, 眞氣元陽難爲抵當. 旣老且病而死者, 曰破車.

이 세 가지 하거의 이름은 상, 중, 하의 세 가지 성취[三成]로 나눈 것이다. 그러므로 삼성이라고 한 것은 그 공효의 증험을 말한 것이지, 불교의 삼승거인 양거, 녹거, 대우거에 비유한 것이 아니다. 도로써 말하자면 하거 이후에 다시 세 수레[三車]가 있다. 무릇 화를 모아서 마음대로 행하고 뜻대로 부려서 질병을 고치는 것을 사자거使者車라고 한다. 무릇 기제하여 위에서 아래로 내려가, 음양이 바르게 합해지고 수화가 함께 거처하여, 고요한 가운데 우레 소리를 듣는 것을 뇌거雷車라 한다. 만약 마음을 경계로 삼고, 성을 부려 정에 끌려다니게 만들면, 외물에 감응하여 진양의 기가 안으로부터 밖으로 흩어져 그칠 줄 모른다. 이런 상태가 오래되면 기가 약해지고 몸이 허해져 노쇠해진다. 어떤 경우에는 팔사와 오역[15]을 되돌려 싣고 들어오니 진기와 원양이 감당하기 어렵다. 이리하여 마침내 늙고 병들어 죽는 것을 파거破車라 한다.

呂曰: 五行顚倒而龍虎相交, 則小河車已行矣, 三田返復而肘後飛金精, 則大河車將行矣. 然而紫河車何日得行焉?

여동빈이 었다: 오행이 전도하고 용호가 교구하면 소하거는 이미 행해진 것이고, 세 단전을 반복하고 주후비금정하면 대하거가 장차 행해진다고 하셨습니다. 그렇다면 자하거는 어느 시일에 행해질 수 있습니까?

鍾曰: 修眞之士, 旣聞大道, 得遇明師, 曉達天地昇降之理, 日月往來之數. 始也匹配陰陽. 次則聚散水火, 然後採藥進火, 添汞抽

15 오역: 여러 가지 전염병을 이르는 말이다.

鉛, 則小河車固當行矣. 及夫肘後金精入頂, 黃庭大藥漸成, 一撞三關, 直超內院. 後起前收, 上補下鍊, 則大河車固當行矣. 及夫金液玉液還丹, 而後鍊形, 鍊形而後鍊氣, 鍊氣而後鍊神, 鍊神合道, 方曰道成. 以出凡類入仙品, 當時, 乃曰紫河車也.

종리권이 답했다: 도를 닦는 선비가 큰 도에 대해 듣고서 밝은 스승을 만나면 천지가 승강하는 이치와 일월이 왕래하는 도수를 밝게 통달할 수 있게 된다. 처음에는 음양을 교합시킨다. 그 다음에는 수와 화를 취산하고, 그런 이후에 채약하고 진화하며 연홍을 추첨하면 소하거는 당연히 행해진다. 주후금정하여 정수리로 들어가고 황정에서 대약이 점차 이루어지면, 이때 한 번에 삼관을 꿰뚫어 곧바로 내원으로 뛰어오른다. 뒤쪽으로 올리고 앞쪽에서 거두어들여 상단전을 보충하고 하단전을 단련하면 대하거는 마땅히 행해진다. 금액과 옥액으로 환단하고 나서는 형을 단련하고, 형을 단련한 이후에 기를 단련하며, 기를 단련한 이후에 신을 단련하고, 신을 단련하여 도에 합해져야 바야흐로 도가 이루어졌다고 한다. 이로써 범인을 벗어나 신선의 단계에 들어가니, 이때를 일러 자하거라 한다.

제13장

환단에 대한 논의

論還丹 第十三

呂曰: 鍊形成氣, 鍊氣成神, 鍊神合道, 未敢聞命. 所謂還丹者何也?

여동빈이 물었다: 형을 단련하여 기를 이루며, 기를 단련하여 신을 이루고, 신을 단련하여 도에 합한다는 것에 대해서는 아직 가르침을 듣지 못했습니다. 이른바 '환단'이라고 하는 것은 무엇입니까?

鍾曰: 所謂丹者, 非色也, 紅黃不可以致之. 所謂丹者, 非味也, 甘和不可以合之. 丹乃丹田也, 丹田有三. 上田神舍, 中田氣府, 下田精區. 精中生氣, 氣在中丹. 氣中生神, 神在上丹. 眞水眞氣合而成精, 精在下丹. 奉道之士, 莫不有三丹. 然而氣生於腎未朝於中元, 神藏於心未超於上院, 所謂精華不能返合, 雖三丹, 終成無用.

종리권이 했다: 단이란 것은 색이 있는 것이 아니니, 붉다거나 누렇다는 것으로 설명할 수 없다. 단이란 것은 맛이 있는 것이 아니니, 달다는 말로도 들어맞지 않는다. 단은 바로 단전이니, 단전에는 세 가지가 있다. 상단전은 신의 집이요, 중단전은 기의 창고이고, 하단전은 정의 거처이다. 정에서 기가 생겨

나는데 기는 중단전에 있다. 기에서 신이 생겨나는데 신은 상단전에 있다. 진수와 진기가 합해져서 정을 이루는데 정은 하단전에 있다. 도를 받드는 선비는 세 단전이 있지 않는 자가 없다. 그러나 기가 신장에서 생겨났는데 중원에 모이지 않거나, 신이 심장에 간직된 채 상원으로 올라가지 못한다면, 이는 '정화를 되돌려 합할 수 없다'고 말하는 것이니, 비록 삼단전이 있다 하더라도 결국 아무 소용이 없다.

呂曰: 玄中有玄, 一切之人莫不有命. 命中無精, 非我之氣也, 乃父母之元陽? 無精則無氣, 非我之神也, 乃父母之元神? 所謂精氣神, 乃三田之寶. 如何可得而常在於上中下三宮也?

여동빈이 물었다: 현묘함 속에 현묘함이 있으니, 모든 사람은 명이 있지 않음이 없습니다. 하지만 명 속에는 정이 없으니, 나의 기는 바로 부모의 원양의 기가 아니겠습니까? 정이 없으면 기가 없으니, 나의 신이 바로 부모의 원신이 아니겠습니까? 이른바 정 · 기 · 신은 바로 삼단전의 보물입니다. 그런데 어떻게 얻어서 상 · 중 · 하 삼궁에 항상 있도록 할 수 있습니까?

鍾曰: 腎中生氣, 氣中有眞一之水. 使水復還於下丹, 則精養靈根, 氣自生矣. 心中生液, 液中有正陽之氣. 使氣復還於中丹, 則氣養靈源, 神自生矣. 集靈爲神, 合神入道, 以還上丹, 而後超脫.

종리권이 답했다: 신장 속에서 기가 생겨나는데, 이 기 속에 진일의 수가 있다. 이 수를 다시 하단전으로 돌아오게 한다면, 정이 영근靈根을 길러서 기가 저절로 생겨날 것이다. 심장 속에서 액이 생겨나는데, 이 액 속에 정양의 기가 있다. 이 기를 다시 중단전으로 돌아오게 한다면, 기가 영원靈源을 길러서 신이 저절로 생겨날 것이다. 영이 모여 신이 되고, 신이 합해 도로 들어가 상단전으로 돌아간다. 그 후에 초탈할 수 있다.

呂曰: 丹田有上中下, 還者旣往而有所歸, 曰還丹. 還丹之理, 奧旨淵微, 敢告細說.

여동빈이 물었다: 단전에는 상 · 중 · 하가 있고 환還이란 갔다가 돌아갈 곳이 있는 것이기에 환단이라 말한다고 하셨습니다. 환단의 이치는 뜻이 깊고 은미하니, 감히 자세히 말씀해 주시기를 여쭙니다.

鍾曰: 有小還丹, 有大還丹, 有七返還丹, 有九轉還丹, 有金液還丹, 有玉液還丹. 有以下丹還上丹, 有以上丹還中丹, 有以中丹還下丹. 有以陽還陰丹, 有以陰還陽丹. 不止於名號不同, 亦以時候差別而下手處各異也.

종리권이 말했다: 소환단이 있고 대환단이 있으며, 칠반환단이 있고 구전환단이 있으며, 금액환단이 있고 옥액환단이 있다. 또 하단전에서 상단전으로 돌아가는 것이 있고, 상단전에서 중단전으로 돌아가는 것이 있고, 중단전에서 하단전으로 돌아가는 것이 있다. 또 양으로써 음에 돌아가는 단이 있고, 음으로써 양에 돌아가는 단이 있다. 이들은 모두 이름이 다른 데 그치지 않고, 시후에 따른 차별과 착수처에 따른 각각의 차이 또한 있다.

呂曰: 小還丹者何也?

여동빈이 물었다: 소환단이란 무엇입니까?

鍾曰: 小還丹者, 本自下元. 下元者五藏之主, 三田之本, 以水生木, 木生火, 火生土, 土生金, 金生水. 旣相生也, 不差時候, 當生而引未生, 如子母之相愛也. 以火剋金, 金剋木, 木剋土, 土剋水, 水剋火. 旣相剋也, 不失分度, 當剋而補未剋, 如夫婦之相合也. 氣液轉行, 周而復始, 自子至午陰陽當生, 自卯至酉陰陽當停, 凡一晝一夜, 復還下丹. 巡還一次, 而曰小還丹也. 奉道之士, 於中

採藥進火以成下丹, 良由此矣.

종리권이 답했다: 소환단이란 하원[1]에 근본한다. 하원이란 오장의 주인이요, 삼단전의 근본이다. 수는 목을 낳고, 목은 화를 낳고, 화는 토를 낳고, 토는 금을 낳고, 금은 수를 낳는다. 상생하고 나서 때를 잃지 않으면 생할 때에 생하지 않은 것을 끌어당기니 이는 자식과 어미가 서로 사랑하는 것과 같다. 화는 금을 극하고, 금은 목을 극하고, 목은 토를 극하고, 토는 수를 극하고, 수는 화를 극한다. 서로 극하고 나서 그 한도를 잃지 않으면 극할 때에 극하지 않은 것을 도우니 이는 부부가 서로 합하는 것과 같다. 기와 액이 옮겨가서 일주하여 다시 처음으로 돌아오는데, 자로부터 오까지는 음양이 생하는 때에 해당하고 묘로부터 유까지는 음양이 머무는 때에 해당하여,[2] 대개 하루 낮밤이 지나면 다시 하단전으로 돌아온다. 이렇게 한 차례 순환한 것을 '소환단'이라 한다. 도를 받드는 선비는 이 과정 중에 약을 채취하고 화후를 진행하여 하단전을 이루니, 참으로 소환단으로부터 말미암는다.

呂曰: 小還丹旣已知矣. 所謂大還者何也?

여동빈이 물었다: 소환단은 이미 알았습니다. 이른바 대환단이란 무엇입니까?

鍾曰: 龍虎相交而變黃芽, 抽鉛添汞而成大藥, 玄武宮中而金精纔起, 玉京山下而眞氣方升, 走河車於嶺上, 灌玉液於中衢. 自下田入上田, 自上田復下田, 後起前來. 循環已滿, 而曰大還丹也. 奉道之士, 於中起龍虎而飛金精, 養胎仙而生眞炁, 以成中丹, 良由此矣.

1 하원: 15장 「논조원」 참고.
2 자시와 오시에는 음과 양이 마땅히 생하고, 묘시와 유시에는 음과 양이 반반이 된다.

종리권이 말했다: 용호가 서로 사귀어 황아로 변하고 연을 추하고 홍을 첨하여 대약을 이루면, 현무궁[3]에서 금정[4]이 비로소 일어나고 옥경산[5] 아래까지 진기가 바야흐로 올라가며, 하거가 영상嶺上으로 내달리고 옥액이 중구中衢[6]로 흘러들어간다. 하단전으로부터 상단전으로 들어가고, 상단전으로부터 다시 하단전으로 돌아가는데, 몸 뒤 쪽으로 올라가 앞으로 내려온다. 계속 순환하여 가득차면 이를 '대환단'이라 한다. 도를 받드는 선비는 이 과정 중에 용호를 일으키고 금정을 날려서 태선을 기르고 진기를 생하여 중단전을 이루니, 참으로 대환단으로부터 말미암는다.

呂曰: 大還丹旣已知矣. 所謂七返還丹而九轉還丹者何也?

여동빈이 물었다: 대환단은 이미 알았습니다. 이른바 칠반환단과 구전환단이란 무엇입니까?

鍾曰: 五行生成之數五十有五, 天一地二, 天三地四, 天五地六, 天七地八, 天九地十. 一三五七九, 陽也, 共二十五, 二四六八十, 陰也, 共三十. 自腎爲始, 水一, 火二, 木三, 金四, 土五, 此則五行生之數也, 三陽而二陰. 自腎爲始, 水六, 火七, 木八, 金九, 土十, 此則五行成之數也, 三陰而二陽.

종리권이 답했다: 오행의 생수와 성수는 55로서, 천1 지2, 천3 지4, 천5 지6, 천7 지8, 천9 지10이다. 1·3·5·7·9는 양수로서 모두 합하면 25이고, 2·4·6·8·10은 음수로서 모두 합하면 30이다. 신장으로부터 시작하여, 수

3 현무궁: 현무는 거북을 말하는데 북방의 신(神)이고, 인체에서는 신장의 신이다.

4 금정: 신(腎) 속에서 생겨난 진양을 의미한다.

5 옥경산: 곤륜산, 니환궁, 천궁 등을 지칭하여 옥경산이라고 한다. 여기서는 니환궁을 의미한다.

6 중구: 사통팔달의 대로를 의미한다. 몸속의 대로라는 의미이다.

는 1이요, 화는 2요, 목은 3이요, 금은 4요, 토는 5이다. 이것이 오행의 생수이니, 양은 셋이고 음은 둘이다. 신장으로부터 시작하여, 수는 6이요, 화는 7이요, 목은 8이요, 금은 9요, 토는 10이다. 이것이 오행의 성수이니, 음은 셋이고 양은 둘이다.

人身之中, 共有五行生成之道. 水爲腎, 而腎得一與六也. 火爲心, 而心得二與七矣. 木爲肝, 而肝得三與八矣. 金爲肺, 而肺得四與九矣. 土爲脾, 而脾得五與十矣. 每藏各有陰陽. 陰以八極而二盛. 所以氣到肝而腎之餘陰絶矣, 氣到心太極而生陰, 以二在心, 而八在肝也. 陽以九盡而一盛. 所以液到肺而心之餘陽絶矣, 液到腎太極而生陽, 以一在腎, 而九在肺也.

사람의 몸 속에는 오행의 생성의 도가 있다. 수는 신장이니, 신장은 1과 6을 얻는다. 화는 심장이니, 심장은 2와 7을 얻는다. 목은 간장이니, 간장은 3과 8을 얻는다. 금은 폐장이니, 폐는 4와 9를 얻는다. 토는 비장이니, 비장은 5와 10을 얻는다. 이리하여 매 장기에 각각 음과 양이 있게 된다. 음은 8에서 극에 달하고 2에서 번성한다. 기가 간에 도달하면 신장에서부터 있던 남은 음이 끊어지고, 기가 심장에 도달하면 크게 극하여 음을 낳는 것은, 2는 심장에 있고 8은 간장에 있기 때문이다. 양은 9에서 다하고 1에서 번성한다. 액이 폐장에 도달하면 심장의 남은 양이 끊어지고, 액이 신장에 도달하면 크게 극하여 양을 낳는 것은, 1은 신장에 있고 9는 폐장에 있기 때문이다.

奉道之士, 始也交媾龍虎, 而採心之正陽之氣, 正陽之氣乃心之七也. 七返中元而入下田, 養就胎仙, 復還於心, 乃曰七返還丹者也. 二八陰消, 眞氣生而心無陰, 以絶二也, 大藥就而肝無陰, 以絶八也. 旣二八陰消, 而九三陽可長矣. 肝以絶陰[7]助於心, 則三之肝氣盛矣. 七旣還心, 以絶肺液, 而肺之九轉而助心, 則九三之陽長,

九轉還丹也.[8]

도를 받드는 선비가 처음에 용호를 교구하여 심장의 정양의 기를 채취하는데, 이 정양의 기가 바로 심장의 7이다. 7이 중원으로 돌아가 하단전으로 들어가고, 태선을 길러 이룬 후 다시 심장으로 돌아가는 것을 바로 '칠반환단'이라 한다. 2와 8의 음이 소멸되는 것은, 진기가 생겨나 심장의 음이 없어져서 2가 끊어지기 때문이요, 대약이 성취되어 간장의 음이 없어져서 8이 끊어지기 때문이다. 2와 8의 음이 소멸되고 나면 9와 3의 양이 자랄 수 있다. 간장이 음을 끊어서 심장을 도우니 3인 간장의 양기가 번성한다. 7이 심장으로 돌아가서 폐장의 액이 끊어지고 폐장의 9가 옮겨가 심장을 도우니, 9와 3의 양이 자란다. 이것이 '구전환단'이다.[9]

呂曰: 七返者, 以其心之陽復還於心, 而在中丹, 九轉者, 以其肺之陽本自心生, 轉而復還於心, 亦在中丹. 七返九轉, 旣已知矣. 所謂金液玉液, 上中下相交, 陰與陽往復而還丹者何也?

여동빈이 물었다: 칠반이란 심장의 양이 다시 심장으로 돌아와서 중단전에 있는 것이고, 구전이란 폐장의 양은 본래 심장으로부터 생겨났는데 옮겨가 다시 심장으로 돌아가서 역시 중단전에 있는 것이라 하셨습니다. 칠반과 구전은 이제 알겠습니다. 이른바 금액과 옥액이 상 · 중 · 하에서 서로 사귀고,

---

7 陰: 底本에는 '陽'으로 되어 있으나, 문맥상 輯要本에 따라 교감하였다.

8 七旣還心 …… 九轉還丹也: 輯要本에는 "七旣還心, 以絕肺液而助心, 則九之肺氣盛矣. 此所謂九轉還丹也."로 되어 있다.

9 이 부분을 輯要本에 따라 해석하면 "간장이 (8인) 음을 끊어서 심장을 도우면, 3인 간장의 양기가 번성한다. (양인) 7이 심장으로 돌아가 폐장의 액을 끊어 심장을 도우면, 9인 폐장의 양기가 완성된다. 이것이 이른바 구전환단이다."이 된다. 이는 저본보다 좀 더 명쾌한 맛이 있지만 의미상 큰 차이는 없다. 한편 『傳道篇』에는 "肝以純陽助於心, 則肝三之氣盛矣. 七旣還於心, 以絕肺之掖, 肺之九轉而助於心, 則九三之陽長矣. 此其九轉者也."로 되어 있는데, 이 역시 의미상 큰 차이는 없다.

음과 양이 왕복하는 환단이란 무엇입니까?

鍾曰: 前賢往聖, 多以肺液入下田而曰金液還丹, 心液入下田而曰玉液還丹. 此論非不妙矣, 然而未盡玄機. 蓋夫肺生腎, 以金生水, 金入水中, 何得謂之還丹? 腎剋心, 以水剋火, 水入火中, 何得謂之還丹?

종리권이 답했다: 앞서가신 현인과 성인은 대부분 폐액이 하단전으로 들어가는 것을 금액환단이라 하고, 심액이 하단전으로 들어가는 것을 옥액환단이라 하셨다. 이 논의가 묘하지 않은 것은 아니나 아직 현묘한 기틀을 온전히 드러내지 못한 바가 있다. 대개 폐장이 신장을 생하는 것은 금이 수를 생하기 때문인데, 금이 수 속에 들어가는 것을 어째서 환단이라고 하는가? 신장이 심장을 극하는 것은 수가 화를 극하기 때문인데, 수가 화 속에 들어가는 것을 어째서 환단이라고 하는가?

金液乃肺液也. 肺液爲胎胞, 含龍虎, 保送在黃庭之中. 大藥將成, 抽之肘後飛起. 其肺液以入上宮, 而下還中丹, 自中丹而還下田. 故曰金液還丹也. 玉液乃腎液也. 腎液隨元氣以上升而朝於心, 積之而爲金水, 擧之而滿玉池, 散而爲瓊花, 鍊而爲白雪. 若以納之自中田而入下田有藥, 則沐浴胎仙. 若以升之自中田而入四支鍊形, 則更遷塵骨. 不升不納, 周而復還, 故曰玉液還丹者也.

금액은 바로 폐장의 액이다. 폐장의 액은 태포가 되어 용호를 머금고 보호하여 황정 속으로 보내진다. 장차 대약이 이루어지면 (금액을) 뽑아내어 주후로 날려 보낸다. 그 폐장의 액은 상궁으로 들어간 후 내려와 중단전으로 들어가고, 중단전에서 하단전으로 들어간다. 그러므로 금액환단이라고 한다. 옥액은 바로 신장의 액이다. 신장의 액은 원기를 따라 올라가서 심장에 모이는데, (심장에 모인 신액을) 쌓으면 금수[10]가 되고, 올리면 옥지[11]를 채우며, 흩어지면 경화[12]가 되고, 단련하면 백설[13]이 된다. 만약 그것을 거두어 중단전으로부터 하단전으로 들여보내 약이 있게 되면 태선을 목욕시킨다. 만약 그것을 올려서 중단전으로부터 사지로 들여보내 형을 단련하게 되면 세속의 골격을 변화시킨다. 올리지도 거두지도 않으면 한 바퀴 돌아 다시 돌아온다. 그러므로 옥액환단이라 한다.

陰極陽生. 陽中有眞一之水, 其水隨陽上升, 是陰還陽丹者也. 陽極生陰, 陰中有正陽之氣, 其氣隨陰下降, 是陽還陰丹者也. 補腦鍊頂, 以下還上, 旣濟澆灌, 以上還中, 燒丹進火, 以中還下, 鍊質焚身, 以下還中. 五行顚倒, 三田返復, 互相交換, 以至鍊形化氣, 鍊氣成神. 自下田遷而至中田, 自中田遷而至上田, 自上田遷而出天門[14], 棄下凡軀以入聖流仙品, 方爲三遷功成. 自下而上, 不復更有還矣.

음이 극에 달하면 양이 생겨난다. 이 양 속에 진일의 수가 있는데, 이 수는 양을 따라 올라가니, 이것이 음환양단이라는 것이다. 양이 극에 달하면 음이 생겨난다. 이 음 속에 정양의 기가 있는데, 이 기가 음을 따라 내려가니, 이것이 양환음단이라는 것이다. 뇌를 보하여 정을 단련하는 것은 하단전에서 상단전에 돌아가는 것이고, 기제하고서 물을 대는 것은 상단전에서 중단전으로 돌아가는 것이며, 단을 태우고 화후를 진행하는 것은 중단전에서 하단전으로 돌아가는 것이고, 질을 단련하여 몸을 태우는 것은 하단전에서 중단전으로

---

10 금수: 금액(金液)을 말한다.
11 옥지: 입술과 차아의 안쪽, 입을 말한다.
12 경화: 진액(眞液)이 기화하여 나타나는 현상을 눈송이에 비유한 것이다.
13 백설: 진기(眞氣)가 기화할 때 볼 수 있는 현상이다.
14 천문: 내단 용어로 니환을 가리킨다. 『태상원보금정무위묘경(太上元寶金庭無爲妙經)』「二氣章第十八」에서 "천문은 니환이다"(天門都, 泥丸也)라고 하였다.

돌아가는 것이다. 오행이 전도되고 세 단전에서 반복하여 서로 교환되면, 형이 단련되어 기로 화하고 기가 단련되어 신이 이루어지는 데 이른다. 하단전으로부터 옮겨가 중단전에 이르고, 중단전으로부터 옮겨가 상단전에 이르며, 상단전으로부터 옮겨가 천문을 벗어나서 범인의 몸을 버려두고 성류와 선품에 들어가니, 바야흐로 '삼천공성'이 된다. 이렇게 되면 하단전에서부터 상단전까지 다시 돌아감을 반복하지 않는다.

제14장

연형에 대한 논의

論鍊形 第十四

呂曰: 還丹旣已知矣. 所謂鍊形之理可得聞乎?

여동빈이 물었다: 환단에 대해서는 이제 알겠습니다. 이른바 연형의 이치에 대해서 들을 수 있겠습니까?

鍾曰: 人之生也, 形與神爲表裏, 神者形之主, 形者神之舍. 形中之精以生氣, 氣以生神. 液中生氣, 氣中生液, 乃形中之子母也. 水以生木, 木以生火, 火以生土, 土以生金, 金以生水. 氣傳子母而液行夫婦, 乃形中之陰陽也.

종리권이 답했다: 사람이 태어나면 형과 신이 표리가 되는데, 신이란 형의 주인이고 형이란 신의 집이다. 형 속의 정에서 기가 생겨나고, 기에서 신이 생겨난다. 액 속에서 기가 생겨나고, 기 속에서 액이 생겨나니, 이것이 바로 형 속의 자모 관계이다. 수는 목을 낳고, 목은 화를 낳고, 화는 토를 낳고, 토는 금을 낳고, 금은 수를 낳는다. 기는 자모의 관계로 전해지고, 액은 부부의 관계로 행해지니, 이것이 바로 형 속의 음양 관계이다.

水化爲液, 液化爲血, 血化爲津, 以陰得陽而生也. 若以陰陽失宜,

則涕泪涎汗横出, 而陰失其生矣. 氣化爲精, 精化爲珠, 珠化爲汞, 汞化爲砂, 以陽得陰而成也. 若以陰陽失宜, 則病老死苦, 而陽不得成矣. 陰不得陽不生, 陽不得陰不成.

수가 화하여 액이 되고, 액이 화하여 혈이 되고, 혈이 화하여 진이 되는데, 이것은 음이 양을 얻어서 낳기 때문이다. 만약 음양이 마땅함을 잃으면 콧물, 눈물, 침, 땀이 제멋대로 나오게 되고, 음은 그 낳음을 잃어버리게 된다. 기가 화하여 정이 되고, 정이 화하여 주가 되고, 주가 화하여 홍이 되고, 홍이 화하여 사가 되는데, 이것은 양이 음을 얻어서 이루기 때문이다. 만약 음양이 마땅함을 잃으면 병들고 늙고 죽는 고통을 겪게 되고, 양은 이룸을 얻지 못하게 된다. 음이 양을 얻지 못하면 낳지 못하고, 양이 음을 얻지 못하면 이루지 못한다.

奉道之士, 修陽而不修陰, 錬己而不錬物. 以己身受氣之初, 乃父母眞氣兩停, 而卽精血爲胎胞, 寄質在母純陰之宮. 陰中生陰, 因形造形, 胎完氣足而堂堂六尺之軀. 皆屬陰也, 所有一點, 元陽而已. 必欲長生不死, 以錬形住世, 而刦刦長存. 必欲超凡入聖, 以錬形化氣, 而身外有身.

도를 받드는 선비는 양을 수련하지 음을 수련하지는 않으며, 자기를 단련하지 물을 단련하지는 않는다. 자기 몸으로 기를 받는 처음에는 부모의 진기가 모두 머무르니, 곧 정과 혈이 태포가 되어 어머니의 순음의 궁에 질을 의탁한다. 음 속에서 음을 낳으니 형으로 인해 형을 만들어 태가 완전하게 되고 기가 충족되면 장대한 육척의 몸이 된다. 이는 모두 음에 속하는 것이며 몸 속에 있는 일점만이 원양일 뿐이다. 죽지 않고 오래 살고자 한다면 형을 단련하여 세상에 머물면 겁겁토록 오래 살 수 있다. 범인을 벗어나 성인에 들고자 한다면 형을 단련하여 기로 화하고 몸 밖에 몸이 있도록 해야 한다.

呂曰: 形象, 陰也. 陰則有體, 以有爲無. 使形化氣而超凡軀以入聖品, 乃鍊之上法也. 因形留氣, 以氣養形, 小則安樂延年, 大則留形住世, 旣老者返老還童, 未老者定顔長壽. 以三百六十年爲一歲, 三萬六千歲爲一劫, 三萬六千劫爲一浩劫. 浩浩之劫, 不知歲月之幾何, 而與天地長久, 乃鍊形驗證也如此. 然而鍊形之理, 造化之機, 而有如此之驗, 可得聞乎?

여동빈이 물었다: 형상은 음이라 하셨습니다. 음은 곧 형체가 있는 것이니, 형체가 있는 것으로 형체가 없는 것을 만듭니다. 그 형을 단련하여 기로 화하면 범인을 벗어나 성품聖品에 들어갈 수 있으니, 바로 최고의 단련법이라 하셨습니다. 몸을 따라 기가 머무는데, 이 기로 형을 기른다면, 적게는 안락하게 살면서 나이를 늘릴 수 있고, 크게는 형체를 가지고 세상에 머물되, 이미 늙은 자는 늙음을 돌이켜 어린아이의 형체로 돌아가고, 아직 늙지 않은 자는 지금 얼굴 그대로 장수할 수 있습니다. 360년을 한 살로 삼고, 36,000살을 한 겁으로 삼으며, 36,000겁을 한 호겁으로 삼습니다. 호호의 겁 동안 세월이 얼마나 지났는지 알지 못하고, 천지와 더불어 오래도록 살아가니, 바로 연형의 증험이 이와 같다고 하셨습니다. 그런데 연형의 이치와 조화의 기틀에 이러한 증험이 있다면, 이에 대하여 들을 수 있겠습니까?

鍾曰: 人之成形, 三百日胎完, 旣生之後, 五千日氣足, 五尺五寸爲本軀, 以應五行生成之數. 或有大小之形而不齊者, 以寸定尺, 長短合宜.

종리권이 답했다: 사람의 형체가 이루어지는 것은, 300일이면 태가 완성되고, 태어난 뒤 5000일이 되면 기가 충족되어, 5척5촌인 본래의 몸이 됨으로써 오행의 생성의 수에 응한다. 간혹 몸이 크거나 작아서 고르지 않은 경우가 있는데, 자기 자신의 촌으로 척을 정하면 장단이 들어맞는다.

心之上爲九天, 腎之下爲九地. 腎到心八寸四分, 心到重樓第一環八寸四分. 重樓第一環到頂八寸四分. 自腎到頂凡二[1]尺五寸二分. 而元氣一日一夜盈滿者, 三百二十度. 每度二尺五寸二分, 計八十一丈, 元氣以應九九純陽之數. 心腎相去以合天地懸隔之宜. 自腎到頂共二尺五寸, 又按五行五五純陽之數.

심장의 윗부분은 구천[2]이 되고, 신장의 아랫부분은 구지[3]가 된다. 신장에서 심장에 도달하는 거리는 8촌4푼이다. 심장에서 중루 제1환까지 도달하는 거리는 8촌4푼이다. 중루 제1환에서 정수리까지 도달하는 거리는 8촌4푼이다. 신장에서부터 정수리까지 모두 2척5촌2푼이다. 원기가 하루 밤낮으로 가득 채우는 것이 320도이다. 매 1도마다 2척5촌2푼이니, 모두 합하면 대략 81장[4]으로, 이것은 원기가 순양인 9×9의 수에 응하는 것이다. 심장과 신장의 거리는 하늘과 땅이 동떨어지는 마땅함에 합치된다. 신장으로부터 정수리까지 모두 2척5촌인 것 또한 오행으로 살펴보면 5×5[=25] 순양의 수이다.

故元氣隨呼而出, 旣出也, 榮衛皆通. 天地之正氣, 應時順節, 或交或離, 丈尺無窮. 隨吸而入, 旣入也, 經絡皆闢. 一呼一吸, 天地人三才之眞氣, 往來於十二樓前. 一往一來, 是曰一息. 晝夜之間, 人有一萬三千五百息.

그러므로 원기는 내쉬는 숨에 따라 몸 밖으로 나가는데, 나가고 나면 영위[5]가 모두 통한다. 천지의 정기는 때에 응하고 절기를 따르며 교합하기도 하고 떨

---

1 二: 底本에는 '三'으로 되어 있으나, 문맥상(8촌4푼×3=2척5촌2푼) '二'가 맞기에 輯要本과 『傳道篇』에 따라 교감하였다.

2 구천: 고대의 천문관에서 천체는 9개의 천이 궤도를 중첩하고 있다고 본 것에서 구천 혹은 구중천설이 있었다. 그러한 천체관을 인체에 적용한 내용이다.

3 구지: 천체의 구중천에 대응하여 땅을 구획한 것으로, 이 역시 인체를 땅과 유비한 것이다.

4 대략 81장: 2척5촌2푼 × 320° = 80장6척4촌.

5 영위: 영은 동맥혈을 말하고, 위는 정맥혈이다.

어지기도 하면서 길이가 무궁하다. 들이쉬는 숨에 따라 몸 안으로 들어오는데, 이미 들어오면 경락이 모두 열린다. 한 번 들이쉬고 한 번 내쉼에 천·지·인 삼재의 진기가 십이루 앞에서 왕래한다. 한 번 가고 한 번 오는 것을 바로 한 숨이라 한다. 하루 종일 사람은 13,500번의 숨을 쉰다.

分而言之, 一萬三千五百呼. 所呼者, 自己之元氣, 從中而出. 一萬三千五百吸. 所吸者天地之正氣, 自外而入. 根源牢固, 元氣不損, 呼吸之間可以奪天地之正氣. 以氣鍊氣, 散滿四大. 淸者榮而濁者衛, 悉皆流通. 縱者經而橫者絡, 盡得舒暢. 寒暑不能爲害, 勞苦不能爲虞, 體輕骨健, 氣爽神淸. 永保無疆之壽, 長爲不老之人.

나누어 말하자면, 13,500번의 내쉬는 숨이 있다. 내쉬는 숨에는 자기의 원기가 안으로부터 나간다. 13,500번의 들이쉬는 숨이 있다. 들이쉬는 숨에는 천지의 정기가 몸 밖에서 안으로 들어온다. 근원을 견고하게 하고 원기를 잃어버리지 않으면 들이쉬고 내쉬는 사이에 천지의 정기를 훔칠 수 있다. 기로써 기를 단련하면 온몸에 두루 흩어져 채우게 된다. 맑은 것은 영기이고 탁한 것은 위기로서 모두 몸속을 유통하게 된다. 세로로 흐르는 것은 경經이고 가로로 흐르는 것은 락絡으로서 모두 쾌적하게 된다. 이렇게 되면 추위와 더위가 몸을 해칠 수 없고, 노고가 근심이 되지 못하며, 몸은 가벼워지고 뼈는 강건해지며, 기운은 상쾌해지고 정신은 맑아진다. 영원히 무강한 수명을 보존하여 오래 살면서 늙지 않는 사람이 된다.

苟或根源不固, 精竭氣弱, 上則元氣已泄, 下則本宮無補, 所吸天地之氣, 浩浩而出, 八十一丈元氣, 九九而損, 不爲己之所有. 反爲天地所取, 何能奪於天地之正氣? 積而陰盛陽衰, 氣弱而病, 氣盡而死, 復入輪迴.

만약 근원이 단단하지 못하여 정이 고갈되고 기가 약해지면, (숨이) 올라갈 때에는 원기가 새어 나가고 내려갈 때에도 본궁이 더해짐이 없어, 들이마신 천지의 기는 한없이 나가고 81장의 원기는 모두 잃어버린다. 내가 가지지 못하고 도리어 천지가 취하게 되니, 어떻게 천지의 정기를 훔칠 수 있겠는가? 이런 상태가 오래되어 음이 성하고 양이 쇠퇴하면, 기가 약해져서 병이 들고 결국 기가 다하여 죽게 되어 다시 윤회에 들어간다.

呂曰: 元氣如何不走失以鍊形質, 可奪天地之正氣而留浩劫長存者也?

여동빈이 물었다: 어떻게 해야 원기를 잃어버리지 않고 형질을 단련하여 천지의 정기를 훔쳐서 오래 살 수 있습니까?

鍾曰: 欲戰勝者在兵强, 欲民安者在國富. 所謂兵者, 元氣也, 其兵在內, 消形質之陰, 其兵在外, 奪天地之氣. 所謂國者, 本身也, 其身之有象者, 豐足而常有餘, 其身之無形者, 堅固而無不足. 萬戶長開而無一失之虞, 一馬誤[6]行而有多多之得. 或前或後乃所以鍊質焚身, 或上或下乃所以養陽消陰. 燒乾坤自有時辰, 煅氣液能無日候? 以玉液鍊形, 伏甲龍以升飛, 而白雪滿於塵肌. 以金液鍊形, 逐雷車而下降, 則金光盈於臥室.

종리권이 답했다: 전쟁에서 승리하고자 하면 병사를 강하게 해야 하고, 백성을 편안하게 하고자 하면 나라를 부유하게 해야 한다. 이른바 병사란 원기이니, 이 병사가 몸 안에 있으면 형질의 음을 소멸시킬 수 있고, 이 병사가 밖에 나가면 천지의 기를 훔칠 수 있다. 이른바 나라란 내 몸이니, 이 몸 중에 형상이 있는 것은 풍족하여 항상 남음이 있어야 하고, 몸 중에 형상이 없는 것은

6 誤: 輯要本에는 '運', 『傳道篇』에는 '謬'로 되어 있으나, 전체 흐름상 큰 의미의 차이는 없다.

견고하여 부족함이 없어야 한다. 이렇게 되면 만호의 문이 활짝 열려 있더라도 하나라도 잃어버릴 염려가 없고, 한 마리의 말이 잘못 가더라도[7] 수많은 얻음이 있을 수 있다. 앞으로 가기도 하고 뒤로 가기도 하는 것은 형질을 단련하여 몸을 태우는 것이요, 위로 가기도 하고 아래로 가기도 하는 것은 양을 길러 음을 없애는 것이다. 건곤을 태우는 것도 자연히 때가 있는데 기와 액을 단련하는 것에 일후日候가 없을 수 있겠는가? 옥액으로 형을 단련하면 갑룡을 부려 날아오르니 세속의 몸에 백설이 가득 찬다. 금액으로 형을 단련하면 뇌거를 따라 내려가니 누워 있는 방에 금빛이 가득 찬다.

呂曰: 鍊形之理亦粗知矣. 金液玉液者何也?

여동빈이 물었다: 연형의 이치도 거칠게나마 알았습니다. 그런데 금액과 옥액으로 (형을 단련한다는) 것은 무엇입니까?

鍾曰: 金液鍊形, 則骨朝金色, 而體出金光, 金花片片, 而空中自現. 乃五氣朝元, 三陽聚頂, 欲超凡體之時, 而金丹大就之日. 若以玉液鍊形, 則肌泛陽酥, 而形如琪樹瓊花玉蘂. 更改凡體, 而光彩射人, 乘風而飛騰自如, 形將爲氣者也.

종리권이 답했다: 금액으로 연형하면, 뼈에는 금색이 모이고 몸에서는 금빛이 나오며, 금으로 된 꽃이 조각조각으로 공중에 나타난다. 바로 오기가 조원하고 삼양이 정수리에 모여서 평범한 몸을 벗어나려는 때이고 금단이 크게 이루어지는 날이다. 옥액으로 연형하면 피부에는 양수[8]가 떠서 모습이 마치 기수[9]에 경화와 옥예[10]가 핀 것 같다. 평범한 몸을 바꾸어 광채를 쏟아내고,

7 輯要本에 따르면 "한 마리 말만 운행하더라도" 라고 해석할 수 있다.
8 양수(陽酥): 단이 이루어진 상태를 말하는 것으로, 이때는 피부가 매끄러워 마치 기름기가 도는 것과 같아진다.
9 기수: 선계(仙界)에 있는 신령스러운 나무인 옥수(玉樹)를 말한다.
10 옥예: 옥수에 맺히는 모란 같은 모양의 오색영롱한 금화송이이다.

바람을 타고 마음대로 날아오르니, 형체가 기로 가득 찬 것이다.

奉道之士, 雖知還丹之法, 而鍊形之功亦不爲小矣. 當玉液還丹, 以沐浴胎仙, 而升之上行, 以河車般於四大. 始於肝也, 肝受之, 則光盈於目, 而目如點漆. 次於心也, 心受之, 口生靈液, 而液爲白雪. 次於脾也, 脾受之, 則肌若凝脂, 而瘢痕盡除. 次於肺也, 肺受之, 則鼻聞天香, 而顔復少年. 次於腎也, 腎受之, 則再還本府, 耳中常聞絃管之音, 鬢畔永絕班白之色. 若此玉液之鍊形也.

도를 받드는 선비는 비록 환단의 법을 알았다고 하더라도 연형의 공 또한 작게 여겨서는 안 된다. 옥액환단의 경우에는 태선을 목욕시키고 위로 올라가게 하여 하거로 온몸으로 실어 나른다. 처음은 간장이니, 간장이 그것을 받게 되면 빛이 눈에 가득 차서 눈이 마치 옻칠로 찍어 놓은 듯하다. 다음은 심장이니, 심장이 받게 되면 입에 영액이 생겨나서 액이 백설이 된다. 다음은 비장이니, 비장이 받게 되면 피부가 기름덩이 같이 희고 매끄러워지며 흉터가 모두 없어진다. 다음은 폐장이니, 폐장이 받게 되면 코에서 천향[11]을 맡을 수 있고 얼굴은 소년으로 돌아간다. 다음은 신장이니, 신장이 받게 되면 다시 본부로 돌아와 귀에서 항상 악기와 피리 소리가 들리고 귀밑머리 주변은 흰머리가 영원히 끊어진다. 이와 같은 것이 옥액의 연형이다.

及夫金液鍊形, 不得比此. 始還丹而未還, 與君火相見而曰旣濟. 旣還丹而復起, 與眞陰相敵而曰鍊質. 土本剋水, 若金液在土, 使黃帝回光以合於太陰. 火本剋金也, 若金液在火, 使赤子同鑪而自生於紫氣. 於水中起火, 在陽裏消陰, 變金丹於黃庭之內, 鍊陽神在五氣之中. 於肝則靑氣沖, 於肺則白色出, 於心則赤光現, 於

11 천향: 천상의 신선에게서 나는 향기이다.

腎則黑氣升, 於脾則黃色起.[12]

금액연형의 경우는 이에 비할 바 없이 뛰어나다. 환단을 시작하여 아직 돌아오지 않았을 때 군화와 서로 보는 것을 기제라 한다. 환단하고 나서 다시 일어나 진음과 서로 대적하는 것을 연질이라 한다. 토는 본래 수를 극하니, 만약 금액이 토에 있으면 황제[13]로 하여금 빛을 되돌려 태음에 합하게 한다. 화는 본래 금을 극하니, 만약 금액이 화에 있으면 적자[14]로 하여금 화로의 역할과 같게 하여 저절로 자색의 기운을 만들도록 한다. 수 속에서 화를 일으키고 양 속에서 음을 없애며, 금단은 황정 안에서 변화시키고 양신은 오기 중에서 단련한다. 이렇게 되면 간장에서는 푸른 기운이 솟아나고, 폐장에서는 흰색이 나오며, 심장에서는 붉은빛이 나타나고, 신장에서는 검은 기운이 올라가며, 비장에서는 노란색이 일어난다.

五氣朝於中元, 從君火以超內院. 下元陰中之陽, 其陽無陰, 升而聚在神宮. 中元陽中之陽, 其陽無生, 升而聚在神宮. 黃庭大藥陰盡純陽, 升而聚在神宮. 五液朝於下元, 五氣朝於中元, 三陽朝於上元. 朝元旣畢, 功滿三千, 或而鶴舞頂中, 或而龍飛身內. 但聞嘹喨樂聲, 又睹仙花亂墜. 紫庭盤桓, 眞香馥郁. 三千功滿不爲塵世之人, 一炷香消已作蓬瀛之客. 乃曰超凡入聖, 而脫質升仙者也.

오기가 중원에 조회하고 군화를 따라 내원으로 오른다. 하원은 음 속의 양인데, 그 양은 음이 없게 되면 올라가서 신궁에 모인다. 중원은 양 속의 양인데, 그 양이 다시 생함이 없게 되면 올라가서 신궁에 모인다. 황정의 대약이 음이

---

12 起: 底本에는 글자가 빠져 있지만, 문맥상 輯要本에 따라 '起'를 첨가하였다. 『傳道篇』에는 '應'으로 되어 있다.

13 황제: 여기서는 비장을 주관하는 신을 말한다.

14 적자: 심장을 주관하는 신을 말한다.

다 없어진 순양이 되면 올라가서 신궁에 모인다. 그러므로 오액은 하원에 조회하고, 오기는 중원에 조회하고, 삼양은 상원에 조회한다. 조원이 모두 끝나고 공이 삼천[15]을 가득 채우면, 혹은 정수리에서 학이 춤추기도 하고 혹은 몸속에서 용이 날아오르기도 한다. 또는 다만 음악 소리만이 쟁쟁하게 울리거나 또 선화가 어지러이 떨어지는 것을 보기도 한다. 자정[16]을 떠도는 진향이 그윽하다. 삼천에 공이 가득하면 속세의 사람이라 할 수 없으니, 하나의 향이 다 타기도 전에 봉영[17]의 객[신선]이 된다. 이것이 바로 범인을 벗어나 성인이 되고 형질을 벗고 신선이 된다는 것이다.

---

15 삼천: 거대한 우주를 가리키는 것으로 몸의 전체를 말하기도 한다. 고대 인도인의 세계관에 의거하여 불교에서 파악하고 있는 전 우주를 뜻하는 말이다. 불교의 우주관에 따르면, 수미산을 중심으로 하여 4방에 4대주(大洲)가 있고, 그 바깥 주위를 대철위산(大鐵圍山)이 둘러싸고 있다. 이것을 1세계 또는 1사천하(四天下)라 한다. 사천하를 천 개 합한 것을 1소천(小千) 세계, 소천 세계를 천 개 합한 것을 1중천(中千) 세계, 중천 세계를 천 개 합한 것이 1대천(大千) 세계이다. 1대천 세계에는 각각 소천, 중천, 대천의 세 '천'(千)이 있으므로 3천 대천 세계라 한다. 3천 대천 세계는 동시에 무너지고 동시에 이루어지고 있다고 한다.

16 자정: 신선이 거처하는 궁궐이다.

17 봉영: 삼신산인 봉래(蓬萊)와 영주(瀛洲)를 가리킨다.

제15장

조원에 대한 논의

論朝元 第十五

呂曰: 鍊形之理旣已知矣. 所謂朝元者可得聞乎?

여동빈이 물었다: 연형의 이치는 이제 알겠습니다. 이른바 조원에 대해서 들을 수 있겠습니까?

鍾曰: 大藥將就, 玉液還丹而沐浴胎仙. 眞氣旣生, 以沖玉液, 上升而更改塵骨, 而曰玉液鍊形. 及夫肘後飛起金精, 河車以入內院, 自上而中, 自中而下. 金液還丹以鍊金砂, 而五氣朝元, 三陽聚頂. 乃鍊氣成神, 非止於鍊形住世而已. 所謂朝元, 今古少知, 苟或知之, 聖賢不說. 蓋以是眞仙大成之法, 默藏天地不測之機. 誠爲三淸隱祕之事, 忘言忘象之玄旨, 無問無應之妙理. 恐子之志不篤而學不專, 心不寧而問不切, 輕言易語, 反我以漏泄聖機之愆, 彼此各爲無益.

종리권이 답했다: 대약이 장차 이루어지면 옥액으로 환단하여 태선을 목욕시킨다. 진기가 생겨났으면 옥액과 섞여 올라 속세의 몸을 바꾸는 것을 옥액연형이라 한다. 또 주후로 금정을 날려서 올리면 하거가 내원으로 들어가는데, 상단전에서부터 중단전으로, 다시 중단전에서 하단전으로 들어간다. 금액환

단으로 금사를 단련하면 오기가 조원하고 삼양이 정수리에 모인다. 이것이 바로 기를 단련하여 신을 이루는 것으로서, 이는 단지 형을 단련하여 세상에 머무는 것만이 아니다. 이른바 조원은 예나 지금이나 아는 이가 드물고, 혹 알더라도 성현들은 말씀하지 않았다. 이것은 바로 진선으로 대성하는 법이요, 묵묵히 감추어진 천지의 헤아릴 수 없는 기밀이기 때문이다. 참으로 삼청[1]의 은밀한 일이요, 말을 잊고 상을 잊은 현묘한 가르침이며, 물음도 없고 답함도 없는 현묘한 이치이다. 그대의 뜻이 독실하지 못하여 배움이 전일하지 못하고 마음이 평안하지 못하여 물음이 절실하지 못한데도 가볍고 쉽게 말해준다면, 도리어 나에게는 성인의 기밀을 누설하는 허물이 되니 피차간에 무익할까 염려스럽다.

呂曰: 始也, 悟眞仙而識大道. 次以知時候而達天機. 辨水火眞原, 知龍虎不生肝肺. 察抽添大理, 審鉛汞非是坎離. 五行顚倒之術, 已蒙指教. 三田反復之機, 又謝敷陳. 熟曉還丹鍊形之理, 深知長生不死之術. 然而脫凡入聖之原, 脫質升仙之道, 本於鍊氣而朝元. 所謂朝元, 敢告略爲指訣.

여동빈이 물었다: 처음에는 진선을 깨닫고 대도를 알았습니다. 다음으로 시후를 알았고 하늘의 기틀에 통달했습니다. 수화의 참된 근원을 분별하여 용호가 간장과 폐장에서 생겨나지 않음을 알았습니다. 추첨의 큰 이치를 살펴보고서 연홍이 감리가 아님을 알았습니다. 오행이 전도하는 술에 대해서도 이미 가르침을 받았습니다. 삼단전을 반복하는 기밀에 대해서도 또한 부연하여 말씀해 주셨습니다. 환단과 연형의 이치에 대해 익숙하게 깨달았으며, 장생불사의 술에 대해서도 깊이 알았습니다. 그런데 범인을 벗어나 성인에 들어가는 원리와, 형질을 벗고 신선으로 올라가는 도는 연기하여 조원하는

1 삼청: 삼신이 거하는 곳으로, 옥청(玉淸)·상청(上淸)·태청(太淸)의 3경(境)을 가리킨다.

데 근본합니다. 이른바 조원에 대해 대략이나마 요결을 가르쳐 주시길 바랍니다.

鍾曰: 道本無形, 及乎大原示朴, 上清下濁合而爲一. 大朴旣分, 混沌初判而爲天地, 天地之內, 東西南北而列五方. 每方各有一帝, 每帝各有二子, 一爲陽而一爲陰, 乃曰二氣. 相生相成而分五行. 五行相生相成而定六氣, 乃曰三陰三陽.

종리권이 답했다: 도는 본래 형체가 없다. 큰 근원이 박朴[2]을 드러내는 데 이를 때 상청하탁은 아직 합해진 채 하나인 상태이다. 대박大朴이 나뉘고 나서 혼돈은 비로소 나뉘어져 천지가 되고 천지 안에 동 · 서 · 남 · 북이 생겨 (중앙과 함께) 다섯 방위로 나열된다. 이때 매 방위마다 하나의 제가 있고 매 제마다 두 자식이 있는데, 하나는 양이 되고 하나는 음이 되니 바로 이기라 한다. 이기가 서로 생하고 성하여 오행으로 나뉜다. 오행이 서로 생성하여 육기가 정해지니 이를 바로 삼음삼양三陰三陽이라 한다.

以此推之, 如人之受胎之初, 精氣爲一, 及精氣旣分而先生二腎. 一腎在左, 左爲玄. 玄以升氣而上傳於肝. 一腎在右, 右爲牝. 牝以納液而下傳膀胱. 玄牝本乎無中來, 以無爲有, 乃父母之眞氣納於純陰之地. 故曰谷神不死, 是謂玄牝, 玄牝之門, 可比天地之根.

이것으로 미루어 보면, 수태되는 처음에는 정과 기가 하나이나, 정과 기가 나뉘는 데 이르면 먼저 두 신장이 생긴다. 한 신장은 왼쪽에 있는데, 이 왼쪽의 신장은 현玄이 된다. 현은 기를 상승시켜서 위로 간장에 전달한다. 다른 한 신장은 오른쪽에 있는데, 이 오른쪽의 신장은 빈牝이 된다. 빈은 액을 받아들여

2 박: 『노자』에서 처음 나타나는 개념으로 도의 상태나 성질을 의미한다.

서 아래로 방광으로 전한다. 현빈은 본래 무로부터 와서 무에서 유가 된 것이니, 바로 부모의 진기가 순음의 땅에 간직된 것이다. 그러므로 (노자께서) "곡신은 죽지 않으니 이를 일러 현빈이라 말한다. 현빈의 문은 천지의 뿌리에 비할 수 있다."[3]라 말한 것이다.

玄牝, 二腎也, 自腎而生五藏六府全焉. 其中肝爲木曰甲乙, 可比於東方靑帝. 心爲火曰丙丁, 可比於南方赤帝. 肺爲金曰庚辛, 可比於西方白帝. 脾爲土曰戊己, 可比於中央黃帝. 腎爲水曰壬癸, 可比於北方黑帝.

현빈은 두 신장이니, 신장으로부터 오장육부가 생겨나 온전히 갖추어진다. 그중 간장은 목으로서 갑을이라 말하며 동방청제에 비할 수 있다. 심장은 화로서 병정이라 말하며 남방적제에 비할 수 있다. 폐장은 금으로서 경신이라 말하며 서방백제에 비할 수 있다. 비장은 토로서 무기라 말하며 중앙황제에 비할 수 있다. 신장은 수로서 임계라 말하며 북방흑제에 비할 수 있다.

人之初生, 故無形象, 止於一陰一陽, 及其胎完而有腸胃, 乃分六氣三男三女而已. 一氣運五行, 五行運六氣. 先識者陰與陽, 陽有陰中陽, 陰有陽中陰. 次識者金木水火土, 而有水中火, 火中水, 水中金, 金中木, 木中火, 火中土. 在人者, 互相交合, 所以二氣分而爲六氣.

사람이 처음 생겨날 때에는 형상이 없기 때문에 하나의 음과 하나의 양의 상태에 머무를 뿐이며, 태가 완전해져 장과 위가 생기는 데 이르러야 바로 육기인 삼남과 삼녀로 나뉜다. 일기一氣가 오행을 운행하고 오행은 육기를 운행한다. 먼저 알아야 할 것은 음과 양으로, 양에는 음 중의 양이 있으며 음에는 양

3 『노자』 6장에 "谷神不死, 是謂玄牝, 玄牝之門, 是謂天地根, 用之不勤."이라 하였다. 약간의 원문 차이는 참조한 판본의 원문 차이일 수 있다.

중의 음이 있다. 다음으로 알아야 할 것은 금 · 목 · 수 · 화 · 토로서, 여기에는 수 중의 화가 있고, 화 중의 수가 있고, 수 중의 금이 있고, 금 중의 목이 있고, 목 중의 화가 있고, 화 중의 토가 있다. 사람 몸에 있는 것들은 서로 교합하는데, 이는 이기二氣가 나뉘어져 육기六氣가 되었기 때문이다.

大道散而爲五行. 如冬至之後一陽生, 五方之地而陽皆生也, 一帝當其行令, 而四帝助之. 若以春令旣行, 黑帝不收其令, 則寒不能變溫, 赤帝不備其令, 則溫不能變熱. 及夫夏至之後一陰生, 五方之天而陰皆降也, 一帝當其行令, 而四帝助之, 若以秋令旣行, 赤帝不收其令, 則熱不能變涼, 黑帝不備其令, 則涼不能變寒. 冬至陽生於地, 以朝氣於天也, 夏至陰生於天, 以朝氣於地也.

대도가 흩어져서 오행이 된다. 예컨대 동지 이후에 하나의 양이 생길 때, 다섯 방위의 땅에서 양이 모두 생겨나나 하나의 제만 명령을 담당하고 다른 네 명의 제는 돕는다. 만약 봄이 이미 령을 시행했는데도 (겨울을 담당하는) 흑제가 그 령을 거두지 않으면, 추위가 따뜻함으로 변할 수 없고, (여름을 담당하는) 적제가 그 령을 준비하지 않으면 따뜻함이 더위로 변할 수 없다. 또 하지 이후에 하나의 음이 생길 때, 다섯 방위의 하늘에서 음이 모두 내려오나 하나의 제만 명령을 담당하고 다른 네 명의 제는 돕는다. 만약 가을이 이미 령을 시행했는데도, (여름을 담당하는) 적제가 그 령을 거두지 않으면 더위가 서늘함으로 변할 수 없고, (겨울을 담당하는) 흑제가 그 령을 준비하지 않으면 서늘함이 추위로 변할 수 없다. 동지에는 양이 땅에서 생겨나 기가 하늘에 모이고, 하지에는 음이 하늘에서 생겨나 기가 땅에 모인다.

奉道之士, 當深究此理. 而日月之間, 一陽始生而五藏之氣朝於中元, 一陰始生而五藏之液朝於下元. 陰中之陽, 陽中之陽, 陰陽之中之陽, 三陽上朝內院, 心神以返天宮. 是皆朝元者也.

도를 받드는 선비는 마땅히 이 이치를 깊이 연구해야 한다. 날이 가고 달이 가는 사이에 일양이 처음 생겨나면 오장의 기가 중원에 모이고, 일음이 처음 생겨나면 오장의 액이 하원에 모인다. 이렇게 되면 음 속의 양, 양 속의 양, 음양 속의 양, 이 세 양이 올라가 내원에 모이고 심신心神[4]이 천궁으로 돌아간다. 이를 모두 조원이라 한다.

呂曰: 陽生之時而五氣朝於中元, 陰生之時而五液朝於下元. 使陽中之陽, 陰中之陽, 陰陽之中之陽, 以朝上元. 若此修持, 常常之士亦有知者, 如何得超脫以出塵俗?

여동빈이 물었다: 양이 생겨날 때 오기는 중원에 모이고, 음이 생겨날 때 오액은 하원에 모인다고 하셨습니다. 이렇게 되면 양 속의 양, 음 속의 양, 음양 속의 양, 이 세 양이 상원에 모일 수 있다고 하셨습니다. 이와 같은 것을 일상에늘 수행하는 선비 역시 알고 있을지라도 과연 어떻게 해야 속세를 벗어나 초탈할 수 있습니까?

鍾曰: 若以元陽之氣以一陽始生之時, 上朝中元, 是人皆如此. 若以積氣生液以一陰始生之時, 下朝下元, 是人皆如此. 若此行持, 故不能超脫.

종리권이 답했다: 만약 원양의 기로 일양이 생겨날 때 올라가 중원에 모이는 경우라면, 이러한 것은 사람들이 모두 그렇게 한다. 또 만약 기가 쌓여 액이 생겨서 일음이 생겨날 때 내려가 하원에 모이는 경우 역시, 이는 사람들이 모두 그렇게 한다. 그런데 이러한 수행만 지속한다면 초탈할 수 없다.

然而欲超凡入聖, 脫質升仙, 當先龍虎交媾而成大藥. 大藥旣成

4 심신: 심장에 숨어 있던 신을 말한다.

而生眞氣. 眞氣旣生, 於年中用月, 月上定興衰. 月中用日, 日上數直事. 日中用時, 時上定息數. 以陽養陽, 陽中不得留陰, 以陽鍊陰, 陰中不得散陽.

범인을 벗어나 성인에 들어가고, 형질을 벗고 신선에 오르고자 한다면 먼저 용호를 교구하여 대약을 이루어야 한다. 대약이 이루어지면 진기가 생긴다. 진기가 생겨났다면 일 년 중에 달에 따라 수련하는데, 한 달 중의 기의 흐름의 성쇠를 정한다. 한 달 중에 날에 따라 수련하는데, 날마다의 직사를 정한다. 하루 중에 시간에 따라 수련하는데, 시간에 따라 호흡수를 정한다. 양으로 양을 길러 양 속에 음이 머물지 않게 하며, 양으로 음을 단련하여 음 속에 양이 흩어지지 않게 해야 한다.

凡以春則肝旺而脾弱, 夏則心旺而肺弱, 秋則肺旺而肝弱, 冬則腎旺而心弱. 人以腎爲根本, 每時一季脾旺而腎弱, 獨腎於四時有損. 人之多疾病者, 此也.

무릇 봄에는 간장이 왕성해지고 비장이 약해지며, 여름에는 심장이 왕성해지고 폐장이 약해지며, 가을에는 폐장이 왕성해지고 간장이 약해지며, 겨울에는 신장이 왕성해지고 심장이 약해진다. 사람은 신장을 근본으로 삼지만 매 계절마다 마지막 시기에 비장이 왕성해지고 신장이 약해지는 때가 있어서, 유독 신장만이 사계절 모두에 손해가 있다. 사람에게 질병이 많은 것은 이 때문이다.

凡以甲乙在肝直事, 防脾氣不行. 丙丁在心直事, 防肺氣不行. 戊己在脾直事, 防腎氣不行. 庚辛在肺直事, 防肝氣不行. 壬癸在腎直事, 防心氣不行. 一氣盛而一氣弱, 一藏旺而一藏衰, 人之多疾病者, 此也.

무릇 갑을은 간장에서 직사하여 비장의 기를 막아 흐르지 않게 한다. 병정은 심장에서 직사하여 폐기를 막아 흐르지 않게 한다. 무기는 비장에서 직사하여 신장의 기를 막아 흐르지 않게 한다. 경신은 폐장에서 직사하여 간장의 기를 막아 흐르지 않게 한다. 임계는 신장에서 직사하여 심장의 기를 막아 흐르지 않게 한다. 한 (장부의) 기가 성해지면 한 (장부의) 기는 약해지고, 한 장부가 왕성해지면 한 장부는 약해진다. 사람에게 질병이 많은 것은 이 때문이다.

凡以心氣萌於亥而生於寅, 旺於巳而弱於申. 肝氣萌於申而生於亥, 旺於寅而弱於巳. 肺氣萌於寅而生於巳, 旺於申弱於亥. 腎氣萌於巳而生於申, 旺於亥而弱於寅. 脾氣春隨肝而夏則隨心, 秋隨肺而冬則隨腎. 人之不知日用, 莫曉生旺强弱之時, 所以多疾病者, 此也.

무릇 심장의 기는 해에서 싹터서 인에서 생하고 사에서 왕성하다가 신에서 약해진다. 간장의 기는 신에서 싹터서 해에서 생하고 인에서 왕성하다가 사에서 약해진다. 폐장의 기는 인에서 싹터서 사에서 생하고 신에서 왕성하다가 해에서 약해진다. 신장의 기는 사에서 싹터서 신에서 생하고 해에서 왕성하다가 인에서 약해진다. 비장의 기는, 봄에는 간장을 따르고 여름에는 심장을 따르며, 가을에는 폐장을 따르고 겨울에는 신장을 따른다. 사람들은 하루 동안 이러한 것이 쓰이는 것을 알지 못하고, 생하고 왕성하며 강하고 약한 때를 깨닫지 못하니, 질병이 많은 것은 이 때문이다.

若此日月時三陽旣聚, 當錬陽而使陰不生, 若此月日時三陰旣聚, 當養陽而使陽不散. 又況眞氣旣生, 以純陽之氣錬五藏之氣不息. 而出本色, 一擧而到天池. 始以腎之無陰而九江無浪. 次以肝之無陰而八關永閉. 次以肺之無陰而金火同鑪. 次以脾之無陰而玉戶不開. 次以眞氣上升, 四炁聚而爲一. 縱有金液下降, 杯水不能勝輿薪之火, 水火相包而合之爲一以入神宮.

만약 이 월과 일과 시에 세 양이 이미 모였다면 양을 단련하여 음이 생기지 않게 해야 하며, 이 월과 일과 시에 세 음이 이미 모였다면 양을 키워서 양이 흩어지지 않게 해야 한다. 게다가 진기가 이미 생겼다면 순양의 기로 오장의 기를 단련하기를 그치지 않아야 한다. 그렇게 하면 오장의 기가 본색을 벗어나 한꺼번에 천지[5]에 이른다. 처음에는 신장에 음이 없어져서 구강[6]에 물결이 일지 않는다. 다음에는 간장에 음이 없어져서 팔관[7]이 영원히 닫힌다. 다음에는 폐장에 음이 없어져서 금과 화가 같은 화로에 있게 된다. 다음으로 비장에 음이 없어져서 옥호[8]가 열리지 않는다. 다음에는 진기가 상승하고 네 기가 모여 하나가 된다. 설령 금액이 내려오는 경우가 있더라도 한 잔의 물로 한 수레의 장작불을 끌 수 없는 것과 같으니, 수와 화가 서로 껴안고 합하여 하나가 되어 신령스러운 궁으로 들어간다.

定息內觀, 一意不散, 神識俱妙. 靜中常聞樂聲, 如夢非夢, 若在虛無之境. 風光景物, 不比塵俗, 繁華美麗, 勝及人世. 樓臺宮闕, 碧瓦凝煙, 珠翠綺羅, 馨香成陣. 當此之時, 乃曰超內院. 而陽神方得聚會而還上丹. 鍊神成仙以合大道. 一撞天門, 金光影裏以現法身. 鬧花深處而坐凡體, 乘空如履平川, 萬里若同展臂. 若也復回再入本軀, 神與形合, 天地齊其長久. 若也厭居塵世, 寄下凡胎而返十洲. 於紫府太微眞君處, 契勘鄉原對會名姓, 校量功行之高下. 得居於三島而遨遊, 永在於風塵之外, 名曰超塵脫凡.

호흡을 안정시키고 내관하여 의를 한결같이 하여 흩어지지 않게 하면 신식神識[9]이 모두 묘해진다. 고요한 상태에서 항상 음악이 들리니 꿈인 듯 아닌 듯

5 천지: 여기서는 니환을 가리킨다.
6 구강: 소장을 가리킨다.
7 팔관: 미상이다.
8 옥호: 음부를 가리킨다.
9 신식: 의식활동이다.

마치 허무의 경계에 있는 것 같다. 풍경은 속세와는 비할 바가 아니고, 변화하고 아름다움은 인간 세상보다 뛰어나다. 누대와 궁궐에는 푸른 기와에 안개가 엉겨 있고, 진주 비취와 아름다운 비단이 늘어서 있으며 향기가 그윽하다. 바로 이러한 때를 일러 '내원으로 올랐다'고 한다. 이때 바야흐로 양신이 모여 상단전으로 되돌아간다. 이 신을 단련하여 선仙을 이루어 대도에 합하게 된다. 한 번 천문[10]을 치면 금빛이 쏟아져 나오면서 그 속에 법신이 나타난다. 활짝 핀 꽃 깊은 곳에 (자신의 모습으로) 법신이 앉아 있는데, 공중에 떠올라 있는 것이 평평한 강 위를 밟는 것 같으며, 만리의 거리도 팔을 한 번 펴는 것과 같다. 만약 다시 되돌아 본래의 몸에 들어가면 신과 형이 합해져서 천지와 같이 장구할 수 있다. 만약 속세에 있기가 싫어지면 범인의 태를 버리고 십주로 돌아간다. 십주에 돌아가면 자부의 태미진군 처소에서 (먼저) 원적原籍이 맞는지 헤아리고 성명姓名의 진위를 살펴서 공적과 덕행의 높고 낮음을 계산한다. (그리하면 비로소) 삼도에 거처하여 노닐면서 영원히 속세의 바깥에 있게 되니, 이를 속세를 뛰어넘고 범인을 벗어났다고 한다.

呂曰: 鍊形止於住世, 鍊氣方可升仙. 世人不達玄機, 無藥而先行胎息, 强留在腹, 或積冷氣而成病. 或發虛陽而作疾. 修行本望長生, 似此執迷, 尚不免於疾病. 殊不知胎仙就而眞氣生, 眞氣生而自然胎息, 胎息以鍊氣, 鍊氣以成神. 然而鍊氣必審年中之月, 月中之日, 日中之時, 端居靜室, 忘機絶迹. 當此之時, 心境未除者, 悉以除之. 或而妄想不已, 智識有漏. 志在升仙而心神不定, 爲之奈何?

여동빈이 물었다: 형체를 단련하는 것은 세간에 머무는 데 그치고, 기를 단련하여야 바야흐로 선인에 오를 수 있다고 하셨습니다. 세상 사람들은 현묘한

10 천문: 정수리에 있는 혈이다.

기틀을 통달하지 못해서, 약이 없으면서도 태식을 먼저 행하여 억지로 배에 머물게 하니, 혹은 냉기를 쌓아서 병을 이루고, 혹은 허양[11]을 일으켜 병을 만듭니다. 수행은 본래 장생을 바란 것인데, 이와 같이 미혹에 집착하여 오히려 질병을 면치 못합니다. 태선을 이루어야 진기가 생기고, 진기가 생겨야 자연스럽게 태식이 되고, 태식으로 기를 단련하고, 기를 단련하여야 신을 이룸을 알지 못합니다. 그런데 기를 단련함은 반드시 년 중의 월, 월 중의 일, 일 중의 시를 살펴서, 조용한 방에 단정히 앉아서 속세의 일이나 욕심을 잊고 사람의 왕래를 끊어야 한다고 하셨습니다. 이때가 되면 마음에 제거하지 못한 것을 모두 제거해야 합니다. 하지만 간혹 마음에 망상이 끊이지 않고 헛된 지식이 흘러나오기도 합니다. 뜻은 신선이 되어 오르는 데 있지만 심신心神은 안정되지 못하니 어떻게 해야 합니까?

鍾曰: 交合各有時, 行持各有法. 依時行法, 卽法求道, 指日成功, 易如反掌. 古今達士, 閉目冥心, 以入希夷之域, 良以內觀而神識自在矣.

종리권이 답했다: 교합은 그에 맞는 때가 있고, 수행은 그에 맞는 법이 있다. 때에 따라 법을 행하고 법에 나아가 도를 구하면 며칠 만에 공을 이루는 것은 손바닥을 뒤집는 것처럼 쉽다. 고금의 통달한 선비는 눈을 감고 마음을 고요히 하여 도[希夷]의 경지에 들어가니, 내관을 잘하여야 신식이 자유롭다.

11 허양: 허해진 양기를 일컫는 것으로 허화(虛火)와 같은 의미로 쓰인다. 정혈이 부족하여 양기가 위로 떠오르는 병이다.

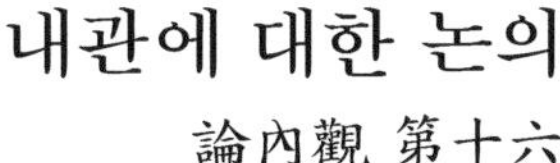

제16장

내관에 대한 논의

論內觀 第十六

呂曰: 所謂內觀之理, 可得聞乎?

여동빈이 물었다: 내관의 이치에 대해서 들을 수 있겠습니까?

鍾曰: 內觀坐忘存想之法, 先賢後聖, 有取而有不取者. 慮其心猿意馬, 無所停留, 恐因物而喪志, 而無中立象, 使耳不聞而目不見, 心不狂而意不亂, 存想事物而內觀坐忘, 不可無矣. 奈何! 少學無知之徒, 不知交合之時, 又不曉行持之法, 必望存想而決要成功. 意內成丹, 想中取藥, 鼻搐口咽, 望有形之日月, 無爲之天地, 留止腹中, 可謂兒戲. 所以達士奇人而於坐忘存想一旦毁之, 乃曰夢裏得財, 安能濟用, 畫地爲餠, 豈可充飢! 空中又空, 如鏡花水月, 終難成事.

종리권이 답했다: 내관은 좌망[1]하고 존상[2]하는 법이니, 선현과 후성이 취한

1 좌망: 수양의 극치로서 무아의 경지를 뜻하는데, 단좌(端坐)하여 일체의 물아(物我), 시비(是非), 차별(差別)을 잃어버리는 정신 상황이다. 『장자』「대종사」편에 나온다.

2 존상: 도교 관상법의 하나이다. 내관(內觀), 내시(內視), 존시(存視), 존사(存思)라고도 한다.

것도 있고 취하지 않은 것도 있다. (선현과 후성은) 사람의 마음[心]이 원숭이 같고 생각[意]이 말과 같이 산란하여[3] 편히 머무를 바가 없음을 걱정하고, 사물로 말미암아 뜻을 잃어버림을 염려하여, 무 속에서 상을 세워 귀로는 듣지 않게 하고 눈으로는 보지 않게 하여 마음과 생각이 미쳐 날뛰지 않게 하였으니, 사물을 존상하거나 내관하거나 좌망하는 법은 없을 수 없다. 그러나 어찌하겠는가! 배움이 적고 무지한 무리들은 교합의 때를 알지 못하고 또 수행하는 법도 깨닫지 못하면서, 기필코 존상만으로 성공하기를 바란다. 생각 속에서 단을 만들고 상 속에서 약을 취하여 코로 들이마시고 입으로 삼키며, 유형한 일월과 무위한 천지가 배 속에 머물기를 바라니 어린애 장난이라 할 수 있다. 때문에 통달한 선비와 특이한 인물도 좌망이나 존상에서 하루아침에 무너지니, 말하자면 꿈속에서 얻은 재물이 어찌 사용될 수 있겠으며, 땅위에 그린 떡이 어찌 주린 배를 채우겠는가! 이러한 것은 텅 빈 가운데 또 빈 것으로, 마치 거울 속의 꽃이나 물속의 달과 같아서 끝내 이루기 어렵다.

然而有可取者. 蓋以易動者片心, 難伏者一意, 好日良時, 可採可取也. 雖知淸靜之地, 奈何心爲事役, 志以情移! 時比電光, 寸陰可惜. 毫末有差而天地懸隔, 積年累月而不見功, 其失在心亂而意狂者也. 善視者, 志在丹靑之美而不見泰華, 善聽者, 志在絲竹之音而不聞雷霆. 耳目之用小矣, 尙以如此, 況一心之縱橫六合而無不該, 得時用法之際, 能不以存想內觀而致之乎?

그러나 취할 수 있는 것도 있다. 대개 움직이기 쉬운 것은 한 조각 마음이요, 복종시키기 어려운 것은 한 가닥 생각이라도, 좋은 날과 시에는 채취할 수 있

3 심원의마(心猿意馬): 우리의 마음이 외계를 반연(攀緣)하여 항상 동요하고 고요하지 못한 모양을 원숭이가 까불고 말이 달아나는 데 비유한 것이다. 『참동계』에 "마음의 원숭이가 안정하지 못하고, 뜻의 말이 사방으로 달리니, 신기(神氣)가 밖으로 산란하다"라고 하였다.

다. 비록 청정한 경지를 알더라도 마음은 일에 부림을 당하고 뜻은 정에 이끌려 움직이니 어찌 해야 하는가! 시간은 번갯불과 같으니 짧은 시간도 아껴야 할 것이다. 털끝만큼의 어긋남이 있으면 천지만큼의 차이가 벌어져 세월이 쌓여도 공을 볼 수가 없으니, 그 실패하는 것은 마음이 어지럽고 생각이 날뛰는 데 있다. 잘 보는 자는 뜻이 단청의 아름다움에 있으면 큰 화려함이 보이지 않고, 잘 듣는 자는 뜻이 악기 소리에 있으면 천둥소리도 들리지 않는다. 귀와 눈의 쓰임이 작은데도 오히려 이와 같은데, 하물며 마음은 우주를 돌아다니며 갖추지 못할 것이 없으니, 때를 얻고 법을 사용할 적에 존상하고 내관하지 않고 이룰 수 있겠는가?

呂曰: 所謂存想內觀, 大略如何?
여동빈이 물었다: 이른바 존상과 내관이란 대략 어떤 것입니까?

鍾曰: 如陽升也, 多想爲男, 爲龍, 爲火, 爲天, 爲雲, 爲鶴, 爲日, 爲馬, 爲煙, 爲霞, 爲車, 爲駕, 爲花, 爲氣. 若此之類, 皆內觀存想, 如是以應陽升之象也. 如陰降也, 多想爲女, 爲虎, 爲水, 爲地, 爲雨, 爲龜, 爲月, 爲牛, 爲泉, 爲泥, 爲船, 爲葉. 若此之類, 皆內觀存想, 如是以應陰降之象也.
종리권이 답했다: 양이 올라가는 경우에 많이 존상되는 것은 남자, 용, 불, 하늘, 구름, 학, 해, 말, 연기, 노을, 수레, 가마, 꽃, 기 등이다. 이와 같은 부류는 모두 내관하여 존상되는 경우이고, 이는 양이 올라가는 것에 응하여 나타나는 상이다. 음이 내려가는 경우에 많이 존상되는 것은 여자, 호랑이, 물, 땅, 비, 거북, 달, 소, 샘, 진흙탕, 배, 잎 등이다. 이와 같은 부류는 모두 내관하여 존상되는 경우이고, 이는 음이 내려가는 것에 응하여 나타나는 상이다.

青龍, 白虎, 朱雀, 玄武, 旣有此名, 須有此象. 五嶽九州, 四海三

島, 金男玉女, 河車重樓, 呼名比類, 不可具述. 皆以無中立象, 以定神識. 未得魚則筌不可失矣, 未獲兎則蹄不可無矣. 後車將動, 必履前車之迹, 大器已成, 必爲後器之模, 則內觀之法, 行持不可闕矣. 亦不可執之於悠久, 絕之於斯須, 皆不可也. 若以絕念無想, 是爲眞念, 眞念是爲眞空. 眞空一境, 乃朝眞遷化, 而出昏衢, 超脫之漸也. 開基創始, 指日進功, 則存想可用. 況當爲道日損, 以入希夷之域? 法自減省, 全在內觀者矣.

청룡, 백호, 주작, 현무 등 이미 이런 이름이 있다면 모름지기 이런 상이 있다. 또 오악구주, 사해삼도, 금남옥녀, 하거중루 등, 비슷한 부류로 명칭을 부르는 것은 이루 다 기술할 수 없다. 이들은 모두 무 속에서 상을 세워서 신식을 안정시키는 것이다. 아직 고기를 잡지 못했으면 통발을 버려서는 안 되고, 아직 토끼를 잡지 못했으면 올가미를 없애서는 안 된다. 뒷 수레가 움직이려면 반드시 앞 수레의 자취를 밟아야 하고, 큰 그릇이 이루어지고 나서야 반드시 뒷 그릇의 본보기가 되니, 내관의 법은 수행에서 빠져서는 안 된다. 하지만 또 오랫동안 잡고 있어서도 안 되고, 잠깐이라도 끊어버리는 것도 모두 안 된다. 만약 잡념이 끊어져 상이 없어지면 이는 진념이 되고, 진념은 진공이 된다. 진공의 경지는 바로 진을 만나 변화하여 혼매한 거리를 벗어나 점점 초탈하는 것이다. 수행을 처음 시작하여 며칠 동안 정진할 때에는 존상을 써도 된다. 하물며 도를 닦아 날마다 덜어내어[4] 희이의 경지에 들어가서는 어떻게 쓰겠는가? 법이 저절로 감소하는 때에는 온전히 내관에 달렸다.

呂曰: 若以龍虎交媾而匹配陰陽, 其想也何似?

여동빈이 물었다: 용호가 교구하고 음양을 짝하는 경우에 그 존상되는 것은 무엇과 같습니까?

---

4 『노자』 48장에 "爲學日益, 爲道日損"이라고 되어 있다.

鍾曰: 初以交合配陰陽而定坎離, 其想也, 九皇眞人引一朱衣小兒上升, 九皇眞母引一皂衣小女下降, 相見於黃屋之前. 有一黃衣老嫗接引, 如人間夫婦之禮. 盡時歡悅, 女子下降, 兒子上升, 如人間分離之事. 旣畢, 黃嫗抱一物, 形若朱橘. 下抛入黃屋, 以金器盛留. 然此兒者, 是乾索於坤, 其陽復還本位, 以陽負陰而會本鄉. 是此女者, 是坤索於乾, 其陰復還本位, 以陰抱陽而會本鄉. 是曰坎離相交而匹配陰陽者也.

종리권이 답했다: 처음에 용호가 교합하여 음양을 짝하고 감과 리가 정해질 때, 그 상은 다음과 같다. 구황진인이 붉은 옷을 입은 어린아이를 데리고 올라가고, 구황진모가 검은 옷을 입은 어린소녀를 데리고 내려와서 황옥[5]의 앞에서 서로 만난다.[6] 누런 옷을 입은 노파가 있어 맞이하여 인도하니 인간의 부부의 예와 같다. 기쁨이 다하면 여자아이는 내려가고 남자아이는 올라가니, 인간의 이별하는 일과 같다. 마치고 나면, 누런 옷의 노파가 형상이 붉은 귤과 같은 물物을 안고 있다. 아래로 황옥으로 던져 넣어 금기를 채운다. 그런데 이 남자아이는 건이 곤을 색하여 양이 제자리로 되돌아간 것으로, 양이 음을 지고 본향에 모인 것이다. 이 여자아이는 곤이 건을 색하여 그 음이 제자리로 돌아간 것으로, 음이 양을 안고 본향에 모인 것이다. 이것을 일러 감리가 서로 사귀고 음양을 짝한다고 한다.

若以炎炎火中, 見一黑虎而上升, 滔滔浪裏, 見一赤龍而下降, 二獸相逢, 交戰在樓閣之前. 朱門大啓, 浡浡煙焰之中, 有王者指顧於大火焚天. 而上有萬丈波濤, 火起復落, 煙焰滿於天地. 龍虎一盤一遶而入一金器之中, 下入黃屋之間, 似置在籠櫃之中. 若此龍虎交媾, 而變黃芽之想也.

5 이 구절에 대해 『傳道篇』에는 '見於黃屋之庭'이라고 되어 있다.
6 輯要本의 주석에 따르면, 소아는 '木火', 소녀는 '金水'를 지칭한다.

만약 활활 타는 불 속에서 한 마리의 검은 호랑이가 나타나 올라가고, 도도하게 흐르는 물결 속에서 한 마리의 붉은 용이 나타나 내려오는데, 두 짐승이 서로 만나 누각의 앞에서 싸운다.[7] 붉은 문이 크게 열리고, 연기와 불꽃이 용솟음치는 가운데 어떤 왕이 큰 불이 하늘을 태우는 것을 가리키며 돌아본다. 위에는 만장의 파도가 있는데 불이 일어나서 다시 떨어지니 연기와 불꽃이 천지에 가득하다. 용호가 한 번 돌고 한 번 둘러싸고 나면 금기金器 속으로 들어가서 내려가 황옥의 사이로 들어가니 마치 궤짝 속에 두는 것과 같다. 이와 같은 것은 용호가 교구하여 황아로 변하는 상이다.

呂曰: 匹配陰陽而龍虎交媾, 內觀存想旣已知之矣. 所謂進火燒煉丹藥者, 所想如何?

여동빈이 물었다: 음양을 짝하고 용호가 교구하는 경우에 내관하여 존상하는 것은 이제 알겠습니다. 이른바 진화하여 단약을 제련하는 것은 존상되는 것이 무엇과 같습니까?

鍾曰: 其想也, 一器如鼎如釜, 或黃或黑. 形如車輪, 左青龍而右白虎, 前朱雀而後玄武. 傍有二臣, 衣紫袍躬身執圭而立. 次有僕吏之類, 執薪然火於器. 次有一朱衣王者, 乘赤馬駕火雲, 自空而來, 擧鞭指呼, 唯恐火小. 焰發炎炎亘空, 撞天欲出, 天關不開, 煙焰復下, 周圍四匝, 人物器釜. 王者大臣, 盡在紅焰之中, 互相指呼, 爭要進火. 器中之水, 無氣而似凝結, 水中之珠, 無暗而似光彩. 若此進火燒丹藥之想也.

종리권이 답했다: 그 상은 다음과 같다. 한 기물이 있는데, 세발솥 같기도 하고 가마솥 같기도 하다. 그 색은 혹 누렇기도 하고 혹 검기도 하다. 형상은 수

---

7 輯要本의 주석에 따르면, 흑호는 '金水', 적룡은 '木火'를 지칭한다.

레바퀴와 같은데, 왼쪽엔 청용, 오른쪽엔 백호, 앞에는 주작, 뒤에는 현무가 있다. 옆에는 두 신하가 있는데, 자주색 도포를 입고 몸을 굽히고 홀을 잡고 서 있다. 다음에는 아전 무리들이 있는데, 땔감을 갖고 기물에 불을 땐다. 다음에는 붉은 옷을 입은 왕이 있는데, 붉은 말에 올라 불구름을 타고 공중으로부터 오면서 채찍을 들고 호령하며 오직 불이 적어질까 염려한다. 불꽃이 활활 타올라 공중에 뻗쳐서 하늘을 치고 나가고자 하여도 천관은 열리지 않아, 연기와 불꽃이 다시 내려와 사람들과 연단 도구들의 사방 둘레를 에워싼다. 이 때 왕과 대신 모두 붉은 불꽃 속에 있으면서 서로 호령하며 다투어 화후를 진행시킨다. 그러면 기물 속의 물은 증기가 없어도 응결된 것 같고, 물속의 구슬은 어두운 부분이 없이 광채가 나는 것 같다. 이와 같은 것이 진화하여 단약을 태우는 상이다.

呂曰: 內觀存想, 止於採藥進火而有邪? 逐法逐事而有邪?

여동빈이 물었다: 내관존상은 채약하고 진화하는 단계에서 그쳐야 합니까? 아니면 법에 따르고 일에 따르는 것이 더 있습니까?

鍾曰: 雲雷下降, 煙焰上起, 或而天雨奇花, 祥風瑞氣起於殿庭之下, 或而仙娥玉女乘彩鳳祥鸞, 自青霄而來, 金盤中捧玉露霞漿而下, 獻於王者. 若此, 乃金液還丹而旣濟之想也.

종리권이 답했다: 구름과 벼락이 떨어지고 연기와 불꽃이 솟구치거나, 혹은 하늘에서 기이한 꽃비가 내리고 상서로운 바람과 기운이 궁정 뜰 아래에 일어나거나, 혹은 선아[8]와 옥녀[9]가 아름다운 봉황과 상서로운 난새를 타고 푸른 하늘로부터 와서 금쟁반에 옥로와 하장을 받들고 내려와 임금에게 바친다. 이와 같은 것은 바로 금액환단하여 기제하는 상이다.

8 선아: 선녀(仙女)를 말한다.

9 옥녀: 금동(金童)과 대비하여 선인을 시봉하는 동녀(童女)를 말한다.

若以龍虎曳車於火中, 上衝三關, 三關各有兵吏, 不計幾何, 器仗戈甲, 恐懼於人. 先以龍虎撞之不開, 次以大火燒之方啟. 以至崑崙不住, 及到天池方止. 或而三鶴冲三天, 或而雙蝶入三宮. 或而五彩雲中捧朱衣小兒而過天門, 或而金車玉輅載王者而超三界. 若此, 肘後飛金精而大河車之想也.

만약 용호가 불 속에서 수레를 끌고 올라가 삼관[10]에 부딪치는 경우, 삼관마다 각각 있는 병졸은 그 수를 헤아릴 수 없고 병기와 장비는 사람에게 두려움을 준다. 이때 먼저 용호로 치면 열리지 않고, 그 다음에 큰 불로 태우면 비로소 열린다. 이후 곤륜에 이르러서도 머무르지 않고 천지에 이르러서야 비로소 멈춘다. 혹은 세 학이 삼천[11]을 날아오르거나 혹은 한 쌍의 나비가 삼궁[12]으로 들어온다. 혹은 오색구름 속에서 붉은 옷의 아이를 받들어 천문을 지나거나 혹은 금수레와 옥수레로 왕을 태우고 삼계를 지난다. 이와 같은 것은 주후비금정과 대하거의 상이다.

及夫朱衣使者乘車循行, 自冀州入兗州, 自兗州入青州, 自青州入徐州, 自徐州入揚州, 自揚州入荊州, 自荊州入梁州, 自梁州入雍州, 自雍州復還冀州. 東西南北, 畢於豫州, 停留而後循行. 所得之物, 金玉, 所幹之事, 凝滯. 一吏傳命而九州通和, 周而復始, 運行不已. 或而遊五嶽自恆山爲始, 或而泛五湖自北沼爲始. 或而天符勑五帝, 或而王命詔五侯. 若此, 還丹之想也.

또 붉은 옷의 사자가 수레를 타고 순행하는데, 기주에서 연주로, 연주에서 청

---

10 삼관: 미려(尾閭), 협척(夾脊), 옥침(玉枕) 셋을 말한다.

11 삼천: 삼청경(三淸境)을 말한다. 『운급칠첨』에 "삼청경(三淸境)이란 옥청성경(玉淸聖境) · 상청진경(上淸眞境) · 태청선경(太淸仙境)이다. 그 이름을 삼천이라 할 때는 청미청(淸微天) · 우여천(禹餘天) · 대적천(大赤天)이 이것이다"라고 했다.

12 삼궁: 유주궁(流珠宮) · 태을궁(太乙宮) · 현단궁(玄丹宮) 세 궁을 말한다.

주로, 청주에서 서주로, 서주에서 양주로, 양주에서 형주로, 형주에서 양주로, 양주에서 옹주로, 옹주에서 다시 기주로 돌아온다. 동서남북으로 돌고 예주에서 마쳐 머무른 후에 순행한다.[13] 얻는 물은 금옥이요, 주관하는 일은 응체이다. 한 아전이 명령을 전하여 구주에 잘 통하게 하고, 두루 돌아 다시 시작하니 운행이 그치지 않는다. 혹은 오악에서 노니는데 항산에서 시작하고, 혹은 오호에 배를 띄우는데 북소에서 시작한다. 혹은 천부로 오제를 부리고, 혹은 왕명으로 오후를 부른다. 이와 같은 것은 환단의 상이다.

及夫珠玉散擲於地, 或而雨露濟澤於物. 或而海潮而滿百川, 或而陽生而發萬彙. 或而火發以遍天地, 或而烟霧而充宇宙. 若此, 鍊形之想也.

또 주옥을 땅에 던져 흩뿌리거나, 혹은 비와 이슬이 사물을 윤택하게 한다. 혹은 바닷물이 밀려들어 모든 내를 가득 채우거나, 혹은 양이 생겨서 모든 무리들을 일어나게 한다. 혹은 불이 일어나 천지를 채우거나, 혹은 연기와 안개가 우주에 가득 차기도 한다. 이와 같은 것은 연형의 상이다.

及夫或如鶴之辭巢, 或如龍之出穴. 或而五帝朝天, 或而五色雲起. 或而跨丹鳳而沖碧落, 或如夢寐中而上天衢. 或而天花亂墜, 仙樂嘈雜, 而金光繚繞, 以入宮殿繁華之處. 若此, 皆朝元之想也. 朝元之後, 不復存想, 方號內觀.

또 혹 학이 둥지를 떠나는 것 같고, 혹은 용이 굴을 나오는 것 같다. 혹은 오제가 하늘에 조회하고, 혹은 오색구름이 일어난다. 혹은 붉은 봉황을 타고 푸른 하늘을 날고, 혹은 꿈속에서 하늘길에 오른다. 혹은 하늘에서 꽃이 어지러이 떨어지면서 선계의 음악이 요란하며, 금빛이 감싸 돌면서 궁전의 번화한 곳

13 기주에서 연주로, ~ 순행한다: 지상의 9주를 말하는데, 이는 몸속의 장기를 비유적으로 표현한 말이다.

으로 들어간다. 이와 같은 것은 모두 조원의 상이다. 조원 뒤에는 존상을 다시 하지 않으니, 비로소 내관이라 부른다.

呂曰: 內觀玄理不比前法, 可得聞乎?
여동빈이 물었다: 내관의 현묘한 이치는 앞의 방법에 비할 바가 아닌 것 같은데, 들을 수 있겠습니까?

鍾曰: 古今修道之士, 不達天機, 始也不解, 依法行持, 欲以速求超脫. 多入少出而爲胎息, 冥心閉目以行內觀. 止於定中以出陰神, 乃作清靈之鬼, 非爲純陽之仙. 眞仙上聖, 所以採藥進火, 抽鉛添汞, 還丹錬形, 朝元合炁, 苦語詳言而深說, 惟恐世人不悟, 而於內觀未甚留意. 殊不知內觀之法, 乃陰陽變換之法, 仙凡改易之時. 奉道之士勿得輕示而小用之矣.
종리권이 답했다: 고금에 도를 닦는 선비가 하늘의 기틀에 통달하지 못하고 처음에 법에 의지하여 수행함을 알지 못하여 속히 초탈을 구하고자 한다. 그래서 많이 들이쉬고 적게 내쉬면서 태식이라고 여기고, 마음을 고요히 하고 눈을 감는 것으로만 내관을 행한다. 이렇게 되면 입정 중에 음신을 출현시키는데 그치니, 이것은 곧 청령한 귀신을 만드는 것[14]이지 순양의 신선이 되는 것은 아니다. 진선과 상성이 채약하고 진화하며, 연홍을 채취하고, 환단하고 연형하며, 조원하여 기에 합하는 데 대해서 간절한 말과 상세한 말로 깊이 말씀하신 까닭은, 오직 세상 사람들이 깨닫지 못하여 내관에 대해 깊이 유의하지 않을까 염려하신 것이다. 특히 내관의 법이 곧 음양이 변환하는 법이요, 선인과 범인이 바뀌는 때라는 것을 알지 못할까 염려하신 것이다. 때문에 도를 받드는 선비는 가볍게 보고 작은 일로 여기지 말지어다.

---

14 음신: 1장 「논진선」 중 鬼仙 참고.

且以前項之事, 交會有時日, 行持有法則, 凡所謹節信心, 依時行法, 不差毫末, 而指日見功. 若此內觀, 一無時日, 二無法則. 所居深靜之室, 晝夜端拱, 識認陽神, 趕逐陰鬼. 達磨面壁九年, 方超內院, 世尊冥心六載, 始出凡籠. 故於內觀, 誠爲難事.

또 앞서 얘기한 수련의 항목들은 교합하는 데 시일이 있고 수행하는 데 법칙이 있으니, 무릇 삼가 절제하고 믿는 마음으로 때에 따라 법을 행하되, 털끝만큼도 어긋나지 않게 하면 며칠 내로 공을 볼 수 있다. 하지만 이 내관 같은 경우는 첫째로 시일이 없고 둘째로 법칙이 없다. 다만 깊고 고요한 방에 거처하면서 밤낮으로 단정히 앉아 양신을 변별하여 인식하며 음귀를 쫓아내야 한다. 달마대사는 9년 동안 면벽하여 바야흐로 내원을 벗어났고, 석가세존도 6년 동안 마음을 고요히 하고서 비로소 속세의 울타리를 벗어났다. 그러므로 내관은 참으로 어려운 일이다.

始也自上而下, 紫河車搬入天宮, 天宮富貴孰不欽羡. 或往或來, 繁華奢侈, 人所不得見者. 悉皆有之. 奉道之士平日清淨而守於瀟灑, 寂寞旣已久矣, 功到數足, 輒受快樂. 樓臺珠翠, 女樂笙簧, 珍羞異饌, 異草奇花, 景物風光, 觸目如畫.

위에서부터 아래로 와서 자하거가 처음으로 천궁에 들어가게 되면, 천궁의 부귀함은 무엇이든 공경하여 부러워하지 않을 것이 없다. 어디를 가고 오더라도 번화하고 사치스러우며 사람이 보지 못한 것들이 모두 다 있다. 도를 받드는 선비는 평소에는 청정하게 맑고 깨끗함을 지켜서 고요하게 된 지 이미 오래이나, 공을 들임이 충족되면 문득 쾌락을 얻는다. 진주와 비취로 된 누대에서 여인이 생황을 연주하고, 진귀한 음식과 기이한 화초가 있으니, 경물과 풍광이 눈길 닿는 곳마다 그림과 같다.

彼人不悟, 將謂寔到天宮. 不知自身內院, 認作眞境, 因循而不出入. 乃曰因在昏衢而留形住世, 不得脫質以爲神仙, 未到天宮方在內觀陰鬼外魔. 因意生像, 因像生境, 以爲魔軍. 奉道之人因而狂蕩, 而入於邪中, 或而失身於外道, 終不能成仙. 蓋以三尸七魄, 唯願人死而自身快樂, 九蟲六賊, 苦以人安則存留無處.

저들은 깨닫지 못하여 장차 실제로 천궁에 도달했다고 여긴다. 그곳이 자기 몸의 내원임을 알지 못하고서 참된 경계로 여기고서 그대로 반복하여 벗어나지 못한다. 이를 일러 "혼매한 거리에 있는 것으로 말미암아 형체를 머물러 속세에 있으면서 형질을 벗고 신선이 될 수 없다"고 하는 것이니, 천궁에 이르지 못하는 것은 바야흐로 음귀와 외마를 내관하는 데 있다. 생각으로 말미암아 형상을 낳고, 형상으로 말미암아 경계를 낳아 마군이 된다. 도를 받드는 사람이 이로 인해 방탕해져 삿됨 속으로 들어가거나 혹은 외도에 몸을 잃으면 끝내 신선을 이룰 수 없다. 대개 삼시나 칠백[15]은 오직 사람이 죽어서 자신

---

15 삼시나 칠백: 삼시충(三尸蟲)이라고도 한다. 『포박자』, 『고금도서집성』, 『진고』 등에 삼시에 관한 설명이 보이며, 구체적으로는 『운급칠첨』 「경신부(庚申部)」에 상술되어 있다. 「중산옥궤경복기소삼충결(中山玉櫃經服氣消三蟲訣)」에는 사람이 백곡(百穀)을 먹기 때문에 사마(邪魔)나 삼시가 체내에 모여 들어 오장육부를 꿰뚫고 다닌다고 하며, 「설삼시(設三尸)」에는 이 삼시가 상 · 중 · 하로 나누어져 있는데, 상시는 이름이 팽거(彭倨)로 보물을 좋아하며, 중시는 팽질(彭質)로 오미(五味)를 좋아하고, 하시는 팽교(彭矯)로 색(色)을 탐한다고 하며, 평시에는 비장(脾臟 : 지라)에 있다고 한다. 그러나 이 거처설에 관해서 「설삼시소거법(說三尸所居法)」에 상시는 이마 가운데의 상단전, 중시는 염통 위 3촌 3푼에 있는 중단전, 하시는 배꼽 밑 3촌 7푼에 있는 하단전에 각각 있다고 하였다. 삼시제거법으로는 수경신(守庚申) 이외 경신야축시충법(庚申夜祝尸蟲法) · 고치주축(叩齒呪祝) · 거삼시부법(去三尸符法) · 약물복시법(藥物伏尸法) 등이 있다. 경신야축시충법이란 경신일에 철야하지 못하더라도 손바닥에 태상축(太上祝)을 쓴 다음, 앉아서 고치(叩齒: 이를 두드려서 소리를 냄)를 일곱 차례 하고 이마를 치면서 팽거를 소리 내어 부른다. 다음에 고치를 일곱 차례 하고 염통 부위를 어루만지며 소리 내어 팽질을 부르고, 그 다음에 고치를 일곱 차례 하고 허리를 잡고 소리 내어 팽교를 부르는 것을 말한다. 거삼시부법이란 부적을 지니고 다니면서 씹어 삼키

들이 즐겁기를 바라고, 구충이나 육적[16]은 사람이 편안하여 자신들이 머무를 곳이 없게 됨을 괴롭게 여긴다.

는 방법이며, 약물복시법이란 부자(附子)와 같은 여러 가지 극약을 무이(蕪荑: 흰비름)와 건칠(乾漆: 마른 옻)과 함께 분말을 만들어 하루 한 순갈씩 2회 7일 동안 복용하는 법이다. 또, 육갑제삼시법(六甲除三尸法)도 있는데, 이는 갑자일(甲子日) 밤에 마당에 정화수 세 그릇을 떠놓고 피발삼궤배(被髮三跪拜: 머리를 풀고 꿇어앉아 세 번 절함)한 뒤, 북극삼대군두중진인(北極三臺君斗中眞人)에게 삼시 제거의 뜻을 고하고 주축(呪祝)을 읽으면서 동쪽에 있는 것부터 차례로 정화수를 마시는 방법이다. 이와 같은 관념은 인간의 모든 질병, 수명의 단축 내지는 사망을 이 삼시가 상·중·하의 단전을 각각 공격함으로써 생겨난다고 믿었기 때문이다. 우리 나라 기록으로는 『용비어천가』 제78장 잔주에 삼시에 관한 전설이 실려 있는데, 삼시의 거처가 머리·장·발로 되어 있고, 1년의 6경신 중 마지막 경신일에 수삼시(守三尸)하는 점을 지적하고 있다. 또 유희(柳僖)의 『물명고(物名考)』 곤충조에 기생충의 일종으로 삼시를 소개하고 있는데, 그 특징은 삼시가 삭망(朔望 : 음력 초하룻날과 보름날)에 상제에게 정기적으로 보고하는 것으로 되어 있다.

칠백은 7장 각주 2) 참조.

16 구충이나 육적: 사람의 몸에는 9종의 벌레가 있는데, 그것은 복충(伏蟲)·회충(蛔蟲)·백충(白蟲)·육충(肉蟲)·폐충(肺蟲)·위충(胃蟲)·격충(膈蟲)·적충(赤蟲)·요충(蟯蟲) 등이다. 이것들은 몸 속에서 해롭게 하여 여러 가지 질병을 일으킨다. 『장생태원신용경(長生胎元神用經)』「거삼시구충방(去三尸九蟲方)」에 보인다.

육적은 도교에서 사용하는 전문용어이다. 『청정경도주(淸靜經圖注)』에 따르면, 사람의 몸에 육근(六根)인 안(眼), 이(耳), 비(鼻), 설(舌), 심(心), 의(意)이 있어서, 이들 감각기관과 의식 때문에 여섯 가지 의식(六識)이 생겨나고, 이 여섯 가지 의식에 따라 여섯 가지의 해(六賊)가 생겨난다고 본다. 여섯 가지의 해가 작동할 때마다 감각기관과 의식에 깃들어 있는 여섯 신(六神)이 소모되고, 육신(六神)이 소모되면 대도(大道)를 해친다고 본다.

제17장

마난에 대한 논의

論魔難 第十七

呂曰: 內觀以聚陽神, 鍊神以超內院, 上踴以出天門, 直超而入聖品. 旣出旣入而來往無差, 或來或往而遠近不錯. 欲住世則神與形合, 欲升仙則遠遊蓬島. 若此, 功滿三千而自內觀以得超脫, 不知陰鬼邪魔如何制, 使奉道之人不得升神仙者也?

여동빈이 물었다: 내관하여 양신을 모으고, 신을 단련하여 내원으로 오르며, 위로 뛰어올라 천문을 벗어나, 곧바로 초탈하여 성인에 들어간다고 하셨습니다. 들어가거나 나가거나 하는 데 왕래가 어긋나지 않고, 가거나 오거나 하는 데 원근이 어긋나지 않습니다. 세상에 머물고자 하면 신과 형을 합하고, 선계에 오르고자 하면 멀리 봉래섬에 가서 노닙니다. 이와 같으면 공이 삼천에 가득하여 저절로 내관하여 초탈할 수 있겠지만, 음귀와 사마를 어떻게 다스릴지 알지 못하면 도를 받드는 사람이 신선에 오르지 못하겠지요?

鍾曰: 奉道之士, 始有信心, 以恩愛利名, 一切塵勞之事, 不可變其大志. 次發苦志, 以勤勞寂寞, 一切清虛之境, 不可改其初心. 苦志必欲了於大成, 止於中成而已, 必欲了於中成, 止於小成而已. 況不識大道, 難曉天機, 所習小法而多好異端, 歲月蹉跎, 不

見其功, 晩年衰老, 復入輪回. 致使後來好道之士, 以長生爲妄說, 超脫爲虛言. 往往聞道而不信, 心縱信之而無苦志, 對境生心, 以物喪志, 終不能出於十魔九難之中矣.

종리권이 답했다: 도를 받드는 선비가 우선 믿는 마음이 있으면, 은혜 · 사랑 · 이익 · 명예 등 일체 속세의 수고로운 일도 큰 뜻을 변화시키지 못한다. 다음으로 간절한 뜻을 일으키면 수고로움과 적막 등 일체 청허의 경계도 그 초심을 바뀌게 하지 못한다. 하지만 간절한 뜻으로 대성을 마치고자 하더라도 중성에 그칠 뿐이요, 반드시 중성을 마치고자 하더라도 소성에 그칠 뿐이다. 하물며 대도는 알지 못하고 천기는 깨닫기 어려워서 익힌 것은 소법이요 좋아하는 것은 대부분 이단이라면, 세월만 헛되이 보내면서 공을 볼 수가 없고, 만년에 늙어서 다시 윤회에 들어가게 된다. 그리하여 후대의 도를 좋아하는 선비로 하여금 장생은 헛소리이고, 초탈은 빈 말이라고 여기게끔 만든다. 가끔 도를 듣더라도 믿지 못하고, 마음으로는 설령 믿더라도 간절한 뜻이 없으니, 대상에 대하여 마음이 생기고 물로써 뜻을 잃어버려서, 끝내 십마와 구난의 속을 벗어나지 못한다.

呂曰: 所謂九難者何也?

여동빈이 물었다: 이른바 구난이란 무엇입니까?

鍾曰: 大藥未成, 而難當寒暑, 於一年之內, 四季要衣. 眞氣未生, 而尚有飢渴, 於一日之間, 三飡要食. 奉道之士所患者, 衣食逼迫, 一難也.

종리권이 답했다: 대약이 아직 이루어지기 전에는 추위와 더위를 감당하기 어려우니, 일 년 중에 사계절의 옷이 필요하다. 진기가 생기기 전에는 아직 배고픔과 목마름이 있으니, 하루 중에 세 끼의 먹을 것이 필요하다. 도를 받드는 선비가 걱정하는 것은 의복과 음식의 궁색함이니, 이것이 첫 번째 어려

움이다.

及夫宿緣業重, 流於今世塡還, 忙裏偸閑, 猶爲尊長約束. 於尊親曰不忍逃離, 一向淸閑, 而難爲得暇. 奉道之士所患者, 尊長邀攔, 此二難也.

또 전생의 인연으로 업이 무거워 금세에 업보를 채우는 데로 흘러와 바쁜 가운데 틈을 내려 해도 오히려 존장 때문에 제약된다. 존친에게 차마 떨어져서 한때나마 여유롭게 있겠다고 말하지 못하니 여가를 얻기가 어렵다. 도를 받드는 선비가 걱정하는 것은 존장이 맞이하거나 막는 것이니, 이것이 두 번째 어려움이다.

及夫愛者妻兒, 惜者父母, 恩枷情杻, 每日增添, 火院愁車, 無時休歇. 縱有淸淨之心, 難敵愁煩之境. 奉道之士所患者, 恩愛牽纏, 三難也.

또 사랑하는 이는 처와 자식이요 아끼는 이는 부모이니, 은혜가 칼 씌우고 정이 수갑 채워 날마다 느는 것은 불의 사원이요 시름의 수레여서 잠시도 쉴 때가 없다. 설령 청정한 마음이 있더라도 시름과 번뇌의 경지를 대적하기 어렵다. 도를 받드는 선비가 걱정하는 것은 은혜와 사랑에 얽매임이니, 이것이 세 번째 어려움이다.

及夫富兼萬戶, 貴極三公, 妄心不肯暫休, 貪者惟憂不足. 奉道之士所患者, 名利縈絆, 四難也.

또 부유함은 만호를 겸하고 귀함은 삼공에 달하더라도, 망령된 마음은 잠시라도 쉬고자 하지 않으며, 탐하는 마음은 오로지 부족함을 근심한다. 도를 받드는 선비가 걱정하는 것은 명예와 이익에 얽매임이니, 이것이 네 번째 어려움이다.

及夫少年不肯修持，一以氣弱成病，頑心絶無省悟，一以陰報成災．見世一身受苦，而與後人爲誡．奉道之士所患者，災禍横生，五難也．

또 젊어서는 수행을 즐겨 하지 않아서 한결같이 기가 약해져서 병을 만들고, 완고한 마음은 결코 성찰하여 깨닫는 것이 없어서 한결같이 드러나지 않게 재앙을 만든다. 현세에서는 한 몸의 수고로움이요 후세 사람에게는 경계가 된다. 도를 받드는 선비가 걱정하는 것은 재난이 갑자기 생기는 것이니, 이것이 다섯 번째 어려움이다.

及夫人以生死事大，急於求師之人，不擇眞僞．或師於辨辭利口，或師於道貌古顔．始也自謂得遇神仙，終久方知好利之輩．奉道之士所患者，盲師約束，六難也．

또 사람은 생사를 큰일로 여겨 스승을 구하는 데 급하여 진짜와 가짜를 가리지 않는다. 어떤 이는 변설에 말주변이 있는 자를 스승으로 삼고, 어떤 이는 엄숙하고 고풍 있는 용모로 스승을 삼는다. 처음에는 자신이 신선을 만났다고 여기다가, 결국에는 이익만을 좋아하는 무리임을 알게 된다. 도를 받드는 선비가 걱정하는 것은 어두운 스승이 제약하는 것이니, 이것이 여섯 번째 어려움이다.

及夫盲師狂友妄指傍門，尋枝摘葉而終無契合，小法異端而互相指訣．殊不知日月不出，出則大明，使有目者皆見．雷霆不震，震則大驚，使有耳者皆聞．彼以爝火之光，井蛙之語，熒熒喞喞，而豈有合同！奉道之士所患者，議論差別，七難也．

또 어두운 스승과 어리석은 친구는 망령되게 방문을 가리키고 지엽적인 것만을 찾아, 끝내 도에 들어맞는 것이 없이 소법과 이단으로 서로 요결을 삼는다. 저들은 도무지, 해와 달이 나오지 않았으니 나왔다면 크게 밝아서 눈 있는 자들은 모두 볼 것이라는 것을 알지 못하고, 우레가 울리지 않았으니 울렸다면 크게 놀라 귀 있는 자들은 모두 들을 것이라는 것을 알지 못한다. 저들은 횃불의 빛과 우물 안 개구리의 말로 깜빡이고 소곤대니 어찌 같이 합해짐이 있겠는가! 도를 받드는 선비가 걱정하는 것은 의론이 차이나는 것이니, 이것이 일곱 번째 어려움이다.

及夫朝爲而夕改, 坐作而立忘. 悅於須臾而厭爲持久, 始於憂勤而終於懈怠. 奉道之士所患者, 志意懈怠, 八難也.

또 아침에는 했다가 저녁에는 바꾸고, 앉아서는 생각했다가 일어서면 잊어버린다. 잠깐 동안은 좋아하다가 오래되면 싫어하고, 처음에는 근심하여 부지런하다가 끝에는 게을러진다. 도를 받드는 선비가 걱정하는 것은 뜻과 생각이 게을러지는 것이니, 이것이 여덟 번째 어려움이다.

及夫身中失年, 年中失月, 月中失日, 日中失時. 少將名利不忘於心, 老而兒孫嘗在於意. 年光有限, 勿謂今年已過, 以待明年. 人事無涯, 勿謂今日已過以待明日. 今日尙不保明日, 老年爭卻得少年! 奉道之士所患者, 歲月蹉跎, 九難也.

또 일생에서 몇 년을 허비하고, 한 해 중에서는 몇 달을 허비하고, 한 달 중에서는 며칠을 허비하고, 하루 중에서는 몇 시간을 허비한다. 젊어서는 명예와 이익을 마음에서 잊지 못하고, 늙어서는 자식과 손자가 늘 생각 속에 있다. 세월은 한계가 있으니, 올해가 이미 지났으면 내년을 기다리면 된다고 말하지 말라. 인간사는 끝이 없으니, 오늘이 이미 지났으면 내일을 기다리면 된다고 말하지 말라. 오늘을 살면서도 오히려 내일을 보장하지 못하는데 늙어서 어찌 도리어 젊어질 수 있겠는가! 도를 받드는 선비가 걱정하는 것은 세월을 헛되이 보내는 것이니, 이것이 아홉 번째 어려움이다.

免此九難方可奉道, 九難之中或有一二不可行持, 但以徒勞而不能成功者也.

이 아홉 가지 어려움을 면해야만 바야흐로 도를 받들 수 있고, 아홉 가지 어려움 중에 한두 가지라도 있어서 수행할 수 없으면, 다만 헛수고이어서 성공할 수 없는 것이다.

呂曰: 九難旣已知矣. 所謂十魔者可得聞乎?

여동빈이 물었다: 구난은 이제 알겠습니다. 이른바 십마에 대해서 들을 수 있겠습니까?

鍾曰: 所謂十魔者, 凡有三等. 一曰身外見在, 二曰夢寐, 三曰內觀.

종리권이 답했다: 이른바 십마란 것은 세 가지 현상이 있다. 첫째는 몸 밖에 나타나는 현상, 둘째는 잠을 자며 꿈꿀 때 나타나는 현상, 셋째는 내관할 때 나타나는 현상이다.

如滿目花芳, 滿耳笙簧, 舌於甘味, 鼻好異香, 情思舒蕩, 意氣洋洋, 如見不得認, 是六賊魔也.

눈에는 아름다운 꽃이 가득 보이고, 귀에는 생황소리가 가득 들리며, 혀에는 단맛이 나고, 코에는 기이한 향기가 나며, 정감은 화창하게 펴지고, 의기는 양양한 현상의 경우, 만일 나타나더라도 인식하지 말아야 하니, 이것이 여섯 가지 적마이다.

如瓊樓寶閣, 畫棟雕梁, 珠簾綉幕, 蕙帳蘭房, 珊瑚遍地, 金玉滿堂, 如見不得認, 是富魔也.

아름다운 누각에 그림을 조각한 기둥이 있기도 하며, 구슬주렴과 수놓은 장막이 있고, 혜초와 난초가 그려진 휘장과 방이 있으며, 산호가 도처에 있고 금과 옥이 집에 가득한 현상의 경우, 만일 나타나더라도 인식하지 말아야 하니, 이것이 부마이다.

如金鞍寶馬, 重蓋昂昂, 侯封萬戶, 使節旌幢, 滿門青紫, 靴笏盈牀, 如見不得認, 是貴魔也.

금안장에 뛰어난 말, 수레덮개가 우뚝하고, 제후로 만호에 봉해지고, 사신의 깃발이 청색과 자색으로 문에 가득하며, 가죽신과 홀이 상에 가득한 현상의 경우, 만일 나타나더라도 인식하지 말아야 하니, 이것이 귀마다.

如輕煙蕩漾, 暖日舒長, 暴風大雨, 雷震電光, 笙簧嘹喨, 哭泣悲傷, 如見不得認, 是六情魔也.

엷은 안개가 넘실거리고, 따뜻한 해가 길게 비치기도 하며, 폭풍에 큰비가 오고, 우레가 울리고 번개가 치기도 하며, 생황 소리가 맑게 멀리 울리거나, 곡하는 소리가 슬프게 들리는 현상의 경우, 만일 나타나더라도 인식하지 말아야 하니, 이것이 여섯 가지 정마이다.

如親戚患難, 眷屬災傷, 兒女疾病, 父母喪亡, 兄弟離散, 妻妾分張, 如見不得認, 是恩愛魔也.

친척이 환난을 당하거나 권속이 재앙을 당하며, 자녀가 질병에 걸리거나 부모가 돌아가시며, 형제가 뿔뿔이 흩어지거나 처첩이 헤어지는 현상의 경우, 만일 나타나더라도 인식하지 말아야 하니, 이것이 은애마이다.

如失身火鑊, 墮落高岡, 惡蟲爲害, 毒藥所傷, 路逢兇黨, 犯法身亡, 如見不得認, 是患難魔也.

끓는 가마솥에 빠지거나 높은 산등성이에서 떨어지며, 악충에 해를 입거나 독약에 몸을 상하며, 길가다 불량배를 만나거나 법을 어겨서 죽는 현상의 경우, 만일 나타나더라도 인식하지 말아야 하니, 이것이 환난마이다.

如十地當陽, 三清玉皇, 四神七曜, 五嶽八王, 威儀節制, 往復翱翔, 如見不得認, 是聖賢魔也.

십지의 보살, 삼청의 옥황[1], 사신[2]과 칠요[3], 오악의 신[4]과 팔왕[5] 등이 위의가

---

1 옥황: 도교의 최고신이다. 옥천대제(玉天大帝), 옥황대천존현령고상제(玉皇大天尊玄靈高上帝), 노천야(老天爺), 옥황야(玉皇爺), 옥제(玉帝), 옥황상제(玉皇上帝), 옥황대제(玉皇大帝)라고도 한다. 삼원(三垣)의 하나인 자미궁(紫微宮)은 옥황상제가 사는 궁궐이라 여겼다. 옥황은 국가적 규모로 존경되었다. 이후 당대의 원시천존(元始天尊)을 대신하는 지위를 차지하고, 도교의 여러 신을 통솔하는 최고신으로서 민중에게도 널리 친숙해지며, 정월 9일의 탄생제는 매우 활기를 띤다. 대만에서는 천공(天公)으로 애칭되며 현재도 민중의 신앙을 모으고 있다. 옥황상제를 묘사한 그림을 보면 용포(龍袍)에 관을 쓰고, 희고 긴 수염을 기르고 있으며, 두 손을 가슴에 모아 홀(笏)을 들고 있는 할아버지 모습으로 그려진다. 가장 거룩하고 권위적인 양태를 드러내기 위하여 정면상을 하고 있으며, 위엄 있는 모습으로 의자에 앉아 있다. 배경의 휘장은 그가 하늘의 최고신이라는 사실을 나타내고 있다.

2 사신: 사신(四神)은 각 방위를 상징하는 청룡, 현무, 백호, 주작을 일컫는 말이다. 사수(四獸) 또는 사상(四象)이라고도 한다. 이들은 각각 동 · 북 · 서 · 남의 방위와, 봄 · 겨울 · 가을 · 여름의 계절을 주관한다고 여겨진다. 각 사신은 또한 하나씩의 오행 및 색을 상징하기도 한다. 사신은 네 방위신(方位神), 즉 좌청룡(左靑龍), 우백호(右白虎), 전주작(前朱雀), 후현무(後玄武)를 뜻하는 것인데, 그 기원은 오행사상에서 비롯된다. 『사기(史記)』「천관서(天官書)」에 '東宮蒼龍 南宮朱鳥 西宮咸池 北宮玄武'라 하여 그 방향을 지시했고, 『이아(爾雅)』에는 '靑爲蒼天夏爲朱明 秋爲白藏 冬爲玄英'이라 해서 그 색(色)을 규정했다. 그리고, 『예기(禮記)』「월령(月令)」에는 '孟春之月……其蟲鱗 孟夏之月……其蟲羽 孟秋之月……其蟲毛 孟冬之月……其蟲介'라 하여 그 형태를 규정했다. 청룡은 용의 형상을 이르며, 백호는 호랑이, 주작은 꼬리가 짧은 새 즉 봉황(鳳凰)이며, 현무는 거북을 뱀이 묶은 형상이다. 이러한 형상들은 외양은 현실의 동물에서 따왔지만 어디까지나 비현실적인 동물이며 형이상학적인 공상의 산물이다.

3 칠요: 일(日), 월(月)과 화, 수, 목, 금, 토 등의 다섯 성좌를 합한 것이다. 칠요는 일정(日精) 즉 태양, 월정(月精) 즉 태음(太陰), 화정(火精) 즉 형혹(熒惑),

잘 갖춰진 채로 왔다갔다 날아다니는 현상의 경우, 만일 나타나더라도 인식하지 말아야 하니, 이것이 성현마이다.

如雲屯士馬, 兵刃如霜, 戈矛鬪擧, 弓箭齊張, 爭來殺害, 驍捷難當, 如見不得認, 是刀兵魔也.

병사와 말들이 구름처럼 모여 있고, 병기는 서릿발 같으며, 창은 전투태세로 들고, 활은 팽팽히 당기며, 다투어 와서 죽여 용맹을 감당하기 어려운 현상의 경우, 만일 나타나더라도 인식하지 말아야 하니, 이것이 도병마이다.

如仙娥玉女, 羅列成行, 笙簧嘹喨, 齊擧霓裳, 雙雙紅袖, 爭獻金觴, 如見不得認, 是女樂魔也.

선아와 옥녀가 나열하여 줄을 이루고, 생황소리는 맑고 아득하게 들리는데, 일제히 무지개 치마를 입고 쌍쌍이 붉은 소매로 다투어 금술잔을 올리는 현상의 경우, 만일 나타나더라도 인식하지 말아야 하니, 이것이 여악마이다.

如幾多姝麗, 艶質濃粧, 蘭臺夜飮, 玉體輕裳, 殢人驕態, 爭要成雙, 如見不得認, 是女色魔也.

수정(水精) 즉 진성(辰星), 목정(木精) 즉 세성(歲星), 금정(金精) 즉 태백(太白), 토정(土精) 즉 진성(鎭星) 등이다.

4 오악의 신: 오대산인 남악형산(南嶽衡山), 동악태산(東嶽泰山), 서악화산(西嶽華山), 북악항산(北嶽恒山), 중악숭산(中嶽崇山)을 가리키고 그 산들을 주관하는 신을 가리킨다.

5 팔왕: 서진 혜제(惠帝) 시기에 사마씨(司馬氏)들 간의 정권을 차지하기 위해 다툰 여덟 명의 왕들을 말한다. 구체적으로 여남왕 량(汝南王亮), 초왕 위(楚王瑋), 조왕 윤(趙王倫), 제왕 경(齊王冏), 장사왕 예(長沙王乂), 성도왕 영(成都王穎), 하간왕 옹(河間王顒), 동해왕 월(東海王越)이다. 이들은 서로 정권을 차지하기 위해 같은 성씨의 왕들을 죽이는 전쟁을 계속했다는 점에서 위의(威儀)가 있는 인물로 숭상되기도 한다.

수많은 미녀가 있는데, 예쁜 바탕에 진한 화장을 하고, 난대에서 밤새 술을 마시며, 옥 같은 몸에 얇은 치마를 입고, 교태를 부리며 들러붙어서 다투어 짝을 이루길 바라는 현상의 경우, 만일 나타나더라도 인식하지 말아야 하니, 이것이 여색마이다.

是此十魔難[6], 有[7]不認者是也. 旣認則著, 旣著則執, 所以不成道者, 良以此也.

이 십마난은 인식하지 말아야 하는 것이 옳다. 인식하면 바로 달라붙고, 달라붙으면 바로 집착하게 되니, 도를 이루지 못하는 것은 진실로 이것 때문이다.

若以奉道之人, 身外見在不認不執, 則心不退而志不移. 夢寐之間不認不著, 則神不迷而魂不散. 內觀之時若見如是, 當審其虛實, 辨其眞僞, 不可隨波逐浪, 認賊爲子, 急起三昧眞火以焚身, 一揮群魔自散. 用紫河車搬運自己之陽神, 超內院而返天宮. 然後以求超脫.

만약 도를 받드는 사람이 몸 밖에 마가 드러나 있어도 인식하지 않고 집착하지 않으면 마음은 물러나지 않고 뜻은 옮겨가지 않는다. 꿈꾸고 자는 사이에도 인식하지 않고 집착하지 않으면 신이 헤매지 않고 혼이 흩어지지 않는다. 만약 내관을 할 때 이와 같은 것이 나타나면, 마땅히 그 허실을 살피고 진위를 판단하여 물결에 따라 흘러서 적을 자신으로 여기지 말아야 하며, 급히 삼매의 진화를 일으켜 몸을 태워 한꺼번에 군마가 저절로 흩어지게 해야 한다. 그러고서 자하거로 자신의 양신을 운반하여 내원을 벗어나 천궁으로 돌아간다. 그런 연후에 초탈을 구할 수 있다.

6 難: 輯要本에는 빠져 있다.
7 有: 輯要本에는 '惟'로 되어 있다.

今古好道之流, 有清淨之心, 對境改志, 往往難逃於十魔九難. 空有好道之虛名, 終不見得道之實迹. 或而出離塵勞, 幽居絕迹而志在玄門, 於九難不能盡除, 在十魔或著一二, 非不得道也, 而於道中或得中成, 或得小成, 而於仙中或爲人仙, 或爲地仙. 若以盡除魔難, 序證驗而節節升遷, 以內觀合就陽神, 指日而歸三島.

예나 지금이나 도를 좋아하는 무리들은 청정한 마음이 있더라도 대상에 따라 뜻을 고쳐 왕왕 십마와 구난을 피하기 어렵다. 따라서 부질없이 도를 좋아한다는 허명만 있고, 끝내 도를 얻었다는 실제 자취를 볼 수 없다. 혹 속세를 떠나 은거하여 자취를 끊고 뜻을 현문[8]에 두더라도, 구난을 모두 제거하지 못하고 십마 중에 한두 가지라도 달라붙어 있으면, 도를 얻을 수 없는 것은 아니나, 도 가운데 혹 중성을 얻거나 혹 소성을 얻고 신선 중에 혹 인선이 되거나 혹 지선이 된다. 만약 마난을 모두 제거하고 차례대로 증험하여 하나하나 올라가서 내관으로 양신을 합하면 머지않아 삼도로 돌아갈 수 있다.

---

8 현문: 도교를 가리켜 말하는 것으로 대도(大道)의 문을 이르는데, 『노자(老子)』 1장 "현묘하고 현묘한 것이 모든 오묘한 이치와 변화가 나오는 문이다"(玄之又玄, 衆妙之門)라는 데서 나온 말이다. 도문(道門)을 일컬어 현문이라고도 말하고 현종(玄宗)이라고도 말한다.

제18장

증험에 대한 논의

論證驗 第十八

呂曰: 嫌者病, 而好道之人求無病而長安. 怕者死, 而好道之人欲不死而長生. 擧世人在世中, 而好道之人欲升仙, 遊物外, 擧世人在地上, 而好道之人欲超凡而入洞天. 所以甘於勞苦而守於貧賤, 遊心在清淡瀟灑之中, 潛迹於曠野荒僻之地. 一向行持, 不知功之深淺, 法之交換, 難測改易之早晩. 所謂下功之後, 而證驗次序如何?

여동빈이 물었다: 싫어하는 것은 병이므로, 도를 좋아하는 사람은 병이 없이 오래 편안하기를 바랍니다. 두려워하는 것은 죽음이므로, 도를 좋아하는 사람은 죽지 않고 오래 살고자 합니다. 모든 사람은 세상 속에 있으나 도를 좋아하는 사람은 신선이 되어 사물 밖에서 노닐고자 하며, 모든 사람은 땅 위에 있으나 도를 좋아하는 사람은 범인을 벗어나 동천에 들어가고자 합니다. 때문에 노고를 달게 여기고 빈천을 지키며, 마음을 맑고 깨끗한 가운데 두고 광야의 황벽한 곳에 잠적하는 것입니다. 하지만 한결같이 수행해도 공의 깊고 얕음과 법의 교환을 알지 못하면, (수련의 단계를) 바꾸어야 할 시기의 빠르고 늦음을 헤아리기 어렵습니다. 이른바 공부에 착수한 뒤에 나타나는 증험은 순서가 어떻게 됩니까?

鍾曰: 苦志行持, 終不見功者, 非道負人, 蓋奉道之人不從明師, 而所受非法. 依法行持, 終不見功者, 非道負人, 蓋奉道之人不知時候, 而以不成. 若已遇明師而得法, 行大法以依時, 何患驗證而不有也?

종리권이 답했다: 간절한 뜻으로 수행해도 끝내 공을 보지 못하는 것은 도가 사람을 저버린 것이 아니라, 대개 도를 받드는 사람이 밝은 스승을 따르지 않아서 받은 바가 법이 아니기 때문이다. 법에 따라 수행해도 끝내 공을 보지 못하는 것은 도가 사람을 저버린 것이 아니라, 대개 도를 받드는 사람이 시후를 알지 못해서 이루지 못했기 때문이다. 만약 이미 밝은 스승을 만나서 법을 얻고 대법을 시후에 따라 행했다면, 어찌 증험이 없을까 근심하겠는가?

呂曰: 所謂法者有數乎? 所謂時者有數乎?

여동빈이 물었다: 이른바 법이란 것에 수가 있습니까? 이른바 시란 것에 수가 있습니까?

鍾曰: 法有十二科. 匹配陰陽第一, 聚散水火第二, 交媾龍虎第三, 燒鍊丹藥第四, 肘後飛金精第五, 玉液還丹第六, 玉液鍊形第七, 金液還丹第八, 金液鍊形第九, 朝元鍊炁第十, 內觀交換第十一, 超脫分形第十二.

종리권이 답했다: 법에는 12과가 있다. 필배음양이 제1이요, 취산수화가 제2요, 용호교구가 제3이요, 소련단약이 제4요, 주후비금정이 제5요, 옥액환단이 제6이요, 옥액연형이 제7이요, 금액환단이 제8이요, 금액연형이 제9요, 조원연기가 제10이요, 내관교환이 제11이요, 초탈분형이 제12이다.

其時, 則年中法天地陰陽升降之宜, 月中法日月往來之數, 日中有四正八卦十干十二支一百刻六十[1]分. 依法區分, 自一日之後, 證

驗次序以至脫質升仙, 無差毫末.

그 시는 일 년 중에는 천지 음양이 승강하는 마땅함을 본뜨고, 한 달 중에는 일월이 왕래하는 수를 본뜨고, 하루 중에는 4정[2] · 8괘 · 10간 · 12지 · 100각 · 60분이 있다. 법에 따라 구분하는데, 첫날 다음부터 증험은 차례대로 나타나 형질을 벗고 신선에 오르기까지 털끝만큼도 차질이 없다.

始也婬邪盡罷, 而外行兼修. 凡採藥之次而金精充滿, 心境自除, 以煞陰鬼. 次心經上湧, 口有甘液. 次陰陽擊搏, 時時腹中聞風雷之聲. 次魂魄不定, 夢寐多有恐悸之境.

처음에는 음사가 다 없어지고 외행이 같이 닦인다. 무릇 채약의 다음에는 금정이 충만해져서 마음의 경계가 저절로 없어져서 음귀를 죽인다. 다음은 심액이 경락을 따라 위로 올라 입에서 단맛의 액이 생긴다. 다음은 음양이 치고받아서 때때로 뱃속에서 바람과 우레 소리가 들린다. 다음은 혼과 백이 안정되지 못하여 꿈꾸고 자는 사이에 두렵고 두근거리는 경우가 많다.

次六府四肢, 或生微疾小病, 不療自愈. 次丹田夜則自暖, 形容晝則清秀. 次居暗室, 而目有神光自現. 次夢中雄勇, 物不能害, 而人不能欺, 或若抱得嬰兒歸. 次金關玉鎖封固, 以絕夢泄遺漏.

다음은 육부와 사지에 간혹 작은 질병들이 생기더라도, 치료하지 않아도 저절로 낫는다. 다음은 밤에는 단전이 저절로 따뜻해지고, 낮에는 용모가 깨끗해지고 준수해진다. 다음은 어두운 방에 있으면 눈에 신광이 있어 저절로 빛난다. 다음은 꿈에서 용맹해져 사물이 해를 입힐 수 없고 사람이 속일 수 없으

---

1 十: 『傳道篇』에는 '千'으로 되어 있다.

2 사정: 정북(正北), 정남(正南), 정동(正東), 정서(正西)를 가리키는 자(子), 오(午), 묘(卯), 유(酉)의 네 정방위(正方位)를 말한다. 사정괘(四正卦)를 가리키기도 하고 사람몸 안의 동서남북 사궁(四宮)을 이르기도 한다.

며, 간혹 어린아이를 안고 돌아오는 것 같기도 하다. 다음은 금관과 옥쇄[3]가 굳게 봉해져서 몽정이나 새어나감이 끊어진다.

次鳴雷一聲, 關節通連, 而驚汗四溢. 次玉液烹漱, 以成凝酥. 次靈液成膏, 漸畏腥羶以充口腹. 次塵骨將輕而變神室, 步趁奔馬, 行止如飛. 次對境無心, 而絕嗜慾. 次眞氣入物, 可以療人疾病. 次內觀明朗而不暗昧. 次雙目童人如點漆, 皺臉重舒而紺髮再生, 已少者永駐童顏.

다음은 천둥소리가 울리면서 관절이 통하여 연결되고, 놀란 듯 식은땀이 넘쳐흐른다. 다음은 옥액이 끓이고 헹궈서 응결된 연유를 이룬다. 다음은 영액이 지방덩어리를 이루니 점차 비린내와 누린내 나는 음식으로 배를 채우기를 꺼려한다. 다음은 속세에 찌든 육체가 장차 가벼워져서 신실[4]을 변화시키고, 걸음은 달리는 말을 따라잡으며 행동거지는 나는 것 같다. 다음은 대상에 대해 마음이 무심해져서 즐기고자 하는 욕망이 끊어진다. 다음은 진기를 사물에 주입할 수 있으니, 다른 사람의 병을 치료할 수 있다. 다음은 내관을 하면 명랑하고 어둡지 않다. 다음은 두 눈동자의 동공은 검은 옻을 찍은 듯하며, 주름진 뺨이 거듭 펴지고 검은 머리가 다시 생기며, 이미 젊은 사람은 영원히 동안의 상태에 머무른다.

次眞氣漸足, 而似常飽所食不多, 而飮酒無量, 終不見醉. 次身體光澤, 神氣秀媚, 聖丹生味, 靈液透香, 眞香異味, 常在口鼻之間, 人或知而聞之. 次以目視百步, 而見秋毫. 次身體之間舊痕殘靨, 自然消除, 涕淚涎汗, 亦不見有.

---

3 금관과 옥쇄: 금정을 금관이라 하고, 고치를 옥쇄라고 한다.

4 신실: 신장과 심장 사이에 위치하며 연약(煉藥)이 이루어지는 곳이다. 단전(丹田)의 다른 이름이기도 하다.

다음은 진기가 점차 충족되어 항상 배불러서 먹는 것이 많지 않고, 술을 무한정 마셔도 끝내 취하지 않는다. 다음은 몸에서 광택이 나고 신기가 수려하고 아름다우며, 성단이 맛을 내고 영액에서 향기를 뿜어내어, 참된 향과 기이한 맛이 항상 입과 코 사이에 있게 되는데, 다른 사람이 혹 알고 맡기도 한다. 다음은 눈으로 백보 이상의 가는 털도 볼 수 있다. 다음은 몸의 오래된 흉터와 상처들이 저절로 없어지고 콧물 · 눈물 · 침 · 땀 역시 볼 수 없다.

次胎完氣足以絶飮食. 次內志淸高以合太虛, 凡情凡愛, 心境自絶, 下盡九蟲, 上死三尸. 次魂魄不遊以絶夢寐, 神彩淸爽更無晝夜.

다음은 태가 완전해지고 기가 충족되어 음식을 끊는다. 다음은 마음의 뜻이 맑고 높아서 태허에 합치하여, 모든 정과 애 등의 마음의 경계가 저절로 끊어지며, 아래로는 구충이 없어지고 위로는 삼시가 죽는다. 다음은 혼백이 돌아다니지 않아 의식이 끊어지는 현상이 없어지고, 정신과 풍채가 밤낮 없이 맑고 깨끗하다.

次陽精成體, 神府堅固, 四體不畏寒暑. 次生死不能相干, 而坐忘內觀以遊華胥神仙之國, 女樂樓臺, 繁華美麗, 殆非人世所有也.

다음은 양정이 체를 이루고 신부가 견고해져서 몸이 추위와 더위를 두려워하지 않는다. 다음은 생사가 나를 간섭할 수 없고, 좌망 · 내관하여 신선의 나라[5]에 노니는데, 여악사가 연주하는 누대 등은 번화하고 아름다워 거의 인간 세상에 있는 것들이 아니다.

5 화서국(華胥國): 황제(黃帝)가 낮잠을 자다가 꿈속에서 보았다는 이상국가의 이름이다. 황제가 이 나라를 여행하면서 무위자연의 이상적인 정치가 실현되는 꿈을 꾸고는 여기에서 계발되어 천하에 크게 덕화를 펼쳤다는 전설이 전한다. 『列子』「黃帝」에 보인다.

次功滿行足, 陰功報應, 密授三清眞錄, 陰陽變化, 可能預知, 人事擧止, 先見災福. 次觸目塵冗, 以厭往還, 潔身靜處, 胎仙可現, 身外有身, 是爲神聖. 次眞氣純陽, 吁呵可乾外汞.

다음은 공이 가득 차고 행이 충족되어 숨은 공덕에 대한 보답으로 은밀히 「삼청진록」을 받아, 음양의 변화를 미리 알 수 있고 사람 일에 대해 재앙과 복을 미리 볼 수 있다. 다음은 눈길을 끄는 번잡한 일로 왕래하기를 싫어하여 몸을 깨끗이 하고 조용히 거처하며, 태선을 나타내서 몸 밖에 몸을 두게 되니, 이는 신성이 된 것이다. 다음은 순양의 진기가 기운을 내뿜어 외홍[6]을 말릴 수 있다.

次胎仙常欲騰飛, 祥光生於臥室. 次靜中時聞樂聲. 次常人對面, 雖彼富貴之徒, 亦聞腥穢, 蓋凡骨俗體也. 次神彩自可變移, 容儀成而仙姿可比玉樹, 異骨透出金色.

다음은 태선은 항상 날아오르고자 하며, 침실에서 상서로운 빛이 생긴다. 다음은 입적할 때에는 음악 소리가 들린다. 다음은 항상 사람을 만날 때, 비록 저들이 부귀한 무리일지라도 비리고 더러운 냄새를 맡는데, 대개 그들은 평범한 속세의 사람이기 때문이다. 다음은 정신과 풍채가 저절로 변하여 용의가 갖추어지니, 신선의 자태는 옥수에 비할 수 있고 바뀐 몸에서는 금빛을 내뿜는다.

次行止去處, 常有神祇自來朝現, 驅用指呼, 一如己意. 次靜中外觀, 紫霞滿目, 頂外下視, 金光罩體. 次身中忽化火龍飛, 或而玄鶴起, 便是神靈以脫凡骨, 而超出俗流, 乃曰超脫.

다음은 행동하거나 거처할 때 항상 신명이 저절로 와서 알현하는데, 부려지

6 외홍: 외재(外在)하는 정양(正陽)의 기(氣)를 말한다.

거나 통솔되는 것이 하나같이 내 뜻과 같다. 다음은 입정할 때에 외관하면, 자주색 안개가 눈에 가득하고, 정수리 밖에서 아래를 보면 몸에 금빛이 둘러싼다. 다음은 몸에서 갑자기 화하여 화룡이 날아오르기도 하고 혹은 현학이 일어나기도 하는데, 곧 이것이 신령으로 속세의 몸을 벗고 속세의 삶을 벗어나는 것으로, 이를 초탈이라 한다.

次超脫之後, 彩雲繚繞, 瑞氣紛紜, 天雨奇花, 玄鶴對飛, 異香散而玉女下降授天書紫詔, 旣畢而仙冠仙衣之屬具備. 節制威儀, 前後左右不可勝紀, 相迎相引以返蓬萊. 而於紫府朝見太微眞君, 契勘鄕原名姓, 校量功行等殊, 而於三島安居, 乃曰眞人仙子.

다음은 초탈한 뒤에, 오색구름이 감돌고 상서로운 기운이 어리며, 하늘에서 기이한 꽃비가 내리고 현학이 짝을 이루어 날며, 특이한 향이 퍼지면서 옥녀가 하강하여 천서와 자주색 조서를 주니, 이것을 마치고 나면 선관과 선의 등이 모두 갖춰진다. (신선, 옥녀가) 위의를 잘 갖추고 전후좌우에 이루 다 헤아릴 수 없이 많은데, 서로 맞이하고 인도하면서 봉래로 돌아간다. 자부에서 태미진군을 알현하고, 향원의 성명을 맞추어 살피고, 공행의 같고 다름을 알아보고 나서 삼도에서 편안히 거처하니, 이를 곧 진인 선자라 한다.

呂曰: 今日特蒙尊師開說希夷大理天地玄機, 不止於耳目淸明而精神秀媚, 殘軀有託, 終不與糞壤同類. 然而知之者未必能行, 行之者未必能得. 念以生死事大, 而時光迅速, 雖知妙理, 未得行持終不成功, 與不知無異. 敢告指教以交會之時, 行持之法. 如何下手, 如何用功?

여동빈이 물었다: 오늘 존사께서 특별히 도의 큰 이치와 천지의 현묘한 기밀을 말씀해 주시니, 귀와 눈이 밝게 밝아지고 정신도 수려해질 뿐만 아니라, 남아 있는 목숨이 의탁할 곳이 있게 되어 끝내 더러운 것들과 같은 무리가 되지

않게 되었습니다. 그러나 그것을 아는 자라도 반드시 행할 수 있는 것은 아니요, 그것을 행하는 자라도 반드시 얻을 수 있는 것은 아닙니다. 생각건대, 생사는 일생의 큰 것이고 시간은 재빨리 흘러가기 때문에 비록 현묘한 이치를 알더라도 수행하지 않으면 끝내 성공할 수 없으니, 알지 못하는 것과 다름이 없습니다. 감히 교회의 때와 행지의 법에 대해서 구체적으로 가르쳐주시기를 고합니다. 언제 시작하고 어떻게 해나갑니까?

鍾曰: 僕有靈寶畢法, 凡十卷一十二科, 中有六儀. 一曰金誥, 二曰玉書, 三曰眞原, 四曰比喻, 五曰眞訣, 六曰道要. 包羅大道, 引喻三清. 指天地陰陽之升降爲範模, 將日月精華之往來爲法則, 實五仙之指趣, 乃三成之規式, 當擇日而授於足下.

종리권이 답했다. 나에게 『영보필법』이 있는데, 모두 10권 12과이고, 그 속에 6의가 있다. 첫째는 금고, 둘째는 옥서, 셋째는 진원, 넷째는 비유, 다섯째는 진결, 여섯째는 도요이다. 이 내용은 대도를 포괄하고 있고, 삼청을 빗대어 말하고 있다. 천지 음양의 오르내림을 가리켜 모범을 삼고, 일월 정화의 왕래를 가지고 법칙을 삼았으니, 실로 5선의 취지이자 바로 3성[소성 · 중성 · 대성]의 규모와 법식이다. 마땅히 날을 택해 그대에게 주겠노라.

『道樞』

전도편

傳道篇

- 『傳道篇』은 북송 말 남송 초의 도교학자인 至游子 曾慥의 작품으로서 『鍾呂傳道集』에 대한 일종의 요약문이다. 이는 증조의 『道樞』에 실려 있는데, 『도추』 권39에 「傳道上篇」, 권40에 「傳道中篇」, 권41에 「傳道下篇」 등 상, 중, 하의 형태로 되어 있다. 『전도편』은 송대 도교학자의 『鍾呂傳道集』에 대한 이해를 보여주기에 『鍾呂傳道集』 표점작업과 번역작업 시 일정정도 참고사항이 된다.
- 『傳道篇』의 원문은 『道藏』本을 底本으로 삼고, 표점과 원문 교감을 위해 『中華道藏』本(이하 中華本)과 『道藏輯要』本(이하 輯要本) 그리고 『鍾呂傳道集』을 참조하였다.
- 『傳道篇』은 제목으로 각 장이 나뉘어 있지 않고 단지 상편 · 중편 · 하편으로만 구분되어 있어 『鍾呂傳道集』과의 내용비교가 수월치 않다. 본 원문에서는 『鍾呂傳道集』과의 용이한 비교를 위해 『傳道篇』과 『鍾呂傳道集』의 내용이 서로 호응하는 곳에 임의로 제목을 삽입하였다.
- 기타사항
  - 『傳道篇』에 나타난 주석은 【 】로 나타내었다.
  - '真' '盖' 등과 같은 略字나 俗字의 경우, '眞' '蓋' 등 本字로 통일하였다.

抉開玄關, 道無餘蘊. 窈窈冥冥, 大哉乎問

(論眞仙)[1] 呂子學道, 更七十餘師, 而後遇子鍾離子. 常問于子鍾離子曰, 人之生也, 奚得安而不病, 壯而不老, 生而不死乎? 子鍾離子曰, 二氣【陰陽也】合而爲人, 方其胞胎乎! 太初之後而有太質, 陰承陽以生, 氣從胎以化, 三十旬而其形具, 靈光入焉, 始出于胎矣. 自太素之後, 乃有升降, 黃芽長焉, 五百旬其氣足矣, 數盈于八十有一【又云八百一十丈也】. 方年十有五也, 陰之中, 其陽半焉. 譬夫初日之光, 昧者不知自愛, 喪其元陽, 以至殞落, 其猶日之昃歟! 夫欲如子之言, 其亦人中取仙, 仙中取天乎!

呂子曰, 仙, 一也, 何云取天乎? 子鍾離子曰, 純乎陰者之謂鬼, 純乎陽者之謂仙, 陰陽雜焉之謂人, 惟人也, 可以鬼, 可以仙. 仙, 非一也. 其等有五, 其法有三. 五等, 一曰鬼之仙, 二曰人之仙, 三曰地之仙, 四曰神之仙, 五曰天之仙. 三法, 一曰小乘, 二曰中乘, 三曰大乘.

1 (論眞仙): 이처럼 괄호 안에 제목을 넣은 것은 『鍾呂傳道集』 원문과의 용이한 비교를 위해 임의로 삽입한 것이다. 이하의 제목은 모두 이와 같다.

呂子曰, 鬼之仙, 何謂也? 致之有道乎? 子鍾離子曰, 不達大道而求速成, 形如槁木, 心如死灰, 神識內守, 一氣不散, 定中以出陰神, 斯鬼之清靈者也. 超乎陰中而神像不明, 無所歸止, 惟投于人之胎, 而就舍焉.

呂子曰, 人之仙, 何謂也? 致之有道乎? 子鍾離子曰, 於道有法, 或得其一. 絕五味者, 不知有二氣, 忘七情者, 不知有十戒, 嗽嚥者, 鄙吐納, 採補者, 誚清靜. 即物以奪天地之氣者, 不知辟穀, 存想以取日月之精者, 不知按蹻. 固息者, 不知自然篤志爲之, 四時之序不能變也, 五行之氣失其交合也, 雖曰固形質, 遠八邪, 第得以賒死爾.

呂子曰, 地之仙, 何謂也? 致之有道乎? 子鍾離子曰, 法天地升降之理, 取日月生成之數, 身之中用年焉, 年之中用月焉, 月之中用日焉, 日之中用時焉, 時之中用刻焉. 於是辨龍虎, 達坎離, 知水源之清濁, 分氣候之早晏, 收眞一而察二儀, 列三才而別四象, 審六運而定六氣, 聚七寶而序八卦, 行九州而反五行【反者, 顚倒也】. 氣傳乎子母, 液行乎夫婦, 反復以焚三田, 而爲丹田鎭下田, 可以鍊形而長生爾.

呂子曰, 神之仙, 何謂也? 致之有道乎? 子鍾離子曰, 吾所謂地之仙者, 誠能用其功不已焉, 使三關百節屬屬相連, 抽增乎鉛汞, 則金晶鍊于九天【九天, 頂也】, 玉液還丹至矣. 於以鍊形成氣, 則五氣朝元, 三陽萃于元宮, 陰盡而純乎陽矣.

呂子曰, 天之仙, 何謂也? 致之有道乎? 子鍾離子曰, 行於道有功矣, 施於人有行矣. 於是返乎洞天, 進乎三官【上曰天官, 中曰地官, 下曰水官】, 於天地又有大功矣, 於古今又有大行矣. 歷洞天者, 三十有六. 躋陽天者, 八十有一. 然後升而登乎三清焉.

呂子於是竦然而請曰, 鬼之仙不可求也, 天之仙不敢冀也, 外是二者, 其道可得聞乎? 一子鍾離子曰, 人之仙, 其等有三. 太上引年益壽, 其次安而引年, 其下安而無疾, 皆小乘也. 地之仙, 其等有三. 太上極陽輕身, 騰擧自如, 其次鍊形久視, 至于千歲, 其下引年益壽, 皆中乘也. 神之仙, 其等有三. 太上超凡入聖, 而歸三島, 其次鍊神合道, 出入自然, 其下鍊形成氣, 亘古長存, 皆大乘也.

呂子曰, 稽諸古今養命之士, 多求而不獲, 何也? 子鍾離子曰, 法不契于道爾. 多聞强識, 自出於旁門小法. 仙乎仙乎, 豈多聞强識云乎哉?

(論大道) 呂子曰, 敢問大道之眞. 子鍾離子曰, 是無形也, 無名也, 莫可知也, 莫[2]可行也.

呂子曰, 士始學道, 次有道, 次聞道, 終于道成, 而曰不可知, 不可行, 得無隱乎爾! 子鍾離子曰, 吾非有隱也. 士聞大道而無信心, 有信心而無苦志, 是以難知難行也. 夫旁門小法, 其別三十, 曰齋戒, 曰辟穀, 曰鍊氣, 曰嗽嚥, 曰絕內, 曰斷味, 曰禪定, 曰玄默【不語也】, 曰存想, 曰採陰, 曰服氣, 曰持摩, 曰息心, 曰去累, 曰開頂, 曰縮龜, 曰絕迹, 曰洛誦【看讀也】, 曰燒鍊, 曰固息, 曰按嬌, 曰吐

2 莫: 底本에는 '草'로 되어 있으나, 문맥상 輯要本에 따라 교감하였다.

納, 曰採補, 曰博施, 曰解祠, 曰賑乏, 曰棲山, 曰適性, 曰不動, 曰受持. 夫如是者, 伐疾可也, 養性可也. 以津爲藥, 何以造化以氣爲丹? 何以渟峙肝爲龍, 肺爲虎? 何以交合坎爲鉛, 離爲汞? 何以抽增而乃四時溉之, 以求黃芽之長? 是不知五行之根蒂, 三才之造化, 去大道遠矣.

呂子曰, 大道如何? 子鍾離子曰, 眞源判矣, 大朴散矣. 道生于一, 一生二, 二生三. 一者, 體也. 二者, 用也. 三者, 造化也. 孰爲體用? 陰陽是也. 孰爲造化? 交合是也. 道生二氣, 二氣生三才, 三才生五行, 五行生萬物. 人者, 萬物之靈, 能盡性而齊天地者也.

(論天地) 呂子曰, 此何道歟? 子鍾離子曰, 大道判而有形, 形而後有數. 天得乾道, 以一爲體, 所用者陽也. 地得坤道, 以二爲體, 所用者陰也. 陽主乎升, 陰主乎降, 且互交焉, 何也? 天積氣也, 地積水也. 天以乾索於坤, 一索而爲長男曰震, 再索而爲中男曰坎, 三索而爲少男曰艮. 此天交於地而生三陽者也. 地以坤索於乾, 一索而爲長女曰巽, 再索而爲中女曰離, 三索而爲少女曰兌. 此地交於天而生三陰者也. 於是三陽交于三陰而萬物生, 三陰交於三陽而萬物成. 故乾坤相索而生六氣焉, 六氣交合而分五行焉, 五行交合而生成萬物焉. 方其乾道下行, 三索旣終, 其陽復升, 陽中藏陰, 上還于天. 坤道上行, 三索旣終, 其陰復降, 陰中藏陽, 下還于地, 陽中之藏陰也. 其陰不消, 是謂眞陰. 其至于天, 因陽而生焉, 所以陰自天降. 故曰陰中能無陽乎? 陰中之藏陽也, 其陽不滅, 是謂眞陽. 其至于地, 因陰而發焉, 所以陽自地升. 故曰陽中能無陰乎? 陰陽也, 周而復始, 亘古長存者, 其交合不失於道也.

呂子曰, 以眞氣投于眞水, 心之火與腎之水相交, 而在人者, 何如哉? 子鍾離子曰, 父與母會時, 陽先進, 陰後生, 胞胎成焉, 猶乾坤之三索也. 故吾眞氣, 陽也, 藏於水而主升. 眞水, 陰也, 藏於氣而主降. 陽隨水下行, 是乾索於坤, 自上而下者也. 上而震爲肝, 中而坎爲腎, 下而艮爲膀胱. 陰隨氣上行, 是坤索於乾, 自下而上者也. 下而巽爲膽, 中而離爲心, 上而兌爲肺, 元陽在於腎, 而生眞氣者也. 眞氣朝于心, 而[3]生眞液者也. 上下往復而不虧焉, 可以修齡矣. 若夫時候無忒, 抽增有度, 可以長生矣. 行之不倦, 則其氣盛, 其魂無陰, 其陽壯, 其魄有氣, 升降如天地, 盛衰如日月, 可以入聖矣.

(論日月) 呂子曰, 日月躔度交合於人者, 可得聞乎? 子鍾離子曰, 玄黃之萌, 天地其如卵焉. 六合處中, 其如鞠焉【毬元】. 日月運行於天之上地之下, 其如輪焉. 日月者, 陰陽之精也, 默紀天地交合之度者歟! 夫日者, 賓出于東, 餞納于西, 而晝夜分焉. 冬而南至, 夏而北至, 而寒暑定焉. 月者, 載魄於西, 受魂于東, 光照于夕, 魂藏于旦. 其始也, 魄生魂, 狀如弓焉, 夕之初, 其光燭于西. 其次也, 魂加半焉, 是謂上弦. 夕之初, 其光燭于南. 其次也, 魂盈矣. 與日相望, 夕之初, 其光燭于東. 其次也, 魂生魄, 狀如闕鏡焉. 旦之初, 其魂藏于西. 其次也, 魄加半焉, 是謂下弦. 旦之初, 其魂藏于南. 其次也, 魄盈矣. 與日相背, 旦之初, 其魂藏于東, 於是魂生魄, 魄生魂, 進退有時, 合于乾坤之期與數焉. 夫日之南至也, 日出于辰之端, 納于申之杪, 各五十分焉. 過于此, 則其出也, 其納也, 自南而北. 及乎北至也, 日出于寅之杪, 納于戌之端, 各五十分焉. 過

3 而: 底本에는 '肺'로 되어 있으나, 문맥상 『鍾呂傳道集』 원문에 따라 교감하였다.

于此, 則其出也, 其納也, 自北而南, 又復乎南至矣. 夏之日, 冬之夕也, 冬之夕, 夏之日也. 南至之月, 其出自北而南, 比乎夏之日也. 北至之月, 其出自南而北, 比乎冬之夕也. 此其往來, 爲寒暑之序者歟!

呂子曰, 寓于天者, 巖知之矣. 寓于人者, 未之知也. 子鍾離子曰, 天地之機, 在乎陰陽之升降. 竊比我於日月焉, 則月受日之魂, 以陽變陰, 陰盡陽純, 如日之輝. 吾氣也, 能鍊而成神, 是亦返乎純陽者也.

呂子曰, 天地陰陽升降之理, 日月精華交合之度, 二者何先? 子鍾離子曰, 明乎陰陽之升降, 使水火【眞水眞火】合于一焉, 以鎭丹田【大藥也】, 可以齊天地矣. 其欲輕擧歟? 則法日月之交會, 以陽鍊陰, 使陰不生焉. 以氣養神, 使神不散焉. 然後五氣朝元, 三花聚頂矣. 是蓋有時焉. 陰陽之升降, 歲以交合者也. 日月之往來, 月一交合者也. 人之氣液, 晝夜一交合者也. (論四時) 於是時又有四等焉. 百歲者, 人之常也. 自一而至三十者, 少壯之時也. 六十者, 長大之時也. 九十者, 老耄之時也. 百而至于百有二十者, 衰落之時也, 是謂身中之時焉. 十有二辰者, 一日也. 五日者, 一候也. 三候者, 一氣也. 三氣者, 一節也. 二節者, 一時也. 時屬于春, 陰之中其陽半焉, 其氣變寒爲溫. 時屬于夏, 陽之中有陽焉, 其氣變溫爲熱. 時屬于秋, 陽之中其陰半焉, 其氣變熱爲涼. 時屬於冬, 陰之中有陰焉, 其氣變涼爲寒, 是謂年中之時焉. 月有三旬, 其辰三百有六十, 其刻三千, 其分十有八萬. 自朔旦至于上弦, 陰之中其陽半焉. 自上弦至于旣望, 陽之中有陽焉. 自旣望至于下弦, 陽之中其陰半焉. 自下弦至于晦, 陰之中有陰焉, 是謂月中之時焉. 六十分者,一刻也. 八刻有二十分者, 一時也. 時之半, 是爲一卦, 言其卦以定八方焉, 論其正以分四位焉. 自子而至於卯, 陰之中其陽半, 以太陰起少陽焉. 自卯而至于午, 陽之中有陽純, 以少陽而起太陽焉. 自午而至於酉, 陽之中其陰半, 以太陽而起少陰焉. 自酉而至于子, 陰之中有陰純, 以少陰而起太陰焉, 是謂日中之時焉. 嗟夫! 難得而易失者, 身中之時也. 其去疾, 其來徐者, 年中之月也. 迅如電光石火者日中之辰也. 夫吾年之壯也, 根元固而易爲功, 千日可以大成矣. 年之中也, 先圓補之, 而後至焉. 及其耄也, 救護之, 輔益之, 積小成以至中成, 積中成以至還童而止爾. 夫天地相去八萬四千里, 日南至之後, 地中之陽升焉. 凡一氣旬有五日, 上進于七千里, 其旬十有八, 其升者至于天, 太極而陰生矣. 日北至之後, 天中之陰降焉. 凡一氣旬有五日, 下進于七千里, 其旬十有八, 其降者至于地, 太極而陽生矣. 蓋如循環焉. 日月之圍, 各八百有四十里, 旣旦之後, 六之中起九焉. 一之日, 其時十有二, 魄中之魂進于七千里. 旬有五日, 則其時一百有八十, 魄中之魂進乎八百有四十里, 旣望之後, 九之中起六焉. 一之中, 其時十有二, 魂中之魄進于七十里, 旬有五日, 則其時一百有八十, 魂中之魄進于八百有四十里, 亦如循環焉. 人之心也, 腎也, 其相去八寸有四分, 陰陽升降與天地同, 氣液相生【氣中生液, 液中生氣】與日月同. 然天地也, 日月也, 年之後有年焉, 月之後有月焉. 人也不究交合之時, 損不知補, 益不知收, 陰交而不知養陽, 陽交而不知鍊陰, 月無損益, 日無行持, 而吾之年之月則有限焉.

呂子竦然曰, 巖願聞修鍊之法, 行持之時. 子鍾離子曰, 五藏之氣, 月有盛衰焉, 日有進退焉, 時有交合焉. 運行五度, 氣傳六候, 精鍊而後眞氣生, 氣鍊而後陽神合, 神鍊而後大道契矣.

(論五行) 呂子曰, 五藏之氣【金木水火土也】, 五行之位【東西南北中也】, 其生成有道乎? 交合有時乎? 採取有法乎? 子鍾離子曰, 天地分而五帝列焉, 東曰青帝, 其行春令, 起陽於陰中, 而萬物生焉. 南曰赤帝, 其行夏令, 升陽於陽中, 而萬物長焉. 西曰白帝, 其行秋令, 起陰於陽中, 而萬物成焉. 北曰黑帝, 其行冬令, 進陰於陰中, 而萬物殞焉. 四時各旬有八日, 中央黃帝, 主之春以助乎發生, 夏以接乎長育, 秋以資乎結立, 冬以制乎嚴凜. 五帝分治, 各七旬有二日, 於是三百有六十日, 而歲功畢矣. 青帝之子甲乙, 其位在東, 其德在木. 赤帝之子丙丁, 其位在南, 其德在火. 黃帝之子戊己, 其位在中央, 其德在土. 白帝之子庚辛, 其位在西, 其德在金. 黑帝之子壬癸, 其位在北, 其德在水. 及其交也, 見于時而爲象者, 木, 青龍也. 火, 朱雀也. 土, 勾陳也. 金, 白虎也. 水, 玄武也. 見於時而生物者, 乙合于庚, 春有楡焉, 其色青而白, 不失乎金木者也. 辛合於丙, 秋有棗焉, 其色白而赤, 不失乎金火者也. 己合于甲, 夏之杪, 秋之端有瓜焉, 其色青而黃, 不失乎土木者也. 丁合于壬, 夏有椹焉, 其色赤而黑, 不失乎水火者也. 癸合于戊, 冬有橘焉, 其色黑而黃, 不失乎水土者也, 以類推之, 可勝旣歟!

呂子曰, 在於時者知之矣, 在於人者未之知也. 子鍾離子曰, 人也圓顱方趾, 天地之象具焉. 陰升陽降, 天地之機藏焉. 腎, 水也. 心, 火也. 肝, 木也. 肺, 金也. 脾, 土也. 有生成之道焉, 生者謂之母, 受生者謂之子, 於是復有剛克之道焉【生謂五行相生, 克謂五行相克】. 克者謂之夫, 受克者謂之婦. 其氣之生也, 孰自哉? 腎生肝, 肝生心, 心生脾, 脾生肺, 肺生腎也. 其氣之克也, 孰自哉? 腎克心, 心克肺, 肺克肝, 肝克脾, 脾克腎也. 故曰, 腎者, 心之夫, 肝之母, 脾之婦, 肺之子也. 肝者, 脾之夫, 心之母, 肺之婦, 腎之子也. 心者, 肺之夫, 脾之母, 腎之婦, 肝之子也. 肺者, 肝之夫, 腎之母, 心之婦, 脾之子也. 脾者, 腎之夫, 肺之母, 肝之婦, 心之子也. 心見乎內爲脈, 見乎外爲色, 口舌者其門戶歟! 受腎之制伏, 而役用於肺, 夫婦然也. 得肝則盛, 見脾則衰, 子母然也. 腎見乎內爲骨, 見乎外爲髮, 耳者其門戶歟! 受脾之制伏, 而役用於心, 夫婦然也. 得肺則盛, 見肝則衰, 子母然也. 肝見乎內爲筋, 見乎外爲爪, 目者其門戶歟! 受肺之制伏, 而役用於脾, 夫婦然也. 得腎則盛, 見心則衰, 子母然也. 肺見乎內爲膚, 見乎外爲毛, 鼻者其門戶歟! 受心之制伏, 而役用於肝, 夫婦然也. 得脾則盛, 見腎則衰, 子母然也. 脾見乎內爲藏, 見乎外爲肉, 唇齒者其門戶歟! 呼吸以定往來, 受肝之制伏, 而役用於腎, 夫婦然也. 得心則盛, 見肺則衰, 子母然也.

呂子曰, 心, 火也, 何以得下行歟? 腎, 水也, 何以得上升歟? 脾, 土也, 土在中而承火則盛, 安得不克于水歟? 肺, 金也, 金在上而下接火則損, 安得有生于水歟? 生者遠, 克者近, 爲之奈何? 子鍾離子曰, 五行之歸于源也, 以氣引元陽而升擧焉, 於是乎生眞水矣. 眞水造化而後生眞氣, 眞氣造化而後生陽神, 始于五行定位, 有一夫一婦焉. 腎, 水也, 其中有金, 吾之起功當識焉【金本生水, 故曰水中金】. 水, 惡土者也. 吾之採藥須土歸水焉. 龍者, 肝之象也. 虎者, 肺之神也. 陽龍出于離, 陰虎生于坎, 五行之位顚倒, 則陰陽之氣傳子母矣. 時自子而至于午者, 陽中生陽, 五行顚倒, 則液行乎夫婦矣. 自午而至于子者, 陰中鍊陽, 陽不得陰, 不成其極也. 無陰斯不死矣. 陰不得陽, 不生其極也, 陰絶斯壽矣.

呂子曰, 五行者, 何以本乎陰陽之氣歟? 子鍾離子曰, 人之始, 造形也, 於是腎生脾, 脾生肝, 肝生肺, 肺生心, 心生小腸, 小腸生大腸, 大腸生膽, 膽生胃, 胃生膀胱. 此陰之精血也. 元陽之始萌, 則在二腎. 腎, 水也, 其中有火升而斯爲氣, 以朝于心. 心, 陽也, 以陽合陽, 故太極生陰焉. 由是積氣生液, 液自心降而還於腎. 肝者, 心之母, 腎之子也, 傳導腎之氣而至於心. 肺者, 心之婦, 腎之母, 傳導心之液而至於腎. 氣也, 液也, 其升降如天地陰陽焉. 肝也, 肺也, 其傳導如日月往復焉. 五行者, 名之數也. 論其交合生成, 惟元陽一氣爲之本歟! 氣生液, 液生氣, 於是知腎爲氣之根, 心爲液之源也. 靈根旣固, 則恍惚之中, 其氣生眞水矣. 心源旣淸, 則杳冥之中, 其液生眞火矣. 火中識龍, 水中識虎, 二者交而黃芽茂矣.

呂子曰, 黃芽, 何謂也? 子鍾離子曰, 龍虎是也. 龍, 非肝也, 離官眞水者也. 虎, 非肺也, 坎位眞火者也.

(論水火) 呂子曰, 水火, 何謂也? 子鍾離子曰, 吾身之水十有八【四海也, 五湖也, 九江也, 三島也, 華池也, 瑤池也, 鳳池也, 天池也, 玉池也, 崑池也, 元潭也, 閬苑也, 神水也, 金波也, 瓊液也, 玉泉也, 陽酥也, 白雪也】, 吾身之火有三【君火也, 臣火也, 民火也】. 三者, 以元陽爲本者也. 於是乎生眞氣. 眞氣者, 聚則安, 弱則疾, 散則死.

呂子曰, 蕞爾元陽而擧三火, 三火起于群水衆陰之域, 其散易, 其熾難, 奈何? 子鍾離子曰, 心者, 血之海. 腎者, 氣之海. 泥丸者, 髓之海. 胃者, 水穀之海. 此吾之四海也. 五藏各有其液, 其位五方【東西南北中也】, 此吾之五湖也. 小腸其長二丈有四尺, 上下九曲. 此吾之九江也. 大腸其下, 則吾之元潭也. 頂曰上島, 心曰中島, 腎曰下島. 三島者, 吾之閬苑也. 黃庭之下有華池焉, 丹闕之前有瑤池焉, 接玉京者有崑池焉, 衡內院者有天池焉, 心肺之間有鳳池焉, 唇齒之內有玉池焉. 神泉生于氣中, 金波降于天上, 赤龍所止, 於是有瓊液, 玉泉焉. 凡胎旣變, 於是有白雪, 陽酥焉. 吾嘗漑灌以沃其炎, 蓋亦有時矣. 太上曰玉液, 其次曰金液, 皆可以還丹者也. 抽之增之以應沐浴, 蓋亦有度矣. 太上曰中田, 其次曰下田, 皆可以錬形者也. 玉蘂, 金葩, 其變白黃醍醐甘露, 其錬芬烈. 此水之效也. 民火升, 而助乎腎之氣, 以生眞水. 臣火升, 而交于心之液, 以生眞氣. 小用焉, 魔可降, 疾可已矣. 大用焉, 質可錬, 丹可成矣. 用周天以焚其身, 勒陽關以還其元, 別九州之勢以養陽神, 燎三彭之累以除陰鬼, 上行以通三關, 下運以消七魄, 錬形成氣則賓天矣, 錬氣成神則而蛻矣. 此火之效也.

呂子曰, 夫少勝多, 弱致强, 有方乎? 子鍾離子曰, 二八之陰消, 九三之陽是, 而後金丹成矣. 七返九還, 而後胎仙化矣. 眞氣在于心, 心者, 液之源也. 元陽在乎腎, 腎者, 氣之淵也. 膀胱者, 民火也, 津液之府也. 腎不止於民火, 不能爲用矣, 何也? 心腎相去八寸有四分, 天地之位也. 氣液太極相生者, 陰陽之交也. 一日十有二時者, 一歲之數也. 心之液非自生也, 因肺之液降于心, 其液行焉. 自上而下, 歸于下田, 命之曰婦還夫官. 腎之氣非自生也, 因膀胱之氣升, 而腎之氣行, 自下而上, 以朝中元, 命之曰夫還婦室. 肝之氣導行腎之氣, 自下而上, 以至心者, 火也. 二氣相交, 薰蒸于肺, 肺之液下降, 自心而來, 故曰心生液, 夫生於心而不散, 是謂之眞水. 肺之液傳迸心之液, 自上而下, 以至于腎者, 水也. 二水相交, 浸潤于膀胱, 其氣上升, 自腎而起, 故曰腎生氣, 氣生於腎而不消, 是謂之眞火. 眞火出乎水, 恍恍惚惚, 其中有物, 視之不可見, 取之不可得也. 眞水出於火, 杳杳冥冥, 其中有精, 見之不能留, 留之不能止也. 火中之物龍也, 水中之精虎也, 是之謂大藥者耶!

(論龍虎) 呂子曰, 心之火生液, 故龍隱於水, 而不在于肝, 其出于離. 腎之水生氣, 故虎藏於火, 而不在于肺, 其生于坎, 何也? 子鍾離子曰, 龍, 陽物也, 在物爲木, 在人爲肝. 虎, 陰物也, 在物爲金, 在人爲肺. 肝, 陽也, 而在陰位, 所以腎之氣傳肝之氣, 以水生木者也. 腎之氣足, 而肝之氣生, 其氣旣生, 以絶腎之餘陰, 而純陽之氣上升矣.[4] 肺, 陰也, 而在陽位, 所以心之液傳肺之液, ′以火克金者也. 心之液, 而脾之液生, 其液旣生, 以絶心之餘陽, 而純陰之液下降矣. 夫以肝爲陽, 能絶腎之餘陰, 是知氣過于肝, 斯爲純陽, 其中藏乎眞一之水而無形, 名曰陽龍焉. 夫以肺爲陰, 能絶心之餘陽, 是知液至于肺, 斯爲純陰. 其中負正陽之氣而不見, 名曰陰虎焉. 氣升液降, 何以交乎? 眞一之水, 見液斯合矣. 正陽之氣, 見氣斯聚矣. 方以類, 物以群者乎! 夫傳行之時, 以法制之, 使腎之氣不逸, 而於其氣中收眞一之水. 心之液不散, 而於其液中取正陽之氣. 二者相逢, 日得如黍米焉, 百日而藥力全矣, 二百日而聖胎堅矣. 三百日而胎仙圓矣.

呂子曰, 氣之生也, 其液亦降矣. 吾眞一之水, 得不隨而下傳五藏乎? 液之生也, 其氣亦升矣. 吾正陽之氣, 得不隨而出重樓乎? 眞水隨液下行, 則虎不能交龍矣. 眞陽隨氣上升, 則龍不能交虎矣. 如是又安得黃芽歟? 子鍾離子曰, 腎之氣, 其生也, 如太陽之出海, 霧露不能蔽其光, 氣壯則眞一之水自成矣. 心之液, 其生也, 如嚴天之殺物, 噓呼不能散其寒, 液成則正陽之氣自盛矣, 而强弱未可必也.

4 矣: 底本에는 '大'로 되어 있으나, 문맥상 輯要本에 따라 교감하였다.

呂子曰, 氣液之生, 各有時矣. 夫所謂氣盛則水盛, 液盛則氣盛. 夫何盛衰未之保耶? 子鍾離子曰, 腎之氣易散, 而眞虎難得者也. 心之液難聚, 而眞龍易失者也.

(論丹藥) 呂子曰, 願先生究言之, 使學者知大藥之方焉. 子鍾離子曰, 疾有三, 夫滄衛失其宜, 起居違其時, 則趍於患, 其名曰時疾. 不持其精, 不頣其神, 而冒於情欲, 則速於老, 其名曰年疾. 榮泣衛除, 不能自還, 則委於死, 其名曰身疾. 夫時之疾, 世皆知療之矣, 顧莫知止老而卻死者也. 夫洗腸補肉, 換頂續支, 古之善醫者然也. 孰識返童駐形, 亦有方乎? 一曰內丹, 二曰外丹. 吾聞昔者, 高上元君傳外丹之經, 蓋言天地升降之理, 日月往復之宜. 廣成子得之, 以教黃帝, 黃帝久而不能成焉. 廣成子曰, 夫心腎之間有眞氣眞水焉. 氣也, 水也, 其中有眞陰眞陽焉, 合而爲之, 可比金石矣. 於是鍊於崆峒之山, 選於八石而用砂, 砂之中取汞焉. 選於五金而用鉛, 鉛之中取白金焉. 汞, 陽龍也. 白金, 陰虎也. 以其心之火, 其赫如砂. 腎之水, 其玄如鉛. 年之火, 隨時以合乾坤之策. 月之火, 損益以順文武之宜. 其爐三成, 其成高九寸, 外方內圓, 取八方之氣, 應四時之候, 斯金鼎也. 其藏鉛汞如肺焉, 其和硫黃如脾焉. 三年小成, 可以去疾. 六年中成, 可以延年. 九年大成, 可以浩劫長存矣. 雖然, 歷古以來, 其成者蓋罕焉. 此無他, 或不辨金石之材, 或不通火候, 或外行不備, 則又安得而餌諸!

呂子曰, 外丹不足以入聖, 敢問內丹何如? 子鍾離子曰, 外丹豈可淺哉? 夫腎者, 氣之根, 根不深, 則葉不茂矣. 心者, 液之源, 源不清, 則流不長矣. 老而學道, 其必資乎五金八石, 以助氣鍊形而後可也. 夫欲恃之以賓天, 則亦陋矣. 子欲知內丹乎? 其本出乎心腎者也. 其材則龍虎而已爾. 故龍虎交, 而變黃芽矣. 黃芽就, 而分鉛汞矣.

(論鉛汞) 呂子曰, 鉛汞, 外丹也, 而此亦云者, 何也? 子鍾離子曰, 抱天一之寶而爲五金之首者, 鉛也, 白金之母也. 感太陽之氣而爲衆石之首者, 砂也. 汞, 其子也, 鉛中之白金難取者也, 砂中之汞易失者也, 合斯爲至寶矣. 此特言其外者也. 試言其內, 則吾始胎也, 寓質於純陰之宮, 陰陽未判, 其神藏於中焉, 三百日而胎具矣, 五千日而氣充矣. 吾嘗察於五行, 則其始胎也, 精與血而已. 其先已有水矣, 察於五藏, 其精其血以之爲形, 其先已有腎矣. 腎水之中, 伏藏乎受胎之初, 交合之眞氣隱於腎. 此吾之內鉛也. 腎之中生氣, 氣中有眞一之水, 其名曰虎. 吾內鉛之白金也, 腎之氣傳于肝之氣, 肝之氣傳于心之氣, 心之氣太極而生液, 液中有正陽之氣. 此吾之內汞也. 心之液, 吾之內砂也. 氣中眞液之水, 與液中正陽之氣合焉, 積而爲胎, 傳于黃庭, 進火不差, 則胎仙化矣.

呂子曰, 然則內鉛何以取白金乎? 內砂何以取汞乎? 汞作砂, 白金作寶, 可得聞乎? 子鍾離子曰, 內鉛也者, 陰陽之眞氣, 純粹不雜者也. 形旣成矣, 其氣藏乎! 其腎之左右相對, 同升於氣, 是爲元陽之氣. 氣中有水, 是爲眞一之水. 水隨氣升, 氣止則水止矣, 氣散則水散矣. 二者合焉, 是爲龍虎交而變黃芽, 以成大藥矣. 故眞一之水, 內畜正陽之氣, 其猶胎哉! 其始, 卽陰留陽. 其次, 用陽鍊陰. 於是氣爲精, 精爲汞, 汞爲珠, 珠爲砂, 砂爲金丹, 而眞氣自生, 鍊之斯成神. 其化火龍出大昏之衢, 驂玄鶴以入蓬萊之都矣.

呂子曰, 以形交形, 形合生形. 以氣合氣, 氣合生氣. 其數不瑜乎三十旬, 此人所以受用也, 而男女別焉. 吾丹其何似耶? 子鍾離子曰, 父精先進, 母血後行. 血包於精, 而爲女. 女者, 內陽外陰, 血在外也. 母血先進, 父精後行, 精包於血, 而爲男. 男者, 內陰外陽, 精在外也. 所謂血者, 生於心, 而無正陽之氣. 所謂精者, 生於腎, 而有正陽之氣焉, 汞之本也. 合眞一之水, 入于黃庭, 汞以鉛之湯烹焉, 鉛以汞之火鍊焉. 鉛而不汞, 不能發眞一之水. 汞而不鉛, 不能變純陽之氣.

呂子曰, 汞, 正陽也, 即眞一之水爲之胎, 至于黃庭, 則龍虎已交合, 而陰陽兩止矣. 以鉛烹之, 得無陰楓而損其腸乎? 何以云氣中生氣, 成大藥耶! 子鍾離子曰, 腎之氣, 投于心之氣, 氣極而生液, 其中有正陽之氣, 配合眞一之水焉, 是名龍虎交合者也. 日之所得, 其巨如黍置于黃庭, 是名金丹大藥者也. 黃庭者, 何也? 胃之下, 膀胱之上, 心之北, 腎之南, 肝之西, 肺之東, 上清下濁, 其外應四色, 其量容二升, 其路通八水. 旣置藥于中, 而火不進焉, 則散而不能止矣. 火進焉, 而藥不之采, 則陰中之陽不能止, 而特發舉腎之氣, 以炎乎下元而已爾. 故藥之采也, 有時火之進也, 有數先於鉛中假氣, 以進火一使大藥堅固, 以鎭乎下田, 斯名採補者也. 夫能抽其鉛, 增其汞, 則肘後飛金晶矣. 鉛抽矣而汞不增, 徒還精以補泥丸而已爾. 眞氣不能生, 而陽神不能成也. 汞增矣而鉛不抽, 徒以鍊汞而補丹田益壽可也. 然砂不能變, 而金丹不能成矣.

(論抽添) 呂子曰, 賴氣中之水以採藥, 假鉛中之氣以進火是已, 其所以抽之增之何理歟? 子鍾離子曰, 金石者, 外藥也, 無其情者也. 氣液者, 內藥也, 有其情者也. 無其情者, 猶能施於物而成寶, 寓於人而益壽, 況有其情者乎! 積日引月, 知交合之時, 則氣中有氣, 煉氣成神矣. 大之天地, 明之日月, 外之金石, 內之氣液, 旣抽矣, 當知所以增焉, 旣增矣, 當知所以抽焉. 玆造化之本也. 夫冬至也, 陽升於地, 地抽其陰, 太陰抽而爲厥陰, 少陽增而爲陽明, 厥陰抽而爲少陰, 陽明增而爲太陽. 不然則無寒以變溫, 溫所以變熱者矣. 夏至也, 陰降於天, 天抽其陽, 太陽抽而爲陽明, 少陰增而爲厥陰, 陽明抽而爲少陽, 厥陰增而爲太陰. 不然則無熱以變涼, 涼所以變寒者矣. 此天地六氣者, 升降之, 抽增之之驗也. 若夫月變日魂, 日變月魄, 前旬有五日, 月抽其魄, 日增其魂, 於是精華滿而照下土矣. 不然則無載生以變上弦, 上弦以變旣望者也. 若夫月還陰魄, 日收陽精, 後旬有五日, 日抽其魂, 月增其魄, 光炎謝而陰魄盈矣. 不然則無旣望以變下弦, 下弦以變晦朔者也. 此日月往復, 九六之變, 抽之增之之驗也. 夫人之鉛者, 乃自天地之先焉, 因太始而後有太質萬物之母也. 太質而生太素, 斯其體者歟! 於是乎爲水中之金, 斯其用者歟! 故曰火中之水, 五行之祖, 大道之本也. 汞之增, 則鉛斯抽矣, 非內外也, 由下田而入上田者也. 斯肘後飛金晶者歟! 起河車而走龍虎者歟! 還精以補泥丸者歟! 鉛也, 旣復抽焉. 汞也, 則自中降焉. 由中田而歸下田者也. 始交龍虎, 而合以變黃芽, 五行之顚倒者也. 次抽其鉛, 而增其汞, 以養胎仙, 三田之反覆者也. 不如是, 龍虎不合, 而胎仙不化矣.

呂子曰, 眞鉛眞汞所以抽焉, 所以增焉, 願聞其詳. 子鍾離子曰, 汞必用鉛, 而不可用鉛, 故當抽之而入于上宮焉. 元氣不傳還, 精歸于泥丸, 日所得之, 汞陰旣盡而陽純矣, 則其變也, 精爲砂, 砂爲金, 是曰眞鉛. 眞鉛者, 吾之眞氣合而得之者也. 金晶下入丹田, 升以鍊其形, 其骨金色矣. 及乎眞鉛, 升于內府, 其體白矣. 故曰自下而上, 自上而下, 還丹鍊形, 皆金精往復之功也. 自前而後, 自後而前, 焚身合氣, 皆眞氣造化之功也. 不抽焉, 不增焉, 能至是乎!

(論河車) 呂子曰, 上而上, 下而下, 後而後, 前而前, 其度何如? 子鍾離子曰, 時可升也, 不可降也. 時可抽也, 不可增也. 上下往來而不忒, 河車之力也.

呂子曰, 河車, 何謂也? 子鍾離子曰, 人之身, 其陽少, 其陰多, 是以水之居其中者爲衆矣. 故吾之車行於水者也. 車何載歟? 負吾之元陽之氣而轉焉者也. 其行也, 或上或下, 或後或前, 駕馭乎八瓊, 驅馳乎四海. 升天也, 則上而入崑崙矣. 旣濟也, 則下而奔鳳闕矣. 運乎元陽, 直入于離宮, 載乎眞氣, 曲歸於壽府, 往來九州, 巡行三田而不息焉. 龍虎旣交, 則黃婆御焉. 入于黃庭, 汞鉛旣分, 則金男徒焉. 入于金闕, 玉泉金液皆載而往集焉. 故五行賴之以生成, 二氣賴之以交會, 順時而下功, 皆此車之用也. 夫養陽鍊陰, 立事無忒者, 誰能之乎? 乾坤未純, 往來其陰陽者, 誰能之乎? 宇宙未周, 交通其氣血者, 誰能之乎? 自外而內, 以旋轉天地純粹之氣, 接引吾之元陽者, 孰能之乎? 自凡而聖, 以旋轉陰陽眞正之氣, 鍊補吾之元神者, 孰能之乎? 皆是車之運也.

呂子曰, 是車也, 奚爲之歟? 其運用也, 亦有方歟? 子鍾離子曰, 河車者, 起於北方正水之中, 腎之眞氣之所生正氣者也. 方其乾再索於坤而生坎. 坎者, 水也, 陰之精也. 陽旣索於陰矣, 則陽返負陰而還位, 所過者艮也, 震也, 巽也, 以陽索陰, 因陰而取陰焉. 運而入于離, 承陽而生, 斯其載陰而入乎陽者也. 坤再索於乾而生離. 離者, 火也, 陽之精也. 陰旣索於陽矣, 則陰返抱陽而還位, 所過者坤也, 兌也, 乾也, 以陰索陽, 因陽而取陽焉. 運而入于坎, 承陰而生, 斯其運陽而入乎陰者也. 及採藥于九宮之上, 旣得之矣, 於是下入黃庭, 抽鉛于曲江之下, 載【般也】之而上焉, 升于內院. 夫金玉之液, 本乎還丹者也. 載之運之, 可以鍊形, 使水上行焉, 君民之火本乎鍊形者也. 載之運之, 可以成丹, 使火下進焉, 斯則五氣朝于元, 三花萃于頂歟! 載之運之, 其亦有時焉, 有數焉, 神聚則魔至矣. 載眞火以焚其軀, 則三彭亡焉, 藥就則海枯矣. 運霞漿而沐浴, 則八水波焉.

呂子曰, 巖今也游其涯而未涉其源, 願申論之. 子鍾離子曰, 五行顚倒, 龍虎交而變黃芽者, 此小河車也. 三田返復, 肘後飛金晶, 還精入泥丸, 抽鉛增汞而成大藥者, 此大河車也. 龍虎交而變黃芽矣, 鉛汞交而成大藥矣. 眞氣生, 而五氣朝中元矣, 元陽神全, 而三神超內院矣. 紫金丹成, 如玄鶴飛矣. 白玉汞就, 如火龍起矣. 或出或入而自如, 或往或來而無閡者, 此紫河車也. 是車也, 有三成之等【上中下】. 三成之後, 又有三焉, 火之聚也, 心行之意使之, 用以已疾, 其名曰使者車. 其旣濟也, 自上而下, 陰陽正合, 水火共處, 靜而聞雷霆之聲, 其名曰雷車. 至夫心役于境, 性牽于情, 眞陽之氣感物而散, 自內而外, 且不息焉, 久而趍於衰, 八邪五疫於是運, 而入于氣府, 元陽不能禦矣, 故老而疾, 疾而死, 其名曰破車.

呂子曰, 紫河車者, 何自而行焉? 子鍾離子曰, 始之以配合陰陽, 次之以聚散水火, 然後採藥進火, 增汞抽鉛, 則小河車固當行矣. 金晶入于頂, 黃庭之藥旣成矣, 於是一撞三關, 直超內院, 後起前收, 上補下鍊, 則大河車固當行矣. 金玉之液, 所謂還丹鍊形者也. 鍊形而後鍊氣, 鍊氣而後鍊神, 鍊神合道, 乃臻于成, 此紫河車也.

(論還丹) 呂子曰, 鍊形成氣, 鍊氣成神, 鍊神合道, 巖未敢問也. 敢問何謂還丹者歟? 子鍾離子曰, 丹者, 非色也, 非味也, 其丹田者耶! 其別有三, 上曰神舍, 中曰氣府, 下曰精穴. 精中生氣, 於是氣在乎中丹矣. 氣中生神, 於是神在乎上丹矣. 眞水眞氣合而成精, 於是精在乎下丹矣. 二者孰無之哉? 惟其氣生於腎, 而未朝於中元. 神藏於心, 而未超於上院. 故精華不能返, 合則三丹, 何所用之.

呂子曰, 玄中有玄, 孰不有命歟? 命中無精, 非我之氣也, 其本於始胎之元氣乎? 無精則無氣, 非我之神也, 其本於始胎之元神乎? 故精也, 氣也, 神也, 三田之寶也. 夫欲常止於三官, 亦必有道歟? 上中下也. 子鍾離子曰, 氣生腎之中, 其中有眞一之水, 使水還于下丹, 則精養靈根, 氣自生矣. 液生心之中, 其中有正陽之氣, 使氣還於中丹, 則氣養靈源, 神自生矣. 集靈爲神, 合神入道, 以還上丹而後仙矣.

呂子曰, 還者, 旣往而有所歸者也, 其理淵微, 巖未究焉. 子鍾離子曰, 子知還丹者乎? 有小者, 有大者, 有七返者, 有九轉者, 有金液者, 有玉液者, 有以下丹還上丹者, 有以上丹還中丹者, 有以中丹還下丹者, 有以陽還陰者, 有以陰還陽者, 非徒列其名而已, 其亦時不同, 而功各異也. 所云小者, 自乎上元者也. 下元者, 五藏之主, 三田之本歟! 水生木, 木生火, 火生土, 土生金, 金生水, 順其時焉, 當生而引未生, 如子母相愛也. 火克金, 金克木, 木克土,土克水, 水克火, 順其度焉, 當克而補未克, 如夫婦相合也. 氣液轉行, 周而復始, 自子而至于午, 陰陽生者也. 自卯而至于酉, 陰陽停者也. 一晝一夜, 復還下丹, 修眞者, 於其中採藥進火, 而下丹成矣. 所云大者, 龍虎交而變黃芽, 抽鉛增汞, 而成大藥. 金晶起于玄武之宮, 眞氣升于玉京之下, 河車奔於嶺, 玉液灌於衢, 自下田入上田, 自上田復下田, 後起前來, 循環滿焉. 修眞者, 於其中起龍虎, 飛金晶, 養胎仙, 而下丹成矣. 所云七返者, 心之陽還于心者也, 肺之陽自心而生, 而復還于心, 皆不離乎中丹者也. 夫九轉者, 何也? 五行生成之數, 五十有五, 天一地二, 天三地四, 天五地六, 天七地八, 天九地十. 故一三五七九, 陽也, 其數二十有五. 二四六八十, 陰也, 其數三十, 而人之身蓋具足焉. 自腎爲之始, 水一, 火二, 木三, 金四, 土五, 此五行生之數, 三陽而二陰也. 又自腎爲之始, 水六, 火七, 木八, 金九, 土十, 此五行成之數, 三陰而二陽也. 故水爲腎, 得一與六者也. 火爲心, 得二與七者也. 木爲肝, 得三與八者也. 金爲肺, 得四與九者也. 土爲脾, 得五與十者也, 斯五者各有陰陽焉. 陰者, 極于八, 盛于二, 是以氣至于肝, 而腎之餘陰絕矣. 氣至于心, 太極生陰, 蓋以二在心, 八在肝也. 陽者, 盡于九, 盛于一, 是以液至于肺, 而心之餘陽絕矣. 液至于腎, 太極生陽, 蓋以一在腎, 九在肺也. 吾交龍虎而合焉, 採心之正陽之氣, 此心之七也. 七返中元而入于下田, 以養胎仙, 復還於心, 此其七返者也. 二八之陰, 何以消乎? 眞氣生而心無陰, 以絕乎二也. 大藥成而肝無陰, 以絕乎八也. 肝以純陽助于心, 則肝三之氣盛矣. 七旣還于心, 以絕肺之掖, 肺之九轉而助于心, 則九三之陽長矣. 此其九轉者也.

呂子曰, 金液玉液交于三官, 陰陽往復者, 何也? 子鍾離子曰, 古先至人以謂肺之液入于下田, 謂之金液. 心之液入于中田, 謂之玉液. 非不善矣, 而於玄機未之盡也. 夫肺生腎, 以金生水者也. 腎克心, 以水克火者也. 金入于水, 水入于火, 皆何得謂之還丹哉! 金液者, 肺之液也. 其爲胞胎, 其合龍虎, 傳送至于黃庭, 大藥將成, 抽之肘後飛起, 其液以入上宮, 下還中丹, 復自中丹而還下田者也. 玉液者, 腎之液也. 其隨元氣上升而朝于心, 積之爲金水, 擧之盈玉池, 散而爲瓊華, 煉而爲白雪. 納之自中田入下田, 有藥則能沐浴胎仙焉. 昇之自中田入四支, 鍊形則能更遷塵骨焉. 不升也, 不納也, 周而復始者也. 陰極生陽, 陽中有眞一之水, 其水隨陽上升, 是陰還陽者也. 陽極生陰, 陰中有正陽之氣, 其氣隨陰下降, 是陽還陰者也. 於是補泥丸, 鍊九天, 以下還上者也. 旣濟漑灌, 以上還中者也. 鍊丹進火, 以中還下者也. 鍊質焚形, 以下還中者也. 五行顚倒, 三田返復, 至于鍊形化氣, 鍊氣成神, 自下田遷焉. 至于中田, 自中田遷焉. 至于上田, 自上田遷焉. 出于天門, 三遷功成, 入于聖流, 不復有還矣.

(論鍊形) 呂子曰, 鍊形, 何謂也? 子鍾離子曰, 神者, 形之主也. 形者, 神之舍也. 形中之精以生氣, 氣以生神者也. 液中生氣, 氣中生液, 形中之子母也. 生木者, 水也. 生火者, 木也. 生土者, 火也. 生金者, 土也. 生水者, 金也. 故氣傳乎子母, 液行乎夫婦, 形中之陰陽也. 水之化爲液, 液之化爲血, 血之化爲津, 陰得陽而生者也. 陰陽爽其宜, 則涕也, 涙也, 涎也, 汗也, 橫出而陰失其生矣. 氣之化爲精, 精之化爲珠, 珠之化爲汞, 汞之化爲砂, 陽得陰而成者也. 陰陽爽其宜, 則疾也, 老也, 死也, 苦也, 陽不得成也. 故曰陰不得陽不生, 陽不得陰不成. 彼修陽不修陰, 鍊形不鍊物, 何以能長存乎? 夫吾之始胎, 自陰中而生陰, 因形造形, 及孕而出, 旣壯也. 六尺之軀, 皆屬陰也. 所有元陽者, 一黍而已. 其大也, 可以鍊形化氣, 身外有身者矣.

呂子曰, 然則形陰也, 陰則有體, 以有而爲無, 使形化氣而入于聖者, 煉之法也. 因形留氣, 以氣養形. 太上長生久視, 其次延年. 三百有六十日者, 一歲也. 三萬有六千歲者, 一劫也. 三萬有六千劫者, 浩劫也. 鍊形者, 可以至浩劫矣. 巖願聞之. 子鍾離子曰, 人之形. 其長五尺有五寸. 其有不齊者, 以寸定尺, 五行生成之數也. 心之上爲九天, 腎之下爲九地, 腎至心八寸有四分, 合乎天地者也. 心至重樓第一環亦八寸有四分, 第一環至頂亦八寸有四分. 腎至頂則二尺有五寸二分. 吾元氣一日一夜盈滿者, 三百有二十度, 度凡二尺有五寸二分, 爲八十有一丈, 應純陽九九之數者也. 腎之至頂也, 五五純陽之數也. 故元氣從呼而出焉. 其出也, 榮衛皆通矣. 天地之正氣應乎時, 順乎節, 或交或離, 丈尺無窮焉. 其從吸而入也, 經絡皆闢矣. 故一呼一吸而三才之眞氣【天地人也】. 往來于十二樓, 一往一來謂之一息, 晝夜蓋萬有三千五百焉. 故吾之呼萬有三千五百, 而吾之元氣自中而出矣. 吾之吸亦萬有三千五百, 而天地之正氣自外而入矣. 根源固而元氣實, 則其呼其吸可以奪天地之正氣, 於是以氣鍊氣, 散充于身. 淸者榮也, 濁者衛也, 皆流通焉. 縱者經也, 橫者絡也, 皆舒暢焉, 寒暑不能害而永年矣. 根源敗而精氣削, 則所吸天地之氣浩浩而出. 吾之元氣, 九九而損, 反爲天地奪焉.

呂子曰, 元氣何以得不亡, 用以鍊其形質乎? 天地之正氣何以能奪乎? 子鍾離子曰, 欲戰勝者, 在兵强而已. 欲民安者, 在國富而已. 元氣者兵也. 在內也, 可以消形質之陰. 在外也, 可以奪天地之氣. 身者國也, 有象者, 斯豐足歟! 無形者, 斯堅固歟! 萬闔俱闢, 而無一失矣. 一驥謬行, 而有多獲矣. 或前或後, 以鍊其質, 焚其形. 或上或下, 以養其陽, 消其陰. 乾坤之鍊有時, 氣液之鍛有日. 吾之形也, 鍊以玉液, 則使甲龍以升, 而白雪充肌矣. 鍊以金液, 則逐雷車以降, 而金光盈室矣. 方其玉液上行, 以河車運之於四大, 其始於肝受之, 則見于目, 其光瞭然. 次於心受之, 則見于口, 其液滃然. 次於脾受之, 則見于膚, 若凝脂然. 次於肺受之, 則見于鼻, 天香達而顔壯矣. 次於腎受之, 再返本元, 則見于耳, 天音達而髮鬒矣. 金液不足進也. 若夫還丹未還, 見於君火, 謂之旣濟, 丹旣還而復起, 敵于眞陰, 謂之錬質, 土克水者也. 若金液在土, 使黃帝回光, 斯合太陰矣, 火克金者也. 若金液在火, 使赤子同爐, 斯生紫氣矣. 火興於水, 是乃陽中消陰歟? 變金丹於黃庭之內, 錬陽神於五氣之中, 於是肝之青氣沖矣, 肺之白色出矣, 心之赤光見矣, 腎之黑祥升矣, 脾之黃彩應矣夫! 然後朝于中元, 從于君火, 以超內院焉. 下元者, 陰中之陽也, 其陽無陰. 中元者, 陽中之陽也, 其陽無生. 黃庭大藥者, 陰盡陽純也. 三者皆升而聚于神官, 故下元者, 五液所朝者也. 中元者, 五氣所朝者也. 上元者, 三陽所朝者也.

(論朝元) 呂子曰, 何謂朝元者歟? 子鍾離子曰, 混沌判而爲天地, 天地位而列五方, 其方各一帝焉, 帝各二子, 其一爲陽, 其一爲陰, 是曰二帝. 相生相成而分五行, 五行而後定六氣【三陽三陰】. 其如人之始胎, 精氣爲一, 精氣分而生二腎, 左爲玄, 右爲牝. 玄以升氣, 而上傳於肝. 牝以納液, 而下傳於膀胱. 玄牝者, 其出于無, 以無爲有者歟! 故曰谷神不死, 是謂玄牝, 玄牝之門, 天地之根也. 自腎而生五藏六府焉. 肝爲木, 其于甲乙, 其位東之青帝者也. 心爲火, 其于丙丁, 其位南之赤帝者也. 肺爲金, 其于庚辛, 其位西之白帝者也. 脾爲土, 其于戊己, 其位中央之黃帝者也, 腎爲水, 其于壬癸, 其位北之黑帝者也. 故一氣運五行, 五行運六氣. 其先之者, 陰陽也. 陽有陰中之陽, 陰有陽中之陰者也. 次之者, 五行也, 有水中之火, 火中之水, 水中之金, 金中之木, 木中之火, 火中之土者也. 在人者, 於是交合焉. 故二氣分而爲六氣, 大道散而爲五行. 日南至也, 一陽生而朝氣於天焉, 五方之地陽皆生矣. 一帝當其行令, 而四帝助之. 春令行, 而黑帝不收其令, 則寒不能變溫矣, 赤帝不備其令, 則溫不能變熱矣. 日北至也, 一陰生而朝氣於地焉, 五方之天陰皆降矣. 一帝當其行令, 而四帝助之. 秋令行, 而赤帝不收其令, 則熱不能變涼矣, 黑帝不備其令, 則涼不能變寒矣. 故推而言之, 日月之間, 一陽始生, 而五藏之氣朝於中元焉. 一陰始生, 而五藏之液朝於下元焉. 於是三陽朝內院【陰中之陽, 陽中之陽, 陰陽中之陽, 謂之三陽】, 心神返天宮, 皆所謂朝元者也. 雖然龍虎合而成大藥, 大藥成而生眞氣, 眞氣旣生, 則於年之中用月, 月之上以定興衰焉. 月之中用日, 日之上以數直事焉. 日之中用時, 時之上以定息數焉. 春之月肝强而脾弱, 夏之月心强而肺弱, 秋之月肺强而肝弱, 冬之月腎强而心弱. 腎者人之根本也. 凡四時之季, 脾强而腎弱, 甲乙在乎肝, 直事防焉, 則脾之氣不行矣. 戊己在乎脾, 直事防焉, 則腎之氣不行矣. 庚辛在乎肺, 直事防焉, 則肝之氣不行矣. 壬癸在乎腎, 直事防焉, 則心之氣不行矣. 氣也, 藏也, 不能俱强者也. 故一氣盛則一氣衰矣, 一藏盛則一藏衰矣, 此所以多疾者耶! 夫萌于亥, 生于寅, 强于巳, 弱于申. 吾心之氣也, 萌于申, 生于亥, 强于寅, 弱于巳. 吾肝之氣也, 萌于寅, 生于巳, 强于申, 弱于亥. 吾肺之氣也, 萌于巳, 生于申, 强于亥, 弱于寅. 吾腎之氣也, 春隨于肝, 夏隨于心, 秋隨于肺, 冬隨于腎. 吾脾之氣也, 不知此者, 其所以多疾者耶! 日也, 月也, 時也, 三陽旣聚, 以陽鍊陽, 使陰不生焉. 三陰旣聚, 以陰鍊陰, 使陽不散焉. 況夫眞氣旣生, 以純陽鍊于五藏而不息焉. 各出其方之色, 一擧而至于天池矣. 始以腎之無陰, 九江無浪矣. 次以肝之無陰, 八關永杜矣. 次以肺之無陰, 金火同爐矣. 次以脾之無陰, 玉戶弗闢矣. 次以眞氣上升, 四氣合而爲一, 而金液降焉. 一杯之水, 豈能勝輿薪之火哉? 蓋水火爲一, 以入神宮, 定息內觀, 一意不散,而神識妙矣. 寂靜之中而聞至樂之音, 如寐非寐而游于虛無之境, 是之謂超內院者也. 于是陽神方聚而還上丹, 鍊神以合大道, 上通天門, 返于其身, 則形與天地齊矣. 如其蛻焉, 則登紫府觀太微矣.

呂子曰, 巖於是而後知鍊形可以久視而已, 其能仙者必鍊氣乎? 彼曲士者無藥而胎息焉. 强而留之, 積其至寒, 或發虛陽而爲苛疾, 蓋不知胎仙成而眞氣生, 眞氣生而胎息矣. 胎息以鍊氣, 鍊氣以成神. 巖聞煉氣者, 必審年中之月, 月中之日, 日中之時. 端居靜處, 忘機絕迹, 當此之際, 或心境未除【妄想也】, 智識有漏, 專志於仙, 而心也神也不寧焉, 則如之何? 子鍾離子曰, 子未達內觀矣. 內觀則神識自止焉.

(論內觀) 呂子曰, 內觀, 何謂也? 子鍾離子曰, 是所謂坐忘者也. 雖然, 彼曲士者交合不知其時, 行持不知其法, 而望內觀以成功焉. 故意內成丹, 想中取藥, 鼻搐口嚥, 欲使日月天地入于氣府, 譬猶寐而得賄者也. 然而天地否隔, 久而不通者, 其失亦在乎意亂而已爾. 今夫善視者, 志在丹青, 則不見泰華. 善聽者, 志在管絃, 則不聞雷霆, 耳目之用淺矣. 況吾之心者, 周該六合而能內觀坐忘者耶! 內觀之始, 如陽升也, 其想爲男, 爲龍, 爲火, 爲天, 爲雲, 爲鶴, 爲日, 爲馬, 爲煙, 爲霞, 爲車, 爲駕, 爲葩, 爲氣. 如陰降也, 其想爲女, 爲虎, 爲水, 爲地, 爲雨, 爲龜, 爲月, 爲牛, 爲金, 爲泥, 爲舟, 爲葉. 吾之內觀, 又豈止於斯而已哉! 青龍也, 白虎也, 朱雀也, 玄武也, 五嶽也, 九州也, 四海也, 三島也, 金男也, 玉女也, 河車也, 重樓也, 皆立象於無中以定神識焉. 故魚之未得, 則荃不可失矣. 兎之未獲, 則蹄不可捨矣, 亦不可執於永久, 終於斯須焉. 夫能至乎念絕想亡, 是爲眞空, 始可以朝眞矣. 蓋內觀者, 開基之始爾, 必也日損焉, 入于希夷, 是亦由吾內觀者也.

呂子曰, 龍虎合而陰陽配焉, 其內觀也, 何如哉? 子鍾離子曰, 其想也, 九皇眞人引絳服之子上升焉, 九皇眞母引玄衣之女下降焉. 見于黃屋之庭, 黃裳之嫗媒而合偶焉. 旣已, 女下降, 子上升, 如仳離焉. 於是嫗持一物, 狀如朱橘, 而投于黃屋, 貯以精金之器. 子者何也? 乾索於坤, 陽還復其本, 以陽負陰而會其所者也. 女者何也? 坤索於乾, 陰還復其本, 以陰抱陽而會其所者也. 此坎離交而陰陽配者乎! 若火之炎炎, 其中有玄虎上升焉. 水之滔滔, 其中有赤龍下降焉. 二者戰於樓閣之前, 木戶洞啟, 其炎浡浡, 有王者指顧焉. 燎蒸燋天, 其上有萬丈之濤, 火興而復墜, 其炎充於天地, 龍虎一蟠一繚而入精金之器, 下入黃屋, 如寘諸柙. 此龍虎交合之想也.

呂子曰, 進火之想, 何如哉? 子鍾離子曰, 其想也, 有器焉. 如釜如鼎, 其別玄黃, 其形車輪, 左青龍, 右白虎, 前朱雀, 後玄武, 旁立二臣, 紫衣而執圭, 下有佐史, 奉薪而致燎於器. 於是有王者衣朱衣, 乘赤馬, 御赤雲, 自空而來, 以下命令焉. 其光上炎, 穿天而欲出, 天關不開而復下, 其燎四周, 執圭者, 乘馬者, 爭使進火焉. 於是器中之水無氣而凝矣, 水中之珠無輝而光矣. 此進火之想也.

呂子曰, 止于是乎? 子鍾離子曰, 雲雷降焉, 嫖炎升焉, 或雨寶華, 祥風慶氛起於淸都. 仙娥玉女 駟鳳驂鸞, 來於層霄, 奉金盤以進玉露霞漿, 下獻於王. 此金液還丹旣濟之想也. 龍虎引車於其火之中, 上衝三關, 三關各有衛焉. 先之以龍虎突之. 次之以大火攻之. 及其關也, 以至崑崙底于天池而止焉. 或三鶴沖于三天, 或二蝶入于三宮, 或五雲之表, 承絳服之子過于天門, 或金輿, 玉輅載王者而超三界. 此肘後飛金晶大河車之想也. 朱衣使者, 乘傳循行于九州之野, 始自冀入兗, 自兗入青, 自青入徐, 自徐入揚, 自揚入荊, 自刑入梁, 自梁入雍, 自雍復還於冀, 東西南北畢矣, 而止於豫, 然後循行焉. 所召者金玉也, 所通者壅滯也. 一使傳命, 九州和通, 周而復始, 運行不已. 或游于五嶽, 始于常山焉. 或航于五湖, 始于北沼焉. 或天符勑五帝, 或五命召五侯. 此還丹之想也. 及夫珠玉委於地, 或雨露於物, 或潮汐於川【川之潮也】, 或陽生發萬彙, 或火發燋天地, 或煙霞衝宇宙. 此煉形之想也. 鶴去所棲, 龍去所蟠, 五帝朝矣【朝天也】, 五雲起矣, 駟鳳而騰寥空矣, 寐而游天衢矣, 天花墮矣, 天樂奏矣, 金光爍于官矣. 此朝元之想也. 朝元之後方曰內觀.

呂子曰, 內觀, 何如哉? 子鍾離子曰, 內觀者, 陰陽變易之法也, 無時日也, 無法則也, 居于靜室, 夙夜端坐, 辨陽之神, 逐陰之鬼. 此達磨之九年, 竺乾之六載爲此道也, 不其難哉! 始也自上而下, 紫河之車運而入于天宮. 天宮者, 紛華之地也. 修眞之士習枯槁, 而安淡泊, 及至, 是則樂焉, 而不知自吾身者也. 於是其形留而不能蛻矣, 況夫三尸, 七魄, 九蟲, 六賊者, 八[5]死則安肆矣, 人安則無所止矣. 故因意生像, 因像生境, 使修眞之士, 蕩而入于邪, 尤可大懼者也.

(論魔難) 呂子曰, 內觀以聚陽神, 鍊神以超內院, 上踴而出天門, 直超而入聖品, 其出其入不繆於往來, 其來其往不升於送迎, 久視

5 八: 문맥상 '人'이 되어야 옳을 듯하다. 『鍾呂傳道集』의 관련 구절은 "唯願人死而自身快樂"으로 되어 있다.

則神與形合，升仙則遠游，方壺信乎內觀之力也．然何以得不蕩而入於邪乎！子鍾離子曰，此無他焉，聞道而無苦志，故爲物所喪矣．然其魔有十，其難有九，大藥未成，則有寒暑，眞氣未生，則有飢渴，故衣食逼迫，一難也．一家之內，必有父兄之長焉，吾欲去而學道爲所拘攣焉，二難也．人因愛而生愛，而後有恩焉，父母取其恩，婦取其愛，相爲桎梏焉，三難也．富與貴，人之所欲也，欲使棄而趨於寂莫之道，四難也．方少年可以聞道矣，侈而自肆怠於頤生，而夭折加焉，五難也．急於求師，而眞者難値焉，或以辭取之，或以貌取之，六難也．妄師示以異端，持爝火之光，不知日月之明，聒井蛙之聲，不知雷霆之震，七難也．朝行而夕改焉，坐作而立忘焉，悅於須臾，厭於持久，終於懈怠，八難也．少而求於聲利，老而安其私欲，身中喪其年，年中喪其月，月中喪其時，九難也．目悅衆華，耳耽六樂，臭味更進，情蕩而氣淫，六賊魔也．雕墻峻宇，金璧粲列，富魔也．車徒之麗，羽旄之美，懷銀黃，曳組綬，貴魔也．如春之和，如日之長，疾風甚雨，大雷以雹，或喜而樂，或悲而泣，一情魔也．家罹其喪，室苦於疾，殯者在於阼，恩愛魔也．墮於烹鼎，墜於危坂，猛鷙所搏，百蟲所噬，大盜所攘，患難魔也．十地當陽，三清玉皇，五嶽八王，四神七曜，聖賢魔也．干將闊戟，森其成伍，兵魔也．仙嫦玉女，各奏其伎，女樂魔也．美人袨服而豐飾，神授而目招，女色魔也．魔之撓吾者有三焉，一曰見于境【見者卦也】，二曰見于寐，三曰見于內觀．於其境也而知之，則其志篤矣．於其寐也而知之，則神不惑，意不散矣．於其內觀也而知之，籍三昧之火以焚吾形，魔斯殲矣．於是用紫河之車運其陽神，超內院返天宮．

(論證驗) 呂子曰，法有數乎？時有數乎？子鍾離子曰，法有十二科，一曰匹配陰陽，二曰聚散水火，三曰交合龍虎，四曰燒鍊至藥，五曰肘後飛金晶, 六曰玉液還丹, 七曰玉液鍊形, 八曰金液還丹, 九曰金液煉形, 十日朝元煉氣, 十一曰內觀交換, 十二曰超脫分形. 時有三焉, 年中者, 法天地陰陽升降之宜. 月中者, 法日月精氣往來之數. 日中者, 八卦【八正卦也】十干十有二支一百刻六千分. 夫行其法也, 一日之復始, 則淫邪去而外行修矣. 次而金晶充而心境除矣. 次而心經一涌, 口有甘液矣. 次而陰陽擊摶于腹, 其般如雷矣. 次而魂魄不寧, 寐而多悸. 次而六府四支或有微疾, 不藥石而愈. 次而丹田夜煖, 其形秀清, 目有神光, 寐而物不能侵, 若抱嬰兒以歸. 次而金關玉鎖, 其鐍固矣, 寐而不漏. 次而雷鳴關節通, 漯然汗出. 次而玉液烹漱, 以成凝酥. 次而靈液成膏, 腥腐斯遠矣. 次而其骨輕而變神室矣, 其行駛矣. 次而境不能移, 嗜欲絕矣. 次而眞氣入物, 可以已疾矣. 次而內觀明朗矣. 次而瞳子炯炯, 童首更髮, 返壯色矣. 次而氣充而不餒, 壽無量矣. 次而膚革光澤, 其神秀麗, 聖丹生而靈液芬然. 次而鑒洞秋毫矣. 次而其涕淚涎汗除, 而黑子痍痕滅矣. 次而胎全氣盈而辟穀矣. 次而內志合于太虛, 七情盡而九蟲三尸亡矣. 次而魂魄不游而無夢矣. 次而陽精成而神府固, 寒暑不能暴矣. 次而出乎生死, 坐忘內觀, 以游華胥矣. 次而功行具而授籙, 三清能知未來矣. 次而胎仙見矣. 次而純陽可以涸外汞矣. 次而胎仙飛而祥光生矣. 次而靜則樂奏矣. 次而腥膻富貴矣. 次而儀觀變而神祇役矣. 次而外觀紫霞盈目, 金光四周矣. 次而火龍飛, 玄鶴擧而骨化矣. 次而彩雲卿藹, 玉女下授紫詔矣. 此道之成也.

呂子於是心悅誠服而進曰, 知妙理矣. 而未得行之, 持之之法終於無功, 與不知者同, 其何以教之? 子鍾離子於是擇吉日授以靈寶畢法焉.

An Annotated Translation of "Lingbao bifa"

비전 정양진인 영보필법

秘傳正陽眞人靈寶畢法

『영보필법』 서문
靈寶畢法序

道不可以言傳, 不可以名紀. 歷古以來, 昇仙達道者, 不爲少矣. 僕志慕前賢, 心懷大道, 不意運起刀兵, 時危世亂, 始以逃生, 寄跡江湖巖谷, 退而識性, 留心唯在清淨希夷. 歷看丹經, 累參道友, 止言養命之小端, 不說眞仙之大道. 因於終南山石壁間, 獲收靈寶經三十卷, 上部金誥書, 元始所著, 中部玉錄, 元皇所述, 下部眞源義, 太上所傳. 共數千言.

도는 말로 전할 수 없고 이름으로 기록할 수 없다. 그렇지만 예부터 지금까지 신선이 되거나 도를 통달한 자가 적지 않다. 나는 뜻으로는 앞선 현인들을 사모하고 마음으로는 대도를 품었으나 뜻하지 않게 일어난 전란을 만나 시세가 위급하고 혼란할 때, 일찍이 위험을 피해 강호의 험한 골짜기에 붙어살았는데, 물러나 성性을 알게 되고 나서는 마음을 오직 청정한 도에 두었다. 단경을 낱낱이 읽어가며 도우道友를 거듭 참방하였지만, 이들은 수명을 연장하는 작은 실마리만 말할 뿐 참된 신선의 대도에 대해서는 말하지 않았다. 그러던 도중 종남산 석벽 사이에서 『영보경』 30권을 얻었는데, 상부는 「금고서」로 원시천존이 지은 것이며, 중부는 「옥록」으로 원황천존이 지은 것이며, 하부는 「진원의」로 태상천존이 지은 것이다. 모두 합하면 천자에 달한다.

予宵衣旰食, 遠慮深省. 乃悟陰中有陽, 陽中有陰, 本天地升降之宜, 日月交合之理, 氣中生水, 水中生氣, 亦心腎交合之理. 比物之象, 道不遠人. 配合甲庚, 方驗金丹之有準, 抽添卯酉, 自然火候之無差. 紅鉛黑鉛, 徹底不成大藥, 金液玉液, 到頭方是還丹. 從無入有, 常懷征戰之心, 自下升高, 漸入希夷之域. 抽鉛添汞, 致二八之陰消, 換骨煉形, 使九三之陽長. 水源清濁, 辨於旣濟之時, 內景眞虛, 識於坐忘之日. 玄機奧旨, 難以盡形, 方冊靈寶妙理, 可用入聖超凡. 總而爲三乘之法, 名靈寶畢法. 大道聖言, 不敢私入一己用, 傳洞賓足下, 道成勿秘, 當詒後來之士.

나는 아침 일찍부터 저녁 늦게까지 널리 생각하고 깊게 성찰하였다. 이를 통해, 음 속에 양이 있고 양 속에 음이 있는 것은 천지가 승강하는 마땅함과 일월이 교합하는 이치에 근본함을 깨달았고, 또한 기 가운데에서 수가 생성되고 수 가운데에서 기가 생성되는 것은 심신이 교합하는 이치임을 깨달았다. 사물의 형상에 견주면 도는 사람에게서 멀지 않다. 갑경甲庚을 배합하면 금단에 법칙이 있음을 증험할 수 있고, 묘유卯酉에 추첨하면 자연스럽게 화후가 어긋나지 않는다. 붉은 납이든 검은 납이든 애초에 대약을 이루지 못하며, 금액과 옥액이어야만 마침내 환단할 수 있다. 무로부터 유에 들어가는 것은 항상 전투에 참여하는 마음처럼 가져야 하며, 아래로부터 위로 올라 점차로 허무의 경지에 들어간다. 연을 뽑아내고 홍을 더해 이와 팔의 음을 제거해 내고, 뼈를 바꾸고 몸을 단련하여 구와 삼의 양을 자라게 한다. 수원의 밝고 탁함은 기제 때에 분별되며, 내경의 참과 헛됨은 좌망하는 날에 알 수 있다. 현묘한 기틀과 오묘한 도리는 모두 드러내기 어려우나, 이 책 영보의 오묘한 이치는 범인을 벗어나 성인에 들어갈 수 있게 한다. 이는 총괄하면 삼승의 법으로서 『영보필법』이라 이름한다. 대도와 성인의 말은 사사로이 한 개인만을 위해 쓰여서는 안 되기에 제자 여동빈에게 전하니, (그대 역시) 도가 이루어진 이후에는 비밀로 간직하지 말고 이후의 선비에게 주어야 할 것이다.

正陽眞人鍾離權雲房序

정양진인 종리권 운방 쓰다[1]

1 종리권은 『鍾呂傳道集』 마지막에 "鍾曰: 僕有靈寶畢法, 凡十卷一十二科, 中有六儀. 一曰金誥, 二曰玉書, 三曰眞原, 四曰比喻, 五曰眞訣, 六曰道要. 包羅大道, 引喻三淸. 指天地陰陽之升降爲範模, 將日月精華之往來爲法則, 實五仙之指趣, 乃三成之規式, 當擇日而授於足下."라 하여, 『영보필법』에 총 6의로서 '金誥', '玉書', '眞原', '比喻', '眞訣', '道要'가 있다고 하였다. 이를 서문에서 종리권이 종남산 석벽에서 「금고서」, 「옥록」, 「진원의」로 된 『영보경』을 얻었다고 한 말과 함께 살펴보면, 「금고」, 「옥서」, 「진원」은 『영보경』의 내용에 해당되며, 「비요」, 「진결」, 「도요」는 종리권이 다른 경전에서 인용한 것이거나 혹은 종리권의 자신의 말이라고 추정해 볼 수 있다. 이 '6의' 외에 현재 전하는 『영보필법』 원문에는 '解曰'이란 주석이 「도요」의 내용 뒤에 기록되어 있다. 참고로 청대의 『呂祖全書』 판본(이하 呂全本)에서는 이 서문 뒤에 다음과 같은 내용을 추가로 덧붙이고 있다.

　　靈寶畢法總錄.
　　六義.
　　一金誥, 二玉書, 三眞源, 四比喻, 五眞訣, 六道要.
　　靈寶金誥, 元始天尊者, 系玉淸秘府收.
　　靈寶玉書, 元皇道君著, 系上淸秘府收.
　　靈寶眞源, 太上老君著, 系太淸秘府收.
　　比喻眞訣道要, 正陽眞人著, 系三島紫府收.

비전 정양진인 영보필법 상권

秘傳正陽眞人靈寶畢法卷上

안락하면서 수명을 연장시키는 소승의 네 가지 법문小乘安樂延年法四門

正陽眞人鍾離權雲房著 정양진인 종리권 운방이 짓고

純陽眞人呂嵒洞賓傳 순양진인 여암 동빈이 전하다

제1장

필배음양

匹配陰陽 第一

玉書曰: 大道無形, 視聽不可以見聞. 大道無名, 度數不可以籌筭. 資道生形, 因形立名. 名之大者, 天地也. 天得乾道而積氣以覆於下, 地得坤道而托質以載於上. 覆載之間, 上下相去八萬四千里, 氣質不能相交. 天以乾索於坤而還於地中, 其陽負陰而上升. 地以坤索於乾而還於天中, 其陰抱陽而下降. 一升一降運於道, 所以天地長久.

「옥서」에서 말한다: 대도는 형체가 없어 보거나 들으려 하여도 볼 수도 들을 수도 없다. 대도는 이름이 없어 헤아리거나 셈하려 하여도 계산할 수 없다. 도를 바탕으로 형체를 낳고 형체로 인해 이름을 세운다. 이름 중에 큰 것은 천지이다. 하늘은 건도를 얻어 기를 쌓아 아래를 덮고, 땅은 곤도를 얻어 질에 의탁해 위를 싣는다. 천지가 덮고 싣는 사이는 상하의 거리가 팔만 사천리나 되니 기와 질이 서로 사귈 수 없다. 그래서 하늘은 건으로서 곤에 색索하고 나면 땅에서 돌아오는데, 그 양이 음을 지고서 위로 오른다. 땅은 곤으로서 건에 색하고 나면 하늘에서 돌아오는데, 그 음이 양을 껴안고 아래로 내려간다. 한 번 오르고 한 번 내려가면서 도를 운행하니, 이것이 천지가 장구한 까닭이다.

眞原曰: 天地之間, 親乎上者爲陽, 自上而下四萬二千里, 乃曰陽位. 親乎下者爲陰, 自下而上四萬二千里, 乃曰陰位. 旣有形名, 難逃度數. 且一歲者, 四時八節, 二十四氣, 七十二候, 三百六十日, 四千三百二十辰. 十二辰爲一日, 五日爲一候, 三候爲一氣, 三氣爲一節, 二節爲一時, 四時爲一歲.

「진원」에서 말한다: 하늘과 땅 사이에서 위와 친한 것은 양이 되니, 위로부터 아래로 사만 이천 리는 곧 양의 자리이다. 아래와 친한 것은 음이 되니, 아래로부터 위로 사만 이천 리는 곧 음의 자리이다. 이미 형체와 이름이 있고 나면, 도수를 피하기 어렵다. 또한 한 해란 사 시時, 팔 절節, 이십사 기氣, 칠십이 후候, 삼백육십 일日, 사천삼백이십 신辰이다. 십이 신이 하루가 되고, 오 일은 일 후가 되며, 삼 후는 일 기가 되고, 삼 기가 일 절이 되며, 이 절이 일 시가 되고, 사 시가 한 해가 된다.

一歲以冬至節爲始, 是時也, 地中陽升. 凡一氣十五日, 上升七千里. 三氣爲一節, 一節四十五日, 陽升共二萬一千里. 二節爲一時, 一時九十日, 陽升共四萬二千里, 正到天地之中, 而陽合陰位. 陰中陽半, 其氣爲溫, 而時當春分之節也. 過此陽升而入陽位, 方曰得氣而升. 亦如前四十五日立夏. 立夏之後, 四十五日夏至. 夏至之節, 陽升通前計八萬四千里以到天, 乃陽中有陽, 其氣熱. 積陽生陰, 一陰生於二陽之中.

한 해는 동지 절기가 처음이 되니, 이때에 땅속에서 양이 오르기 시작한다. 대개 일 기는 십오 일인데, 이 기간 동안 기가 칠천 리를 오른다. 삼 기는 일 절이 되는데, 일 절은 사십오 일이니, 이 기간 동안 양이 도합 이만 일천 리를 오른다. 이 절은 일 시가 되는데, 일 시는 구십 일이니, 이 기간 동안 양이 도합 사만 이천 리를 올라 바로 천지의 가운데에 이르러 양이 음의 자리에 합한다. 이때는 음 속에 양이 반으로 그 기는 따뜻하니, 시기로는 춘분의 절기에 해당한다. 이때를 지나 양이 올라가 양의 자리에 들어가면 이를 바야흐로 '기를 얻어 오른다'고 한다. 또 전과 같이 사십오 일이 지나면 입하가 된다. 입하 이후로부터 사십오 일이 지나면 하지가 된다. 하지 절기에는 양이 올라가면서 이전에 통과한 것이 팔만 사천 리가 되어 하늘에 도달한 때이니, 곧 양 속에 양이 있어 그 기는 뜨겁다. 양이 쌓이면 음을 생성하니, 하나의 음이 두 양 속에서 생성된 것이다.

自夏至之節爲始, 是時天中陰降. 凡一氣十五日, 下降七千里. 三氣爲一節, 一節四十五日, 陰降共二萬一千里. 二節爲一時, 一時九十日, 陰降共四萬二千里, 以到天地之中, 而陰交陽位. 是時陽中陰半, 其氣爲涼, 而時當秋分之節也. 過此陰降而入陰位, 方曰得氣而降. 亦如前四十五日立冬. 立冬之後, 四十五日冬至. 冬至之節, 陰降通前計八萬四千里以到地, 乃陰中有陰, 其氣寒. 積陰生陽, 一陽生於二陰之中.

하지 절기로부터 시작하여 하늘에서 음이 내려가는 때이다. 대개 일기는 십오 일로서 이 기간 동안 기가 칠천 리를 하강한다. 삼 기는 일 절이 되는데, 일 절은 사십오 일이니 이 기간 동안 음은 도합 이만 일천 리를 하강한다. 이 절은 일 시가 되는데, 일 시는 구십 일이니 이 기간 동안 음은 도합 사만 이천 리를 하강하여 천지의 가운데 이르러 음이 양의 자리에 교차한다. 이때는 양속에 음이 반으로 그 기는 서늘하니, 시기로는 추분의 절기에 해당한다. 이때를 지나 음이 내려와 음의 자리에 들어가면, 이를 바야흐로 '기를 얻어 하강한다'고 한다. 또 전과 같이 사십오 일이 지나면 입동이 된다. 입동 이후로부터 사십오 일이 지나면 동지가 된다. 동지 절기에는 음이 내려가면서 이전에 통과한 것이 팔만 사천 리가 되어 땅에 도달한 때이니, 곧 음 속에 음이 있어 그 기는 차갑다. 음이 쌓이면 양을 생성하니, 하나의 양이 두 음 속에서 생성된 것이다.

自冬至之後, 一陽復升, 如前運行不已, 周而復始, 不失於道. 冬至陽生, 上升而還天, 夏至陰生, 下降而還地. 夏至陽升到天, 而一陰來至, 冬至陰降到地, 而一陽來至. 故曰冬至. 陽升於上, 過春分而入陽位以離陰位. 陰降於下, 過秋分而入陰位以離陽位. 故曰春分秋分. 凡冬至陽升之後, 自上而下, 非無陰降也, 所降之陰, 乃陽中之餘陰, 止於陽位中消散而已. 縱使下降得位, 與陽升相遇, 其氣絕矣. 凡夏至陰降之後, 自下而上, 非無陽升也, 所升之陽, 乃陰中之餘陽, 止於陰位中消散而已. 縱使上升得位, 與陰降相遇, 其氣絕矣. 陰陽升降, 上下不出於八萬四千里, 往來難逃於三百六十日, 卽溫涼寒熱之四氣而識陰陽, 卽陽升陰降之八節而知天地. 以天機測之, 庶達大道之緒餘. 若以口耳之學, 較量於天地之道, 安得籌筭而知之乎!

동지로부터 시작하여 일양이 다시 오르는데, 이전과 같은 운행이 그치지 않고 두루 돌아 다시 시작하여 도를 잃지 않는다. 동지에 양이 생성되어 위로 올라 하늘로 돌아가고, 하지에 음이 생성되어 내려가 땅으로 되돌아간다. 하지에는 양이 올라 하늘에 도달하여 일음이 와서 이르고, 동지에는 음이 하강하여 땅에 이르고 일양이 와서 이른다. 그러므로 '동지'라 한다.[1] 양이 위로 올라가면서 춘분을 지나면 양의 자리에 들어가서 음의 자리와 떨어진다. 음이 아래로 내려가면서 추분을 지나면 음의 자리에 들어가서 양의 자리와 떨어진다. 그러므로 '춘분, 추분'이라고 한다. 대체로 동지에 양이 오른 이후에도 위로부터 아래로 음이 내려오지 않는 것은 아니나, 내려오는 음은 바로 양 속에 남은 음으로 양의 자리에서 흩어져 사라질 뿐이다. 설령 내려가 자리를 얻더라도 올라오는 양과 서로 만나게 되면 그 기가 끊어져 버린다. 하지에 음이 하강한 이후에도 아래로부터 위로 양이 오르지 않는 것은 아니나, 오르는 양

1 뒤의 '춘분, 추분'과 비교해 보면, '하지'에 대한 내용이 생략된 듯하다.

은 바로 음 속에 남은 양으로서 단지 음의 자리에 흩어져 사라질 뿐이다. 설령 올라가 자리를 얻더라도 하강하는 음과 만나게 되면 그 기가 끊어져 버린다. 음양의 승강은 오르내림이 팔만 사천 리를 벗어나지 않고, 가고 옴이 삼백육십 일을 벗어나기 어려우니, 따뜻하고 서늘하고 차고 더운 네 가지 기로 음양을 알 수 있고, 양이 오르고 음이 내리는 여덟 절기로 천지를 알 수 있다. 천지의 기틀로 이를 헤아리면 거의 대도의 나머지를 통달할 수 있다. 만약 입과 귀로써 하는 학문으로 천지의 도를 헤아린다면, 어찌 주판으로 계산하여 알 수 있겠는가!

比喩曰: 道生萬物, 天地乃物中之大者, 人爲物中之靈者. 別求於道, 人同天地. 以心比天, 以腎比地, 肝爲陽位, 肺爲陰位. 心腎相去八寸四分, 其天地覆載之間, 比也. 氣比陽, 而液比陰. 子午之時, 比夏至冬至之節. 卯酉之時, 比春分秋分之節. 以一日比一年, 以日用八卦時比八節. 子時腎中氣生, 卯時氣到肝. 肝爲陽, 其氣旺陽升, 以入陽位, 其春分之比也. 午時氣到心, 積氣生液, 夏至陽升到天, 而陰生之比也. 午時心中液生, 酉時液到肺. 肺爲陰, 其液盛陰降, 以入陰位, 其秋分之比也. 子時液到腎, 積液生氣, 冬至陰降到地, 而陽生之比也. 周而復始, 日月循環, 無損無虧, 自可延年.

비유하여 말한다: 도가 만물을 생성함에, 천지는 만물 중에서 큰 것이며, 사람은 만물 중에서 영험한 것이다. 따로이 도에서 구하면, 사람은 천지와 같으니, 심장은 하늘에 비견되고 신장은 땅에 비견되며, 간장은 양의 자리가 되고 폐장은 음의 자리가 된다. 심장과 신장이 서로 떨어진 거리가 팔촌 사푼인 것은 천지가 덮고 싣는 거리와 비견된다. 기는 양에 비견되고 액은 음에 비견된다. 자시와 오시는 하지와 동지의 절기에 비견되고, 묘시와 유시는 춘분과 추분의 절기와 비견된다. 하루를 일 년에 비기면, 하루에 팔괘를 사용하는 것은

일 년의 여덟 절기에 비견된다. 자시에 신장 속에서 기가 생성되고 묘시에 기가 간에 이른다. 간은 양으로서 그 기가 왕성해져 양이 올라가 양의 자리에 들어가니, 이는 춘분에 비견된다. 오시에 기가 심장에 도달하여 기가 쌓여 액을 생성하는데, 이는 하지에 양이 상승하여 하늘에 도달하여 음이 생성되는 것과 비견된다. 오시에 심장 속에서 액이 생성되고, 유시에 액이 폐장에 도달한다. 폐장은 음으로서 그 액이 융성해져 음이 내려가 음의 자리에 들어간 것이니, 이는 추분에 비견된다. 자시에 액이 신장에 도달하여 액이 쌓여 기를 생성하니, 이는 동지에 음이 하강하여 땅에 이르러 양이 생성된 것과 비견된다. 두루 돌아 다시 시작하고 일월처럼 순환하여 덜어지거나 어긋남이 없으면 저절로 수명을 연장할 수 있다.

眞訣曰: 天地之道一得之, 惟人[2]也, 受形於父母, 形中生形, 去道愈遠. 自胎完氣足之後, 六欲七情, 耗散元陽, 走失眞氣. 雖有自然之氣液相生, 亦不得天[3]地之升降. 且一呼元氣出, 一吸元氣入, 接天地之氣, 旣入不能留之, 隨呼而復出, 本宮之氣, 反爲天地奪之. 是以氣散難生液, 液之少難生氣. 當其氣旺之時, 日用卯[4]卦, 而於氣也, 多入少出, 强留在腹. 當時自下而升者不出, 自外而入者暫住, 二氣相合, 積而生五臟之液, 還元愈多. 積日累功, 見驗方止.

『진결』에서 말한다: 천지의 도를 온전히 얻은 것은 오직 인간이지만, 부모로부터 형을 받아서 형 속에서 형이 나오면서 도와 거리가 점점 멀어지게 되었다. 태가 온전해지고 기가 충족해진 이후로부터 육욕과 칠정이 원양을 소모

2 人: 底本에는 '入'으로 되어 있으나, 문맥상 輯要本에 따라 교감하였다.
3 天: 이 앞에 輯要本에는 '如', 『靈寶篇』에는 '同'이 있어, 원문의 내용을 좀 더 명확하게 해준다.
4 卯: 『靈寶篇』에는 '震'으로 되어 있다. '卯'는 東方木으로서 震卦와 연결된다.

시키고 진기를 잃어버리게 한다. 저절로 기액이 서로 생겨남이 있다 하더라도 역시 천지가 승강하는 것과는 같지 못하다. 또한 한 번 내쉬는 숨에 원기가 나가고 한 번 들이쉬는 숨에 원기가 들어와 천지의 기를 접하지만, 이미 들어오면 머물 수 없고 내쉬는 숨을 따라 다시 나가니 본궁의 기는 도리어 천지에 의해 빼앗긴다. 이 때문에 기는 흩어져서 액을 생성하기 어렵고, 액이 적어지면 기를 생성하기 어렵다. 하루 중 기가 왕성한 시기인 묘시를 쓰면서 기를 많이 들어오고 적게 나가게 하여 힘써 배에 머물게 한다. 이때 아래로부터 위로 오르는 것은 나가지 않게 하고 밖에서부터 들어오는 것은 잠시 머물게 하여 두 기가 서로 합해져 쌓이면 오장의 액을 생성하고 환원한 것이 더욱 많아지게 된다. 오랫동안 공을 쌓으면 증험을 보고서 그칠 수 있다.

道要曰: "欲見陽公長子, 須是多入少出. 從他兒女相爭, 過時求取眞的." 乃積氣生液, 積液生氣, 匹配氣液相生之法也. 行持不過一年奪功, 以一並[5]三百日爲期. 旬日之見驗, 進得飮食, 而疾病消除, 頭目淸利, 而心腹空快, 多力少倦, 腹中時聞風雷之聲, 餘驗不可勝紀.

「도요」에서 말한다: "양공의 장자를 보려거든 모름지기 들이는 것은 많고 내는 것은 적게 해야 한다. 저들 남아와 여아가 서로 다툼에 따라 시간이 지나면 참된 것을 구하여 취한다." 이는 곧 기를 쌓아 액을 생하고 액을 쌓아 기를 생하는, 기와 액을 짝으로 하여 서로 생성하는 법이다. 수행을 한 지 1년을 지나지 않아 공을 이루는데, 1년 300일을 기한으로 삼는다. 열흘이 되면 증험이 나타나니, 먹고 마시는 것만으로도 질병이 사라지고, 머리와 눈이 맑고 조화로우며 심장과 뱃속은 텅 비어 상쾌하며, 힘을 많이 써도 적게 피곤하고, 뱃속에는 때때로 바람과 우렛소리가 들리니, 나머지 증험은 이루 말할 수 없다.

---

5 並: 輯要本에는 '歲'로 되어 있다.

解曰[6]: 陽公長子者, 乾索於[7]坤, 如氣升而上也. 兒是氣, 自腎中升. 女是液, 自心中降. 相爭而[8]上下之故, 閉氣而生液[9], 匹配兩停, 過時自得眞水也.

풀이하여 말한다: '양공의 장자'란 건이 곤을 색하는 것으로서 기가 올라 위로 가는 것이다. '남아'는 기이니 신장으로부터 오른다. '여아'는 액이니 심장에서부터 내려간다. '(남아와 여아가) 서로 다투어' 오르고 내리기 때문에, 기를 닫아 액을 생성하고 (액을 쌓아 기를 생성하여) 기액이 서로 짝을 이루어 양쪽에 머물러[10] 시간이 흐른 뒤 저절로 진수를 얻는다.[11]

6 解曰: 이 부분은 「도요」에 대한 주해이다.
7 於: 底本에는 '須'로 되어 있으나, 문맥상 輯要本에 따라 교감하였다.
8 而: 輯要本에는 '兒女'로 되어 있다.
9 液: 輯要本에는 이 뒤에 '液積液而生氣'가 추가로 첨가되어 있다.
10 신장과 심장이 대구를 이루어 양쪽에서 자리를 잡는다는 의미이다.
11 呂全本에는 때때로 본문에 '眞解曰'로 시작되는 주해가 추가되어 있다. 본문을 이해하는 데 참고가 되기에 그 내용을 각주로 제시한다. 이하의 '呂全本 註解' 주석은 모두 이와 같다.
呂全本 註解, "참되게 풀이하여 말한다: 이것은 공부의 처음에 해당한다. 양이 오르고 기가 왕성한 때인 묘시에 천지의 바른 기는 많이 들이마시고 자기의 원기는 적게 내뱉어, 두 기를 서로 합하게 하면 기가 쌓여 액을 생성하고 액이 많아져 기를 생성하니, 이것이 곧 음양을 짝으로 배합하여 기와 액이 서로 생성하는 법이다[眞解曰: 此乃下手之初. 於卯卦陽升氣旺之時, 多吸天地之正氣以入, 少呼自己之元氣以出, 使二氣相合, 氣積而生液, 液多而生氣, 乃匹配陰陽, 氣液相生之法也]."

제2장

취산수화

聚散水火 第二

金誥曰: 所謂大道者, 高而無上, 引而仰觀, 其上無上, 莫見其首. 所謂大道者, 卑而無下, 俛而俯察, 其下無下, 莫見其基. 始而無先, 莫見其前. 終而無盡, 莫見其後. 大道之中而生天地, 天地有高下之儀. 天地之中而有陰陽, 陰陽有始終之數. 一上一下, 仰觀俯察, 可以賾其機. 一始一終, 度數籌筭, 可以得其理. 以此推之, 大道可知矣.

「금고」에서 말한다: 이른바 대도란, 높기로는 그 위가 없어 고개를 젖혀 그 위를 우러러 살펴보아도 끝이 없어 그 최고 지점을 볼 수 없다. 이른바 대도란 낮기로는 그 아래가 없어 허리를 굽혀 살펴보아도 끝이 없어 그 최하지점을 볼 수 없다. 처음에는 앞선 것이 없어 그 앞을 볼 수 없고, 끝에서는 다함이 없어 그 뒤를 볼 수 없다. 대도가 행하는 가운데 천지를 생성하니, 천지에는 높고 낮음의 짝이 있다. 천지가 운행하는 가운데 음양이 있으니, 음양에는 시작과 끝의 도수가 있다. 한 번은 올라가고 한 번은 내려가니, 우러러 살피고 굽혀서 살펴보면 그 기틀을 살필 수 있다. 한 번은 시작하고 한 번은 끝마치니, 운행의 도수를 계산하면 그 이치를 얻을 수 있다. 이것으로 미루어 보면 대도를 알 수 있다.

眞原曰: 卽天地上下之位, 而知天地之高卑, 卽陰陽終始之期, 而知天道之前後. 天地不離於數, 數終於一歲. 陰陽不失其宜, 分[1]於八節. 冬至一陽生, 春分陰中陽半, 過此純陽而陰盡. 夏至陽太極而一陰生[2], 升降如前. 上下終始, 雖不能全盡大道, 而不失大道之體. 欲識大道, 當取法於天地, 而審於陰陽之宜也.

「진원」에서 말한다: 천지상하의 자리에 나아가야 천지의 높고 낮음을 알 수 있고, 음양의 처음과 끝의 시기에 나아가야 천도의 전후를 알 수 있다. 천지는 수에서 떨어지지 않는데, 그 수는 한 해에서 끝난다. 음양이 마땅함을 잃어버리지 않는데, 그 마땅함은 여덟 절기로 나뉜다. 동지에 일양一陽이 생겨나 춘분에 음 가운데 양이 반이 되니, 이때를 지나면 순양이 되어 음은 사라진다. 하지에 양이 크게 극해져서 일음一陰이 생겨나며, 이후 오르고 내림은 이전과 같다.[3] 오르고 내리며 시작하고 끝나는 것이 비록 대도를 온전히 다 드러낼 수는 없지만 대도의 체를 잃지는 않는다. 대도를 알고자 하면, 마땅히 천지에서 법을 취해야 하고, 음양의 마땅함에서 살펴야 한다.

比喩曰: 以心腎比天地, 以氣液比陰陽, 以一日比一年. 日用艮卦比一年用立春之節, 乾卦比一年用立冬之節. 天地之中, 親乎下者爲陰, 自下而上四萬二千里, 乃曰陰位. 冬至陽生而上升, 時當立春, 陽升於陰位中二萬一千里, 是陽難勝於陰也. 天地之中, 親乎上者爲陽, 自上而下四萬二千里, 乃曰陽位. 夏至陰生而下降,

1 分: 輯要本에는 이 앞에 '宜'가 있다.

2 生: 輯要本에는 이 뒤에 "夏至陽太極而一陰生, 秋分陽中陰半, 過此純陰而陽盡. 冬至陰太極而一陽生"이 있다. 집요본이 좀 더 상세하게 내용을 제시하였으나, 의미상 큰 차이는 없다.

3 이 부분을 輯要本의 내용에 따라 풀이하면 다음과 같다. "하지에 양이 크게 극해져서 일음이 생겨나, 추분에 양 가운데 음이 반이 되니, 이때를 지나면 순음이 되어 양은 사라진다. 동지에 음이 크게 극해져서 일양이 생겨나니, 이후 오르고 내림은 이전과 같다."

時當立冬, 陰降而下離天六萬三千里, 去地二萬一千里, 是陰得位而陽絕也. 一年之中立春比一日之時, 艮卦也. 腎氣下傳膀胱, 在液中微弱難升也. 一年之中立冬比一日之時, 乾卦也. 乾卦心液下入, 將欲還元復入腎中, 乃陰盛陽絕之時也. 人之致病者, 陰陽不和, 陽微陰多, 故病多.

비유하여 말한다: 심장과 신장은 천지에 비견되고, 기와 액은 음양에 비견되며, 하루는 일 년에 비견된다. 하루 중에 간괘를 사용하는 것은 일 년 중에 입춘 절기를 사용하는 것에 비견되고, 건괘를 사용하는 것은 일 년 중에 입동 절기를 사용하는 것에 비견된다. 천지 사이에 아랫부분에 친한 것은 음이 되니, 아래로부터 위로 사만 이천 리는 곧 음의 자리이다. 동지에 양이 생겨나 위로 오르는데, 입춘의 때가 되면, 양이 음의 자리 가운데까지 올라 이만 일천 리가 되니, 이때는 양이 음을 이기기 어렵다. 천지 사이에 윗부분에 친한 것은 양이 되니, 위로부터 아래로 사만 이천 리는 곧 양의 자리이다. 하지에 음이 생겨나 아래로 내려가는데, 입동의 때가 되면 음은 내려가 하늘로부터 육만 삼천 리를 떨어지고, 땅과는 이만 일천 리 거리가 되니, 이때는 음이 자리를 얻고 양이 끊어진다. 일 년 중에서 입춘을 하루의 시간에 비견하면 간괘에 해당한다. 이때에는 신장의 기가 내려가 방광에 전해지는데, 액 속에 있어서 미약한 상태여서 오르기 어렵다. 일 년 중에서 입동을 하루의 시간에 비견하면 건괘에 해당한다. 건괘의 때에는 심장의 액이 아래로 들어가 환원하여 다시 신장 속으로 들어가고자 하니, 이는 곧 음이 왕성하여 양이 끊어진 때이다. 사람이 병에 걸리는 것은 음양이 조화하지 못해서이니, 양이 미약하고 음이 많기 때문에 병이 많다.

眞訣曰: 陽升立春, 自下而上, 不日而陰中陽半矣【艮卦氣微丑寅】. 陰降立冬, 自上而下, 不日而陽中陰半矣【乾卦氣散戌亥】. 天地之道如是. 惟人也, 當艮卦氣微, 不知養氣之端, 乾卦氣散,

不知聚氣之理. 日夕以六慾七情, 耗散元陽, 使眞氣不旺, 走失眞氣, 使眞液不生. 所以不得如天地之長久者, 蓋以此矣.

「진결」에서 말한다: 양이 오르는 입춘에는 양이 아래로부터 위로 오르는데 채 하루가 다 가기 전에 음 속에 양이 반이 된다【간괘의 때에는 기가 미약하다. 하루 중에는 축시와 인시에 해당한다】. 음이 내려가는 입동에는 음이 위로부터 아래로 내려오는데 채 하루가 다 가기 전에 양속에 음이 반이 된다【건괘의 때에는 기가 흩어진다. 하루 중에는 술시와 해시에 해당한다】. 천지의 도는 이와 같다. 사람만이 기가 미약한 간괘의 때에 기를 기르는 실마리를 알지 못하고, 기가 흩어지는 건괘의 때에 기를 모으는 이치를 알지 못한다. 낮이나 밤이나 육욕과 칠정으로 원양을 소모시켜 진기가 왕성하지 못하게 하며, 진기를 잃어버려 진액이 생기지 못하게 한다. 천지와 같이 장구할 수 없는 것은 대체로 이러한 이유 때문이다.

故古人朝屯暮蒙, 日用二卦, 乃得長生在世. 朝屯者, 蓋取一陽爲[4]屈, 而未伸之義. 其在我者, 養而伸之, 勿以耗散. 暮蒙者, 蓋取童蒙求我, 以就明棄暗, 乃陰間求陽之義. 其在我者, 昧而明之, 勿以走失.

그러므로 옛사람들은 아침에는 둔괘屯卦 저녁에는 몽괘蒙卦, 하루에 두 괘를 사용하여 이에 세상에서 장생할 수 있었다. 아침에 둔괘를 사용한 것은 대체로 일양이 (아래에 있어) 굽혀서 펴지 않는 뜻을 취한 것이다. 자신에게서 그 의미는, 길러서 그것을 펴되 소모하여 흩어버리지 말라는 것이다. 저녁에 몽괘를 사용한 것은 대체로 동몽이 나에게 구하여[5] 밝음을 취하고 어두움을 버린다는 뜻을 취한 것이니, 곧 음 사이에서 양을 구한다는 뜻이다. 자신에게서

---

4 爲: 輯要本에는 '在下'로 되어 있다.

5 대체로 동몽이 나에게 구하여: 이 구절은 몽괘의 "蒙, 亨. 匪我求童蒙, 童蒙求我, 初筮告, 再三瀆, 瀆則不告. 利貞."에 나온다.

그 의미는, 어두운 것을 밝게 하되 달아나 잃게 하지 말라는 것이다.

是以日出當用艮卦之時, 以養元氣. 勿以利名動其心, 勿以好惡介其意. 當披衣靜坐, 以養其氣, 絕念忘情, 微作導引. 手脚遞互伸縮三五下, 使四體之氣齊生, 內保元氣上升, 以朝於心府. 或咽津一兩口, 搓摩頭面三二十次, 呵出終夜壅聚惡濁之氣. 久而色澤充美, 肌膚光潤【艮卦養元氣】.

이러한 이유로 해가 떠오를 때에는 간괘를 사용하여 원기를 기른다. 이때 이익과 명예로 그 마음을 흔들지 말고, 좋아함과 싫어함으로 그 뜻을 방해하지 말라. 옷을 풀어헤치고 고요히 앉아 그 기를 기르며, 생각과 감정을 끊어 없애고 천천히 도인導引을 행한다. 팔과 다리를 번갈아 펴고 오므리기를 15회 하여 사지의 기가 모두 생기게 하고, 안으로는 원기를 보호하고 상승시켜 심부에 조회하게 한다. 혹 입에 침이 고이면 한두 번 삼키고, 머리와 얼굴을 문지르기를 2,30차례 하며, 밤새 막히고 쌓였던 나쁜 탁기를 후 뱉어낸다. 이러한 도인을 오래도록 하면, 안색이 윤택해지면서 아름답게 되고, 피부가 빛이 나면서 윤택해진다【간괘의 때에 원기를 기른다】.

又於日入用乾卦之時, 以聚元氣. 當入室靜坐, 咽氣搐外腎. 咽氣者, 是納心火於下, 搐外腎者, 是收膀胱之氣於內【乾卦聚元氣】. 上[6]下相合腎氣之火, 三火聚而爲一, 以補暖下田. 無液則聚氣生液, 有液則煉液生氣, 名曰聚火, 又曰太一含眞氣也. 早朝咽津摩面, 手足遞互伸縮, 名曰散火, 又名曰小煉形也.

또 해가 졌을 때에는 건괘를 사용하여 원기를 모은다. 이때 방에 들어가 고요히 앉아 기를 삼키며 외신[고환]을 끌어당긴다. 기를 삼킨다는 것은 심화를 아

6 上: 輯要本에는 이 앞에 '使'가 있다.

래로 거두는 것이고, 외신을 당긴다는 것은 방광의 기를 안으로 수렴한다는 말이다【건괘의 때에 원기를 모은다】. 위아래의 화를 신장의 화와 서로 합하게 하니, 세 화가 모여 하나가 되어 하단전을 따뜻하게 한다. 액이 없으면 기를 모아 액을 생성하고, 액이 있으면 액을 단련하여 기를 생성하니, 이를 '취화[聚火, 화를 모은다]'라고 하고, 또 '태일함진기[太一含眞氣, 태일이 진기를 머금는다]'라고도 한다. 이른 아침에 침을 삼키고 얼굴을 비비며 손과 발을 번갈아 펴고 오므리니, 이를 '산화[散火, 화를 흩트린다]'라고 하고, 또 '소연형[小煉形, 형을 단련하는 낮은 단계의 방법]'이라고도 한다.

道要曰: "花殘葉落深秋, 楊妃懶上危樓. 欲得君民和會, 當時宴罷頻收." 此納心氣而收膀胱氣, 不令耗散, 而相合腎氣, 以接坎卦氣海中新生之氣也. 必以立冬爲首, 見驗方止. 行持不過一年奪功, 以一並[7]三百日爲期. 旬日見驗, 容顏光澤, 肌膚充悅, 下田溫暖, 小便減省, 四體輕健, 精神淸爽, 痼疾宿病, 盡皆消除. 如惜歲月, 不倦行持. 只於匹配陰陽功內, 稍似見驗, 敍入此功. 日用添入艮卦, 略行此法乾卦, 三元用事, 應驗方止【三元, 乾艮震也】.

「도요」에서 말한다: "꽃 지고 잎 떨어져 가을 깊은데 양비[8]가 높은 누대를 느릿느릿 오르네. 임금과 백성이 화합하고자 하니 때가 되면 잔치를 끝내고 상을 치워야 하네." 이는 심장의 기를 거두고 방광의 기를 수렴하여 소모되지 않게 하고, 이를 신장의 기와 서로 합하여 감괘의 때에 기해[9] 가운데에서 새로 생겨나는 기와 접하게 하는 것이다. 반드시 입동을 시작으로 삼아서 증험을 보면 그친다. 수행한 지 일 년이 지나지 않아 공을 이루는데, 일 년 삼백 일을 기한으로 삼는다. 열흘이면 증험이 나타나니, 얼굴은 광택이 나고 피부는

---

7 並: 輯要本에는 '歲'로 되어 있다.
8 楊妃: 아래의 '解曰'에 따르면 陽氣를 의미한다.
9 기해: 통상 인체 중의 세 부위를 가리킨다. 가슴 가운데 부분은 上氣海이고, 하단전은 下氣海이며, 신장을 가리키기도 한다. 여기서는 신장을 의미한다.

고와지며, 하전은 따뜻해지고 소변은 적게 나오며, 사지는 가볍고 건강하며 정신은 밝고 상쾌해지고, 고질병과 오래된 병은 모두 사라진다. 세월이 아깝다면 부지런히 수행하라. 음양을 필배匹配하는 수행을 하는 중에 점차로 중험 비슷한 것이 나타나면 서서히 이 (취산수화의) 수련으로 들어간다. 하루 중에 간괘를 첨가해 들이고, 건괘에는 이 법을 간략히 행한다. 삼원[10]을 사용하여 중험이 응하면 그칠 수 있다【삼원은 건괘, 간괘, 진괘이다】.

解曰: 花殘葉落深秋者, 如人氣弱, 日暮之光, 陽氣散而不升. 故曰懶上危樓. 樓者, 重樓也. 心爲君火, 膀胱民火. 咽氣搐外腎, 使心與外腎氣聚而爲一, 故曰和會. 宴乃咽也, 收乃搐也. 早晨功不絕者, 此法爲主本也.

해석하여 말한다. '꽃 지고 잎 떨어져 가을 깊은데'라는 말은 사람의 기가 미약한 것이 해가 저무는 석양의 빛과 같아 양기가 흩어져 오르지 못한다는 말이다. 그러므로 '느릿느릿 높은 누대에 오른다'고 한 것이다. '누대'란 (목뼈인) 중루重樓이다. 심장은 군화이고 방광은 민화이다. 기를 삼키고 고환을 당겨 심장과 고환의 기를 모아 하나로 만들게 하기 때문에 '화합한다'고 한 것이다. '연회'란 삼키는 것이며, '거둔다'는 것은 당긴다는 것이다. 이른 새벽 수련을 끊을 수 없는 것은 이 취산수화의 법을 주된 근본으로 삼기 때문이다.[11]

---

10 三元: 이와 관련해서는 5장을 참고하라.

11 呂全本 註解, "참되게 풀이하여 말한다: 간괘에는 양기가 미미하다. 그러므로 천천히 도인하여 펴고 오므리며 침을 삼키고 얼굴을 비벼 사지에 화를 흩어 원기를 기른다. 건괘에는 양기가 흩어진다. 그러므로 심기를 삼키고 고환을 당겨 신기와 합하여 삼화가 모여 하나가 되게 하여 원기를 모은다. 그러므로 취산수화라고 하는데, 이는 뿌리를 두텁고 견고하게 하는 것이다. [眞解曰: 艮卦陽氣微. 故微作導引伸縮, 咽津摩面, 而散火於四體, 以養元氣. 乾卦陽氣散. 故咽心氣搐外腎, 以合腎氣, 使三火聚而爲一, 以聚元氣. 故曰聚散水火, 使根厚牢固也.]"

제3장

교구용호
交媾龍虎 第三

金誥曰: 太元初判而有太始, 太始之中而有太無, 太無之中而有太虛, 太虛之中而有太空, 太空之中而有太質. 太質者, 天地也. 天地淸濁, 其質如卵而玄黃之色, 乃太空之中一物而已. 陽升到天, 太極而生陰, 以窈冥抱陽而下降. 陰降到地, 太極而生陽, 以恍惚負陰而上升. 一升一降, 陰降陽升, 與天地行道而萬物生成也.

「금고」에서 말한다: 태원太元이 처음으로 나뉘어 태시太始가 있게 되고, 태시 가운데 태무太無가 있으며, 태무 가운데 태허太虛가 있고, 태허 가운데 태공太空이 있으며, 태공 가운데 태질太質이 있다. 태질이란 천지이다. 하늘은 맑고 땅은 탁하고 그 바탕은 달걀과 같고 검고 누른색이니, 천지는 바로 태공太空 가운에 있는 하나의 물건일 뿐이다. 양이 올라 하늘에 이르러 크게 극해지면 음을 생성하니, 어둑하고 어두운 가운데 양을 껴안고서 내려온다. 음이 내려와 땅에 이르러 크게 극해지면 양을 생성하니, 희미하고 어슴푸레한 가운데 음을 지고서 위로 오른다. 한 번 오르고 한 번 내려감에 음은 내려가고 양은 오르니, 천지와 더불어 도를 행하여 만물이 생성된다.

眞原曰: 天如覆盆, 陽到難升, 地如磐石, 陰到難入. 冬至而地中

陽升, 夏至到天, 其陽太極而生陰. 所以陰生者, 以陽自陰中來. 而起於地, 恍恍惚惚, 氣中有水, 其水無形, 夏至到天, 成水. 是曰陽太極而陰生也. 夏至而天中陰降, 冬至到地, 其陰太極而陽生. 所以陽生者, 以陰自陽中來. 而出於天, 杳杳冥冥, 水中有氣, 其氣無形, 冬至到地, 積水生氣. 是曰陰太極而陽生也.

「진원」에서 말한다: 하늘은 뒤집어진 주발 같아 양이 하늘에 도달하면 더 이상 오르기 어렵고, 땅은 너럭바위 같아 음이 땅에 도달하면 더 이상 들어가기 어렵다. 동지에 땅 속에서 양이 오르기 시작하여 하지에 하늘에 도달하니, 그 양이 크게 극해져서 음을 생성한다. 음이 생성되는 까닭은 양이 음 속에서부터 나왔기 때문이다. 땅에서 일어나 어슴푸레하게 기氣 속에 수水가 있지만 그 수는 형상이 없으며, 하지에 하늘에 도달하여 수를 이룬다. 이를 '양태극이음생陽太極而生陰'이라고 한다. 하지에 하늘에서 음이 내려가기 시작하여 동지에 땅에 도달하니, 그 음이 크게 극해져서 양을 생성한다. 양이 생성되는 까닭은 음이 양 속에서부터 나왔기 때문이다. 하늘에서 나와 어둑어둑하게 수 가운데 기가 있지만 그 기는 형상이 없으며, 동지에 땅에 도달하여 수가 쌓여 기를 생성한다. 이를 '음태극이양생陰太極而陽生'이라고 한다.

比喻曰: 以身外比太空, 以心腎比天地, 以氣液比陰陽, 以子午比冬夏. 子時乃曰坎卦, 腎中氣生, 午時乃曰離卦, 氣[1]到心. 腎氣與心氣相合而太極生液. 所以生液者, 以氣自腎中來, 氣中有眞水. 其水無形, 離卦到心, 接著心氣, 則太極而生液者如此. 離卦心中液生, 坎卦[2]液到腎. 液[3]與腎水相合, 而太極復生於[4]氣. 所以生氣

1 氣: 輯要本에는 이 앞에 '心中液生腎'이 있다.
2 離卦心中液生坎卦: 輯要本에는 '心'으로 되어 있다.
3 液: 輯要本에는 이 앞에 '心'이 있다.
4 於: 輯要本에는 빠져 있다.

者, 以液自心中來, 液中有眞氣. 其氣無形. 坎卦到腎, 接著腎水, 則太極而生氣者如此. 可以比陽升陰降, 至太極而相生. 所生之陰陽, 陽中藏水, 陰中藏氣也.

비유하여 말한다: 몸 밖은 태공에 비견되고, 심장과 신장은 천지에 비견되며, 기와 액은 음양에 비견되고, 자와 오는 동지와 하지에 비견된다. 자시는 곧 감괘로서 신장 속에 기가 생기고, 오시는 곧 리괘로서 기가 심장에 도달한다. 신장의 기와 심장의 기가 서로 합하여 크게 극하여 액을 생성한다. 액을 생성하는 까닭은 기가 신장 속에서 나오는데 기 속에 진수가 있기 때문이다. 그 수는 형체가 없는데 리괘의 때에 심장에 도달하여 심기와 붙으면 크게 극하여 액을 생성하니, '액을 생성하는 것'은 이와 같다. 리괘의 때에 심장에서 액이 생기고, 감괘의 때에 액이 신장에 도달한다. 심장의 액과 신장의 수가 합해지면 크게 극하여 다시 기를 생성한다. 기를 생성하는 까닭은 액이 심장 속에서부터 나오는데 액 속에 진기가 있기 때문이다. 그 기는 형체가 없는데, 감괘의 때에 신장에 도달하여 신수와 붙으면 크게 극하여 기를 생성하니, '기를 생성하는 것'은 이와 같다. 이러한 것은 양이 오르고 음이 내려가 크게 극한 데에 이르러 서로 생성하는 것에 비견할 수 있다. 생성한 바의 음양은 양 속에 간직된 수와 음 속에 간직된 기이다.

眞訣曰: 腎中生氣, 氣中有眞水. 心中生液, 液中有眞氣. 眞水眞氣, 乃眞龍眞虎也. 陽到天而難升, 太極生陰. 陰到地而難入, 太極生陽. 天地之理如此. 惟人也, 不得比天地者, 六慾七情, 感物喪志, 而耗散元陽, 走失眞氣. 當離卦腎氣到心, 神識內定, 鼻息少入遲出, 綿綿若存, 而津滿口勿吐勿咽. 自然腎氣與心氣相合, 太極生液, 以液與眞水相合, 眞氣戀液, 眞水戀氣. 本不相合, 蓋液中有眞氣, 氣中有眞水, 互相交合, 相戀而下, 名曰交姤龍虎. 若以火候無差, 而抽添合宜, 三百日養就眞胎, 而成大藥. 乃煉質焚身, 朝元超脫之本也.

「진결」에서 말한다: 신장 속에서 기가 생성되는데, 그 기 속에 진수가 있다. 심장 속에서 액이 생성되는데, 그 액 속에 진기가 있다. 진수와 진기는 곧 진용과 진호이다. 양이 하늘에 도달하여 더 이상 오르기 어렵게 되면 크게 극하여 음을 생성한다. 음이 땅에 도달하여 더 이상 들어가기 어렵게 되면 크게 극하여 양을 생성한다. 천지의 이치는 이와 같다. 사람만이 천지와 같아지지 못하는 것은, 육욕과 칠정으로 인해 사물에 접촉하여 뜻을 잃어 원양을 소모하고 진기를 잃어버리기 때문이다. 리괘의 때에 신기가 심장에 도달하면, 신식神識[5]은 안으로 안정시키고 코로 숨을 쉬되 적게 들이쉬고 천천히 내쉬면서 마치 끊어질 듯 이어지게 하고, 침이 입에 가득하면 뱉지도 말고 삼키지도 말아야 한다. 이렇게 하면 저절로 신기와 심기가 서로 합해져서 크게 극하여 액을 생성하고, 이 액이 진수와 합해지면, 진기는 액을 연모하고 진수는 기를 연모한다. 기와 액은 본래 서로 합하지 않는데, 액 속에 진기가 있고 기 속에 진수가 있어서 서로 교합하고 서로 사모해 가는 것을, '교구용호交媾龍虎'라고 한다. 만약 화후에 오차가 없고 추첨을 마땅하게 하면 삼백 일 동안 진태를 길러서 대약을 이룬다. 이것이 곧 연질·분신과 조원·초탈하는 근본이다.

道要曰: "一氣初回元運, 眞陽欲到離宮. 捉取眞龍眞虎, 玉池春水溶溶." 此恐泄元氣而走眞水於身外也. 氣散難生液, 液少而無眞氣. 氣水不交, 安成大藥? 當此年中用月, 以冬至爲始, 日中用時, 以離卦爲期. 或以晩年奉道, 根源不固, 自度虛損而氣不足之後, 十年之損, 一年用功補之, 名曰採補還丹. 補之過數, 止行此法, 名曰水火旣濟. 可以延年益壽, 乃曰人仙. 功驗不可備紀. 若補數足, 而口生甘津, 心境自除, 情慾不動, 百骸無病, 而神光暗中自

5 신식(神識): 마음의 작용 혹은 의식을 의미한다.

見, 雙目時若驚電. 以冬至日爲始節, 用法三百日胎仙具.

「도요」에서 말한다: "일기가 처음으로 원운元運[6]을 돌아 진양이 리궁에 도달하려 하네. 진용과 진호를 잡아채니 옥지에 봄물이 샘솟네." 이것은 원기를 누설하여 진수가 몸 밖으로 달아날까 염려한 것이다. 기가 흩어지면 액을 생성하기 어렵고, 액이 적어지면 진기가 없어진다. 기와 수가 서로 사귀지 않았는데 어찌 대약을 이룰까? 이 일 년 중에 월을 쓸 때는 동지를 시작으로 삼으며, 하루 중에 시를 쓸 때는 리괘를 시점으로 삼아야 한다. 혹 늙어서 도를 받들 경우 근원이 견고하지 않으니, 스스로 허하고 비고 기가 부족한 것을 헤아린 후 십년의 손실마다 일년의 수련으로 보충해야 하니, 이를 '채보환단採補還丹'이라고 한다. 보충하는 수련이 일정한 수를 넘어서면 이 수련법을 행하기를 멈추니, 이를 '수화기제水火旣濟'라고 한다. 이렇게 수련하면 수명을 연장할 수 있으니, 이를 인선人仙이라고 한다. 수련의 증험은 갖추어 기록할 수 없이 많다. 만약 보충한 수가 충족되면 입에서 단침이 생성되고 마음의 경계는 저절로 제거되며, 정욕에 움직이지 않고, 온몸에 병이 없으며, 신광神光이 어둠 속에서도 저절로 드러나고, 눈에는 때때로 번개가 번쩍인다. 동짓날을 시작하는 절기로 삼아 이 법을 수련하면 삼백일에 태선이 갖추어진다.

解曰: 在外午時爲離宮, 太陽爲眞陽. 在人心爲離宮, 元陽爲眞陽[7]也. 眞虎乃腎中之水也, 眞龍乃心液中之氣. 口爲玉池, 津爲春水.

해석하여 말한다: 몸 밖에서는 오시가 리궁이고, 태양이 진양이다. 몸 안에서는 심장이 리궁이고 원양이 진양이다. 진호는 곧 신장 속의 수이고, 진용은 곧 심액 속의 기이다. 입이 '옥지'이고 침이 '봄물'이다.[8]

---

6 원운(元運): 원운은 1년 360일을 의미한다.

7 陽: 底本에는 '龍'으로 되어 있으나, 「도요」의 '眞陽'을 설명하는 것이므로 『靈寶篇』에 따라 교감하였다.

8 呂全本 註解, "참되게 풀이하여 말한다: "일기가 처음으로 원운을 도는 것"은 동지를 처음으로 삼는 것인데, 이때가 곧 자월이다. "진양이 리궁에 도달하려 할 때"는 리괘를 시점으로 삼는데, 이때가 곧 오시이다. '진용'이란 심액 속의 기이고, '진호'란 신기 속의 수이니, 기와 수가 서로 합하는 것을 곧 '용효교구'라 한다[眞解曰: 一氣初回元運, 以冬至爲始, 卽子月也. 眞陽欲到離宮, 以離卦爲期, 卽午時也. 眞龍者, 心液中之氣, 眞虎者, 腎氣中之水, 氣水相合, 乃曰龍虎交媾也.]."

제4장

소련단약
燒煉丹藥 第四

金誥曰: 天地者, 大道之形, 陰陽者, 大道之氣.[1] 寒熱溫涼, 形中有氣也, 雲霧雨露, 氣中有象也. 地氣上升, 騰而爲雲, 散而爲雨, 天氣下降, 散而爲霧, 凝而爲露. 積陰過, 則露爲霜, 而雨[2]爲雪. 積陽過, 則霧爲煙, 而[3]雲爲霞. 陰中伏陽, 陽氣不降, 擊摶而生雷霆. 陽中伏陰, 陰氣不凝, 堅固而生雹霰. 陰陽不合, 相對而生閃電, 陰陽不匹配, 亂交而生虹蜺. 積眞陽以成神, 而麗乎天者星辰, 積眞陰以成形, 而壯乎地者土石. 星辰之大者日月, 土石之貴者金玉. 陰陽見於有形, 上之日月, 下之金玉也.

『금고』에서 말한다: 천지란 대도의 형形이고, 음양이란 대도의 기氣이다. 한기·열기·온기·냉기는 형 속에 기가 있는 것이고, 구름·안개·비·이슬은 기 속에 상이 있는 것이다. 지기가 올라가 높이 오르면 구름이 되고 흩어지면 비가 되며, 천기가 내려와 흩어지면 안개가 되고 응결되면 이슬이 된다. 쌓인

---

1 大道之氣: 底本에는 "天地之道"로 되어 있으나, 문맥상 輯要本에 따라 교감하였다.

2 而雨: 底本에는 '而', 輯要本에는 '爲雨', 『靈寶篇』에는 '其雨'로 되어 있다. 문맥상 底本에 착오가 있는 듯하다. 底本의 文形上 輯要本이 합당하나, 앞문장의 "雲霧雨露"을 고려할 때 내용상 『靈寶篇』이 합당하다. 문맥과 세 판본을 참조하여 '而雨'로 校正하였다.

3 而: 底本과 輯要本에는 '爲', 『靈寶篇』에는 '其'로 되어 있다. 문맥과 세 판본을 참조하여 '而'로 校正하였다.

음이 지나치면 이슬은 서리가 되고 비는 눈이 된다. 쌓인 양이 지나치면 안개는 연기가 되고 구름은 노을이 된다. 음 속에 양을 감추어서 양기가 내려오지 못하면, 부딪혀 우레와 천둥을 만든다. 양 속에 음을 감추어서 음기가 응결하지 못하면, 견고해져 우박과 싸라기눈을 만든다. 음양이 화합하지 않고 서로 대립하면 번쩍이는 번개를 만들고, 음양이 필배하지 않고 어지러이 교합하면 무지개를 만든다. 진양을 쌓아 신神을 이루고서 하늘에 매달린 것은 뭇 별이며, 진음을 쌓아 형상을 이루고서 땅에서 강건한 것은 토석土石이다. 별 중에 큰 것은 해와 달이고, 토석 중에 귀한 것은 금과 옥이다. 음양이 형체로 드러난 것 중에, 위에 있는 것은 해와 달이고, 아래에 있는 것은 금과 옥이다.

眞原曰: 陰不得陽不生, 陽不得陰不成. 積陽而神, 麗乎天而大者, 日月也. 日月乃眞陽, 而得眞陰相成也. 積陰而形, 壯於地而貴者, 金玉也. 金玉乃眞陰, 而得眞陽以相生也【戌亥行持, 離卦採藥, 乾卦進火】.

「진원」에서 말한다: 음은 양을 얻지 못하면 생하지 못하고, 양은 음을 얻지 못하면 이루지 못한다. 양을 쌓아 신을 이루어 하늘에 매달린 것 중에 큰 것은 해와 달이다. 해와 달은 곧 진양으로 진음을 얻어서 서로 이루어 간다. 음을 쌓아 형체로 드러나 땅에서 강건한 것 중에 귀한 것은 금과 옥이다. 금과 옥은 곧 진음으로 진양을 얻어서 서로 생해 간다【술시와 해시에 수행한다. 리괘에서는 채약하고 건괘에서는 진화한다】.

比喩曰: 眞陽比心液中眞氣, 眞陰比腎氣中眞水. 眞水不得眞氣不生, 眞氣不得眞水不成. 眞水眞氣旣於離卦, 和合於心上肺下. 如子母之相戀, 夫婦之相愛. 自離至兌, 兌卦陰旺陽弱之時, 比日月之下弦, 金玉之在晦.[4] 至旦[5]數足生明, 金玉以陽生陰, 氣足生寶. 金玉成寶者, 蓋以氣足而進之以陽, 日月生明者, 蓋以數足而

受之以魂. 比於乾卦進火, 鍊陽無衰, 火以加數, 而陽長生也.

비유하여 말한다: 진양은 심액 속의 진기에 비견되고, 진음은 신기 속의 진수에 비견된다. 진수는 진기를 얻지 못하면 생기지 않고, 진기는 진수를 얻지 못하면 이루지 못한다. 진수와 진기는 리괘의 때에 심장의 위, 폐장의 아래에서 화합을 끝낸다. 이는 마치 자식과 어미가 서로 사모하는 것과 같고, 부부가 서로 사랑하는 것과 같다. 리괘로부터 태괘에 이르면, 태괘는 음이 왕성하고 양이 미약한 때이니, 이는 일월의 하현에 비견되고 금옥이 어둠 속에 있는 것에 비견된다.[6] 일월은 초하루 아침에 이르러 수가 갖추어지면 밝음을 생하고,[7] 금옥은 양으로 음을 생성하니 기가 갖추어지면 보배를 생한다. 금옥이 보배가 되는 것은 대체로 기를 충족시키되 나아가기를 양으로 하는 것이고, 일월이 밝음을 생성하는 것은 수를 충족시키되 받기를 혼으로 하기 때문이다. 이는 건괘의 때에 진화進火하면 양을 단련하여 쇠하지 않고 화후로써 수를 더하면 양이 오래 사는 것에 비견된다.

眞訣曰: 離卦龍虎交姤, 名曰採藥. 時到乾卦, 氣液將欲還元, 而生膀胱之上, 脾胃之下, 腎之前, 臍之後, 肝之左, 肺之右, 小腸之右, 大腸之左. 當時脾氣旺而肺氣盛, 心[8]氣絕而肝氣弱. 眞氣本以陽氣相合而來, 旣以陽氣弱, 而眞氣無所戀, 徒勞用工, 而採合必於此時.

「진결」에서 말한다: 리괘의 때에 용호교구를 진행하는데, 이를 채약採藥이라

---

4 晦: 輯要本에는 이 뒤에 '不可用也'가 있고, 『靈寶篇』에는 '晦'가 '璞也'로 되어 있다.

5 至旦: 輯要本에는 '日月以陰成陽', 『靈寶篇』에는 '日月自晦至朔'으로 되어 있다.

6 『靈寶篇』에 따라 풀이하면, "이는 일월의 하현과 같고, 금옥이 갈지 않은 옥돌 속에 있는 것과 같다."가 된다. 輯要本은 "이는 일월의 하현에 비견되고 금옥이 어둠 속에 있어 쓸 수 없는 것에 비견된다."가 된다.

7 『靈寶篇』을 참조해보면, "일월이 빛이 없던 그믐에서 초하루에 이르러 수가 충족되면 빛이 생한다"가 된다. 輯要本은 "일월은 음으로 양을 생성하니, 수가 충족되면 밝음을 생한다."가 된다.

8 心: 『靈寶篇』에는 '腎'으로 되어 있다.

고 한다. 시간이 건괘에 도달하면, 기액은 환원還元하려 하여 방광의 위, 비위의 아래, 신장의 앞, 배꼽의 뒤, 간장의 왼쪽, 폐장의 오른쪽, 소장의 오른쪽, 대장의 왼쪽에서 생겨난다. 이때에는 비장의 기는 왕성해지고 폐장의 기는 성대해지며, 심장의 기는 끊어지고 간장의 기는 약해진다. 진기는 본래 양기와 서로 합해져서 나오는데, 양기가 약해지고 나면 진기가 연모할 바가 없어 헛되이 공을 쓰게 되니, 채취하여 합하는 것은 반드시 이때여야 한다.

神識內守, 鼻息綿綿, 以肚腹微脅. 臍腎覺熱太甚, 微放輕勒, 腹臍未熱緊勒. 漸熱卽守常, 任意放志, 以滿乾坤.[9] 乃曰勒陽關而錬丹藥. 使氣不上行, 以同眞水, 經脾宮, 隨呼吸而搬運於命府黃庭之中. 氣液造化時, 變而爲精, 精變而爲珠, 珠變而爲汞, 汞變而爲砂, 砂變而爲金. 乃曰金丹, 其功不小矣.

신식은 안을 지키고, 코로 숨을 쉬되 끊어질 듯 이어지게 하면서 배를 미미하게 움츠린다. 이때 배꼽과 신장에 매우 뜨거운 열기를 느끼면 미미하게 풀어주고 가볍게 눌러주며, 배와 배꼽에 아직 열기가 있지 않으면 죄어서 눌러준다. 점차로 따뜻해지면 일정하게 지키되 의意에 맡기고 지志는 풀어둬서 건곤을 가득 채운다.[10] 이것을 "늑양관하여 단약을 연성한다[勒陽關而錬丹藥]"라고 한다. 이때 기가 올라가지 못하게 해서 진수와 같이 있도록 하고, 비궁을 경유하여 호흡에 따라 명부命府 황정 가운데로 운반한다. 기와 액이 조화될 때, 기액이 변하여 정이 되고, 정이 변하여 주가 되며, 주가 변하여 홍이 되고, 홍이 변하여 사가 되며, 사가 변하여 금이 된다. 이것을 바로 금단이라 하니, 그 공이 작지 않다.

道要曰: "採藥須憑玉兔【採藥心氣, 玉兔腎水】, 成親必藉黃婆.

---

9 乾坤: 『靈寶篇』에는 '乾之卦'로 되어 있다.
10 『靈寶篇』을 따르면 "건괘의 시간을 다 채우니"가 된다.

等到雍州相見【雍州乾卦】, 奏傳一曲陽歌.”

「도요」에서 말한다: “채약은 반드시 옥토玉兎 에 의지하고 【채약하는 것은 심기이며, 옥토는 신수이다】, 혼인은 반드시 황파黃婆에 의뢰한다. 모두 옹주雍州에 이르러 서로 만나【옹주는 건괘이다】, 양가 한 곡을 연주해 주네.”

此乃與採藥日用對行. 凡以晩年補完十損一補之, 此法名曰鍊汞補丹田. 補之數足, 止於日用離卦採藥, 乾卦燒煉勒陽關.

이것은 채약과 함께 날마다 짝이 되게 수행하는 것이다. 나이 들어서는 십년의 손실을 일년의 수련으로 보충하는데, 이러한 수련법을 “홍을 단련하여 단전을 보한다[鍊汞補丹田]”고 한다. 보완한 수가 충족되면, 날마다 단지 리괘를 써서 채약하고 건괘를 써서 늑양관을 단련한다.

春冬多採少鍊, 乾一而離二, 倍用功也. 秋夏少採多鍊, 離一而乾二, 倍用功也. 隨年月氣旺, 採煉之功驗在前, 可延年住世而爲人仙. 若以補數旣足, 見驗進功, 謹節用功, 採藥一百日藥力全, 二百日聖胎堅, 三百日眞氣生, 而胎仙完. 凡藥力全, 而後進火加數, 乃曰火候. 凡聖胎堅後, 火候加至小周天數.[11] 凡胎圓眞氣生, 火候加至,[12] 乃曰周天火候. 是採藥而交姤龍虎, 煉藥而進火, 方爲入道. 當絶迹幽居, 心在內觀, 內境不出, 而外境不入, 如婦養孕, 龍之養珠. 雖飮食寤寐之間, 語默如嬰兒, 擧止如室女. 猶恐有失有損, 心不可暫離於道也.

봄과 겨울에는 채약을 많이 하고 소련燒煉을 적게 하니, 건괘의 때에 1만큼 수련하면 리괘의 때에 2만큼 수련하여 공을 씀이 배가 되게 한다. 가을과 여름에는 채약을 적게 하고 소련을 많이 하니 리괘의 때에 1만큼 수련하면 건괘의

---

11 數: 輯要本에는 이 뒤에 ‘乃曰小周天’이 있다.

12 至: 輯要本에는 이 뒤에 ‘大周天數’가 있다.

때에 2만큼 수련하여 공을 씀이 배가 되게 한다. 한 해와 한 달의 기가 왕성함에 따라 채약과 소련의 공험이 눈앞에 보이면, 수명을 연장해 세상에 머물러 인선이 될 수 있다. 만약 보충한 수가 이미 충족되고 드러난 징험에 따라 수행을 더해가고 삼가 때에 맞게 공을 쓰면, 채약하여 일백 일에 약의 힘이 온전해지고, 이백 일에 성태聖胎가 견고해지며, 삼백 일에 진기가 생겨나 태선胎仙이 완전해진다. 약의 힘이 온전해진 이후에 진화는 수를 더하니, 이를 '화후'라고 한다. 성태가 견고해진 이후에 화후가 더해져 소주천의 수에 이른다. (이를 '소주천'이라 한다.) 태가 원만해져 진기가 생기고, 화후를 더해 (대주천수에) 이르면 이를 주천화후周天火候라고 한다. 이는 채약하여 용호를 교구하고 약을 단련하여 진화하는 것이니, 바야흐로 도에 들어가게 된다. 이때는 인적이 없는 깊숙한 곳에 거처하면서 마음으로는 내관內觀하여 내경이 드러나지 않게 하고 외경外境이 들어오지 않게 하되, 마치 어미가 아이를 기르듯이, 용이 여의주를 기르듯이 해야 한다. 비록 먹고 마시고 깨어 있고 잠자는 때일지라도, 말하거나 침묵하는 것은 갓난아기같이 하고, 행동거지는 처녀처럼 해야 한다. 이는 손실이 있을까 염려해서이니, 마음이 잠시라도 도에서 떨어져서는 안 된다.

解曰: 藥是心中眞氣, 兎是腎中眞水. 黃婆是脾中液, 和合氣水而入黃庭. 雍州, 乾卦. 勒陽脅腹也, 又曰勒陽關也.

해석하여 말한다: '약'은 심장 속의 진기이고, '토'는 신장 속의 진수이다. '황파'는 비장 속의 액이니, 기와 수를 화합하여 황정에 들인다. '옹주'는 건괘이다. '늑양'은 배를 움츠리는 것[脅腹]으로 '늑양관'이라고도 한다.

右小乘法四門係人仙.

이상은 소승의 네 가지 법문으로 인선과 관계된다.

비전 정양진인 영보필법 상권 끝[秘傳正陽眞人靈寶畢法卷上終]

비전 정양진인 영보필법 중권

秘傳正陽眞人靈寶畢法卷中

장생하면서 죽지 않는 중승의 세 가지 법문中乘長生不死法三門

正陽眞人鍾離權雲房著 정양진인 종리권 운방이 짓고

純陽眞人呂嵒洞賓傳 순양진인 여암 동빈이 전하다

제5장

주후비금정

肘後飛金晶 第五

金誥曰: 陰陽升降, 不出天地之內, 日月運轉, 而在天地之外. 東西出沒, 以分晝夜, 南北往來, 以定寒暑. 晝夜不息, 積日爲月, 魄也.[1] 歲之積月者, 以其律中起呂, 呂中起律也. 日月運行, 以合天地之機, 不離乾坤之數. 萬物生成, 雖在於陰陽, 而造化亦資於日月.

「금고」에서 말한다: 음양의 승강은 천지의 범위를 벗어나지 않지만, 일월의 운행은 천지의 밖에 있다. 동서로 출몰함으로써 낮과 밤이 나뉘고, 남북으로 왕래함으로써 추위와 더위가 정해진다. 밤낮으로 쉬지 않아 하루하루가 쌓여 한 달이 되는 것은 백魄 때문이다.[2] 달이 쌓여 한 해가 되는 것은 그 율 속에 여를 일으키고, 여 속에서 율을 일으키기 때문이다. 일월의 운행은 천지의 기틀에 들어맞기 때문에 건곤의 수를 벗어나지 않는다. 만물의 생성은 비록 음양에 달려 있지만 조화는 역시 일월에 바탕을 둔다.

---

1 晝夜不息~魄也: 輯要本에는 "晝夜不息, 寒暑相推, 積日爲月, 積月爲歲. 月之積日者, 以其魄中藏魂, 魂中藏魄也."로 되어 있다.

2 輯要本에 따라 생략된 부분을 해석하면 뜻이 매끄럽다.

眞原曰: 天地之形, 其狀如卵, 六合於中, 其圓如毬. 日月出沒, 運行一天之上, 一地之下. 上下東西, 周行如飛輪. 東生西沒, 日行陽道, 西生東沒, 月行陰道. 一日之間而分晝夜. 冬至之後, 日出自南而北, 夏至之後, 日出自北而南. 冬之夜, 乃夏之日, 夏之夜, 乃冬之日. 一年之間而定寒暑.

「진원」에서 말한다: 천지의 모습은 그 형상이 알과 같고, 우주 속에서 그 둥글기가 구와 같다. 일월이 출몰하여 운행하는 것은 한 번은 하늘의 위로 한 번은 땅의 아래로 한다. 위와 아래로 동에서 서로, 마치 돌아가는 수레바퀴처럼 두루 운행한다. 동쪽에서 나와 서쪽에서 사라지는 것은 태양이 양도를 다니는 것이고, 서쪽에서 나와 동쪽에서 지는 것은 달이 음도를 다니는 것이다. 이에 따라 하루 사이에서 낮과 밤이 나뉜다. 동지 이후에는 해가 남쪽으로부터 나오다가 북으로 옮겨가고, 하지 이후에는 해가 북쪽에서 나오다가 남쪽으로 옮겨간다. 그러므로, 겨울의 밤은 여름의 낮과 길이가 같고, 여름의 밤은 겨울의 낮과 길이가 같다. 이에 따라 일 년의 사이에 추위와 더위가 정해진다.

日月之狀, 方圓八百四十里. 四尺爲一步, 三百六十步爲一里. 凡八刻二十分爲一時, 十二時爲一日. 一月者三十日, 共三百六十時, 計三千刻一十八萬分也. 且以陽行乾, 其數用九, 陰行坤, 其數用六.

해와 달의 모양은 사방 둘레가 840리이다. 4척이 1보가 되고, 360보가 1리가 된다. 대체로 8각 20분이 1시가 되고, 12시가 1일이 된다. 1달은 30일이니, 도합 360시이고, 3,000각[3]이자 180,000분에 해당한다. 양은 건도[乾]를 행하기 때문에 그 수는 9를 쓰고, 음은 곤도[坤]를 행하기 때문에 그 수는 6을 쓴다.

3 8각 20분에 360을 곱하면 2880각 7200분으로서 대략 3000각이 된다.

魄中魂生, 本自旦日, 蓋其九不對六, 故三日後月魄中生魂. 凡一晝夜一百刻六千分, 魂於魄中, 一進七十里. 六晝夜, 共進四百二十里, 魄中魂半. 乃曰上弦. 又六晝夜, 進四百二十里, 通前共進[4]八百四十里, 魄中魂全, 而陽滿陰位. 乃曰月望. 自十六日爲始, 魂中生魄, 凡六晝夜, 共進四百二十里, 而魂中魄半. 乃曰下弦. 又六晝夜, 進四百二十里, 通前共進八百四十里, 而魂中魄全. 月中尙有餘光者, 蓋六不盡九, 故三日後, 月魄滿宮. 乃曰月晦.

백 속에서 혼이 생기는 것은 본래 초하룻날부터이나 대개 9가 6을 대적하지 못하기 때문에, 삼일 후에야 백 속에서 혼이 생긴다. 대개 하루 낮밤은 100각[5]이자 6,000분으로, 이 하루 동안 혼이 백 속에서 한 번에 70리를 나아간다. 6일의 밤낮 동안에 도합 420리를 나아가 백 속에 혼이 반이 된다. 이를 상현上弦이라고 한다. 또 6일의 밤낮 동안에 420리를 나아가니, 앞서 나아간 것과 함께 계산하면 840리를 나아가 백 속에 혼이 온전해져서 양이 음의 자리를 가득 채운다. 이를 보름[月望]이라고 한다. 십육일부터 시작을 삼아 혼 속에서 백이 생기는데, 대체로 6일 밤낮 동안 도합 420리를 나아가 혼 속에 백이 반이 된다. 이를 하현下弦이라고 한다. 또 6일 밤낮 동안 420리를 나아가니, 앞서 나아간 것과 함께 계산하면 840리를 나아가 혼 속에 백이 온전해진다. 그런데도 달 속에 여전히 남은 빛이 있는 것은 대개 음이 양[6이 9]을 온전히 없애지 못하기 때문이니, 그러므로 삼일 후에야 월백이 궁에 가득해진다. 이를 그믐[月晦]이라고 한다.

月旦之後, 六中起九, 月晦之前, 九中起六. 數有未盡, 而生後有期. 積日爲月, 積月爲歲. 一歲以月言之, 六律六呂. 以六起數, 數

4 進: 底本에는 빠져 있으나, 전후 구문에 모두 있기에 문맥상 輯要本에 따라 보충한다.

5 8각 20분에 12시를 곱하면 96각 240분으로서 대략 100각이 된다.

晝六位, 六六三十六, 陰之成數也. 以日言之, 五日一候, 七十二候, 八九之數, 至重九. 以九起數, 數晝六位, 六九五十四者, 陽之成數也. 一六一九, 合而十五. 十五, 一氣之數也. 二十四氣, 當八節之用, 而見陰陽升降之宜. 一六一九, 以四爲用, 變爲陽數二百一十六, 陰之數一百四十四, 計三百六十之數而足滿周天.

초하루 이후에 6 속에서 9가 일어나고, 그믐 전에 9 속에서 6이 일어난다. 수가 미진함이 있더라도 생겨난 뒤에는 기한이 있다.[6] 날이 쌓여 달이 되고, 달이 쌓여 해가 된다. 한 해를 달로 말하면 (1년은) 6율 6려이다. 6으로 수를 일으키는데 수는 여섯 자리에서 다하기에 육육 36으로서, 이는 음의 성수成數이다. 한 해를 날로 말하면, 5일이 1후이니 (1년인) 72후는 팔구의 수로서 거의 구구의 수에 이른 것이다. 9로 수를 일으키는데 수는 여섯 자리에서 다하기에 육구 54로서, 이는 양의 성수이다. 하나의 6과 하나의 9를 합하면 15가 된다. 15는 1기의 수이다. 24기는 여덟 절기의 쓰임에 해당하며 음양이 오르내리는 마땅함을 드러낸다. 하나의 6과 하나의 9는, 4를 쓰임으로 삼으면, 변화하여 양의 수 216이 되고 음의 수 144가 되니, 도합 360수가 되어[7] 주천周天이 족히 채워진다.

比喩曰: 陰陽升降在天地之內, 比心腎氣液交合之法. 日月運轉在天地之外, 比肘後飛金精之事也. 日月交合, 比進火之法加減. 陽升陰降, 無異於日月之魂魄, 日往月來, 無異於心腎之氣液.

비유하여 말한다: 천지 안에서 음양이 오르내리는 심장과 신장의 기와 액이

---

6 여기서 수가 다하지 않았다는 것은, 그믐 전에 백이 온전히 달을 채웠더라도 9가 완전히 없어지지 않고, 초하루가 시작됐다 하더라도 6이 완전히 없어지지 않았다는 것이다. 그러나 계속해서 남아있는 것이 아니라, 초하루 이후에 9가 일어나고 그믐 전에 6이 일어나면, 3일의 기한 내에 없어진다는 것이다.

7 양의 성수는 54×4=216이며, 음의 성수는 36×4=144이다. 이 둘을 합하면 (216+144=) 360이 된다.

교합하는 법에 비견된다. 천지 밖에서 일월이 운행하는 것은 주후비금정肘後飛金精의 일에 비견된다. 해와 달이 교합하는 것은 진화의 법을 더하고 빼는 것에 비견된다. 음양 승강은 일월의 혼백[의 소식消息]과 다름이 없고, 일월 왕래는 심신의 기액[의 왕래]과 다름이 없다.

冬至之後, 日出乙位, 日沒庚位, 晝四十刻, 自南而北. 冬至之後, 凡九日, 東生西沒, 共進六十分, 至春分, 晝夜停停, 而夏至爲期. 晝六十刻, 日出甲位, 日沒辛位. 夏至之後, 凡九日, 自北而南, 東生西沒, 共退六十分, 至秋分, 晝夜停停, 而冬至爲期. 晝四十刻, 準前後進自南而北, 其數用九也.

동지에는[8] 해가 뜨는 것은 을의 자리이고, 해가 지는 것은 경의 자리인데, 낮 시간은 40각이며 남에서 북으로 (해가 뜨는 위치가) 옮겨간다. 동지 이후에는 9일마다 동쪽에서 나와 서쪽으로 지는 시간이 모두 60분[1각]씩 나아가서 춘분이 되면 낮과 밤의 길이가 같아지고, 하지를 기한으로 삼는다. (하지에는) 낮 시간은 60각이며 해가 뜨는 것은 갑의 자리이고, 해가 지는 것은 신의 자리이다. 하지 이후에는 9일마다 북으로부터 남으로 옮겨가고 동쪽에서 나와 서쪽으로 지는 시간이 모두 60분씩 줄어들어 추분이 되면 낮과 밤의 길이가 같아지고, 동지를 기한으로 삼는다. (동지인) 낮 시간 40각으로부터 전후를 기준으로 하여 남으로부터 북으로 나아가는데 그 수는 9를 쓴다.

月旦之後, 三日魂生. 魂生於魄, 六日兩停, 又六日魂全, 其數用六也. 歲之夏至, 月之十六日, 乃日用離卦之法, 乃人之午時也. 歲之冬至, 月之旦, 乃日用坎卦之法, 乃人之子時也. 天地陰陽升降之宜, 日月魂魄往來之理, 尙以數推之, 交合有序, 運轉無差.

8 원문에는 '冬至之後'라 되어 있지만, 문맥상 이때는 동지 이후라기보다 동지 당일을 의미하며, 이 문장 다음에 나오는 '동지지후'가 '동지 이후'이다.

人之心腎氣液, 肝肺魂魄, 日用雖有節次, 年月豈無加減乎?

초하루 이후 3일 만에 혼이 생겨난다. 혼이 백에서 생겨나 6일이 되면 혼과 백은 반반이 되고, 또 6일이 되면 혼이 온전해지니, 그 수는 6을 사용한다. 한 해 중에 하지는 한 달에서는 16일이니, 하루 중에는 리괘의 법을 쓰는 때이고, 사람에게는 오시에 해당한다. 한 해의 동지는 한 달에서는 초하루이니, 하루 중에는 감괘의 법을 쓰는 때이고, 사람에게는 자시에 해당한다. 천지음양의 오르내림의 마땅함, 일월혼백이 왕래하는 이치를 또한 수로써 미루어 보면 교합에 차례가 있고 운전에 어긋남이 없다. 사람의 심장과 신장의 기액, 간장과 폐장의 혼백에도 날마다 사용함에 차례가 있는데 한 해와 달에 어찌 가감이 없겠는가?

眞訣曰: 坎卦陽生, 當正子時, 非始非終. 艮卦腎氣交肝氣, 未交之前, 靜室中披衣握固, 正坐盤膝. 蹲下腹肚, 須臾升身, 前出胸而微偃頭於後. 後閉夾脊雙關, 肘後微扇一二. 伸腰, 自尾閭穴, 如火相似, 自腰而起, 擁在夾脊, 愼勿開關. 卽時甚熱氣壯, 漸次開夾脊關, 而放氣過關. 仍仰面腦後緊偃, 以閉上關, 愼勿開之. 卽覺熱極氣壯, 漸次入頂, 以補泥丸髓海. 須身耐寒暑, 方爲長生之基.

「진결」에서 말한다: 감괘의 때에 양기가 생겨나니 정자시에 해당하고 시작도 아니고 끝도 아니다. 간괘의 때에 신장의 기가 간장의 기와 교감하는데, 교감하기 전에 고요한 방에서 옷을 풀어헤치고 악고[9]하고서 가부좌를 하고 바르게 앉는다. 배를 웅크리면서 숙였다가 잠시 후에 몸을 일으켜 가슴을 앞으로 내밀고 머리는 약간 뒤로 젖힌다. 다음에는 협척의 쌍관을 닫고 팔꿈치 뒤를 살짝 부채질하듯이 한두 차례 턴다. 그런 다음에 허리를 펴면, 미려혈로부터

9 악고(握固): 엄지손가락을 구부려 집게손가락의 뿌리 부위에 놓고 나머지 네 손가락을 구부려 엄지손가락을 손바닥 안에 들어가게 하는 것.

마치 불타는 듯한 느낌이 나는데, 이 불과 같은 기운이 허리에까지 일어나면 협척에 잡아두고 절대로 관문을 열지 말라. 뜨거움이 심하고 기가 강해지면 점차로 협척관을 열고서 기를 풀어서 관문을 지나게 한다. 이때에 얼굴을 쳐들어 뇌 뒤쪽이 팽팽하게 기울어지게 하여 상관上關을 닫고 절대로 열지 말라. 뜨거움이 극에 달하고 기가 강해지면 점차로 정수리에 들여 니환의 수해髓海를 보충한다. 이렇게 되면 모름지기 추위와 더위를 견디게 되어 바야흐로 장생의 기틀이 된다.

次用還丹之法, 如是前件, 出胸伸腰, 閉夾脊, 蹲而升之. 腰間火不起, 當靜坐內觀, 如法再作, 以至火起爲度, 自丑行之, 至寅終而可止. 乃曰肘後飛金晶, 又曰抽鉛, 使腎氣生肝氣也.

다음에는 환단의 법을 사용하는데, 앞의 방법과 같이 가슴을 앞으로 내밀고 허리를 펴서 협척을 닫고 웅크렸다가 편다. 허리 사이에 불이 일어나지 않으면 고요히 앉아 내관하고, 전과 같은 법을 재차 하는데, 화가 일어남에 이르는 것을 기준으로 삼으며, 축시부터 행하여 인시의 마지막에 이르러 그칠 수 있다. 이를 주후비금정이라고 하고, 또 추연抽鉛이라고도 하니, 신장의 기로 간장의 기를 생하게 하는 것이다.

且人身脊骨二十四節. 自下而上三節, 爲內腎相對. 自上而下三節, 名曰天柱. 天柱之上, 名曰玉京. 天柱[10]之下, 內腎相對, 尾閭穴之上, 共十八節, 其中曰雙關, 上九下九. 當定一百日, 遍通十八節而入泥丸. 必於正一陽時, 坎卦行持, 乃曰肘後飛金晶.

사람 몸의 척추는 스물네 마디이다. 아래로부터 위로 세 마디는 내신內腎과 짝이 된다. 위로부터 아래로 세 마디는 천주天柱라고 한다. 천주의 위는 옥경

---

10 天柱: 底本에는 '玉京'으로 되어 있으나, 문맥상 輯要本에 따라 교감하였다.

玉京이라고 한다. 천주 아래로부터 내신과 상대하는 미려혈의 위까지 모두 열여덟 마디인데, 그 가운데 부분을 쌍관이라고 하니, 위로 아홉 마디가 있고 아래로 아홉 마디가 있다. 백일 동안 수련하면 열여덟 마디에 두루 통하여 니환에 들어간다. 반드시 정일양正一陽의 때인 감괘에 수련을 행하니, 이를 주후비금정이라고 한다.

離卦採藥, 乾卦進火燒藥, 勒陽關. 始一百日, 飛金晶入腦【一百日藥力全】. 三關一撞, 直入上宮泥丸. 自坎卦爲始, 至艮卦方止.

리괘의 때에 채약하고서 건괘의 때에 진화하여 단약을 소련하는 것이 늑양관법이다. (수행하여) 첫 백일이 되면 금정金晶을 날려 뇌에 들어가게 한다【백일이 되면 약의 힘이 온전해진다】. 삼관을 한 번에 뚫어 곧바로 상궁의 니환에 들어간다. 감괘로부터 시작하여 간괘에 이르러 비로소 그친다.

自離卦採藥, 更無[11]腎氣相合, 而肝氣自生心氣, 二氣純陽, 二八陰消. 薰蒸於肺, 而得肺液下降, 包含眞氣. 日得黍米之大, 而入黃庭, 方曰內丹之材. 百日無差藥力全.

리괘에서부터 채약함에 다시 신장의 기를 합함이 없어도 간기가 저절로 심장의 기를 생성하게 되면, 두 기는 순양이 되어 이팔二八의 음은 제거된다. 폐장에서 훈증하여 폐액을 얻어 하강하게 되는데 (그 안에는) 진기를 포함하고 있다. 날마다 기장쌀만한 크기를 얻어 황정에 들이는데, 이를 내단의 재료라고 한다. 백일 동안 어긋나지 않게 하면 약의 힘이 온전해진다.

凡離卦採藥, 用法依時, 內觀轉加精細. 若乾卦進火勒陽關, 自兌卦爲始, 終在乾卦. 如此又一百日之後, 肘後飛金晶, 自坎坐至震

---

11 更無: 輯要本에는 使로 되어 있다.

卦方止. 離卦採藥之時, 法如舊, 以配自坤至乾卦行持, 卽是三百日無差, 聖胎自堅【三百日聖胎自堅】.

리괘의 때에 하는 채약은, 법을 씀은 때에 따라 하되, 내관을 점차로 정밀하고 세밀하게 해야 한다. 건괘의 때에 진화하는 늑양관의 경우에는, 태괘에서 시작하여 건괘에 끝마친다. 이와 같이 하기를 또 일백 일 동안 한 후에는, 주후비금정을 행할 때 감괘에서 앉아서 진괘에 이르러서야 그칠 수 있다. (이때에) 리괘에서 채약할 때, 그 법은 예전과 같이 하고, 이에 짝하여 곤괘에서부터 건괘에까지 (진화 늑양관) 수행을 한다. 삼백 일 동안 어긋남이 없으면 성태가 견고해진다【삼백일이면 성태가 저절로 견고해진다】.

勒陽關法, 自坤卦爲始, 而坐至乾卦方止. 如此又一百日足, 泥丸充實, 返老還童, 不類常人. 採藥就, 胎仙完, 而眞氣生, 形若彈圓, 色同朱橘, 永鎭丹田, 而作陸地神仙.

늑양관법은 곤괘의 때에 시작하여 앉아서 건괘에 이르러야 그칠 수 있다. 이와 같이 하여 또 일백일이 충족되면, 니환이 충실해져 늙음을 돌이켜 아이로 돌아가니, 일반 사람들과 같지 않게 된다. 채약이 이루어지면 태선이 완전해져 진기가 생성되는데, 태선의 형태는 탄환과 같고 색깔은 붉은 귤과 같으니, 영원히 단전을 지켜서 육지신선을 이룬다.

三百日後行持, 至離卦罷採藥, 坤卦罷勒陽關, 卽行玉液還丹之道. 故自冬至後, 方曰行功, 三百日胎完氣足, 而內丹就, 眞氣生. 凡行此法, 方爲五行顚倒, 三田返覆.

삼백 일이 지난 후 수행은, 리괘의 때에 채약을 그만두고, 곤괘의 때에 늑양관을 그만두고서 바로 옥액환단의 도를 행한다. 그러므로 동지 이후부터 해나가고 바야흐로 행공行功이라 말하니, 삼백 일에 태가 완전해지고 기가 충족되어 내단이 성취되고 진기가 생성된다. 무릇 이 법을 행하는 것은 바로 오행전도五行顚倒와 삼전반복三田返覆이다.

未行功以前, 先要匹配陰陽, 使氣液相生, 見驗方止. 次要聚散水火, 使根源牢固, 而氣行液注, 見驗方止. 次交姤龍虎, 燒煉丹藥, 使採補還丹, 而煅煉鉛汞, 見驗方止. 十損一補之數足, 而氣液相生, 見驗方止. 上項行持, 乃小乘之法, 自可延年益壽.

아직 행공을 시작하기 이전에, 먼저 음양을 필배하여 기액이 서로 생성하게 하여, 증험이 나타나면 그친다. 다음으로는 수화를 모으고 흩어서 근원을 견고하게 하고, 기가 가고 액이 흐르게 하여 증험이 나타나면 그친다. 다음으로는 용호를 교구하고 단약을 소련하여 채보환단하여, 연홍鉛汞을 소련하게 하여 증험이 나타나면 그친다. 십 년의 손실을 일 년의 보충으로 하여 수가 충족되고, 기와 액이 서로 생성하여, 증험이 나타나면 그친다. 이상의 수행법은 소승의 법으로 저절로 수명을 연장해 오래 살 수 있다.

若以補完堅固, 見驗方止, 方可年中擇月, 冬至之節, 月中擇日, 甲子之日, 日中擇時, 坎離乾卦三時爲始. 一百日自坎至艮, 自兌至乾. 二百日後, 自坎至震, 自坤至乾. 凡此下功, 必於幽室靜宅之中, 以遠婦人女子, 使雞犬不聞聲, 臭穢不入鼻, 五味不入口, 以絕七情六慾, 飮食多少, 寒熱有度. 雖寤寐之間, 而意恐損失. 行功不勤, 難成於道. 如是三百日, 看應驗如何.

원기를 보완함이 완전하고 견고해져 증험이 나타나서 그칠 수 있으면, (주후비금정 수련을 하는데) 한 해 중에 달을 택함은 동지로 하고, 한 달 중에 하루를 택함은 갑자일로 하고, 하루 중에 시를 택함은 감괘, 리괘, 건괘의 세 시간을 시작으로 삼을 수 있다. 일백일 동안의 수련은 감괘로부터 간괘에 이르고, 태괘로부터 건괘에 이르러야 한다. 이백일 이후의 수련은 감괘로부터 진괘에 이르고, 곤괘로부터 건괘에 이르러야 한다. 이 행공을 행할 때에는 반드시 고요하고 깨끗한 방에서 부인과 여자를 멀리하고, 닭과 개의 소리가 들리지 않게 하며, 더러운 냄새가 코에 들어오지 않게 하며, 오미가 입에 들어오지 않게 하며, 칠정과 육욕을 끊고, 음식의 많고 적음 추위와 더위가 절도가 맞아야 한다. 비록 잠을 자는 사이에도 뜻을 잃어버릴까 근심해야 한다. 행공을 부지런히 하지 않으면 도를 이루기 어렵다. 이와 같이 삼백일을 해야 상응하는 어떠한 증험을 볼 수 있다.[12]

道要曰: "日月並行復卦【子時】, 蹲升數日開關. 貪向楊州聚會【離卦交姤】, 六宮火滿金田【乾宮】."

「도요」에서 말한다: "해와 달이 동시에 복괘에서 운행하니【자시이다】, 움츠렸다 일으키기를 여러 날 동안 하여 관문을 여네. 양주에서 만나기를 탐하니【리괘의 때에 교구하는 것이다】, 육궁에서 불이 금전을 채운다【건궁이다】."

解曰: 日月並行復卦者, 一陽生時, 在日爲子時, 在年爲冬至也, 所謂擇月擇日時也. 蹲升已在前法. 說數日, 是定一百日. 開關是先開中關, 次開上關. 貪向楊州聚會者, 在人爲心, 在日爲午時, 在卦爲離. 聚會者, 眞陰眞陽交姤, 故曰採藥. 乾爲六宮, 火是氣也. 勒陽關而聚氣, 以肺爲金而下腎之下田. 故曰火滿金田, 乃乾卦行勒陽關, 聚火下田矣.

해석하여 말한다: '해와 달이 동시에 복괘에서 운행한다'는 것은, 일양이 생기는 때는 하루 중에서는 자시이고, 한 해 중에서는 동지임을 말하니,

12 呂全本 註解, "참되게 풀이하여 말한다: 이것이 바로 삼원용법이다. 감괘 비금정은 하단전에서 되돌려 상단전으로 가게 하는 것이고, 리괘 채약은 하단전에서 되돌려 중단전에 가게 하는 것이며, 건괘 늑양관은 중단전에서 하단전으로 되돌리는 것을 말한다. 이는 또한 삼전반복이라고도 한다[眞解曰: 此乃三元用法, 謂坎卦飛金晶, 下田返上田也. 離卦採藥, 下田返中田也, 乾卦勒陽關, 中田返下田也. 亦曰三田返復]."

이른바 달을 택하고 날과 시를 택하는 것이다. '움츠렸다가 일으킨다'는 것은 이미 앞의 법에 있다. '여러 날'이라 말한 것은 정확히 백일이다. '관을 여는 것'은 먼저 중관을 열고, 다음에 상관을 연다. '양주에서 만나기를 탐한다'는 것은 사람의 몸에서는 심장이고, 하루 중에서는 오시이고, 괘에서는 리괘이다. '만난다는 것'은 진음과 진양이 교구하는 것이니, 채약을 말한다. 건괘가 '육궁'이고, '화'는 기이다. 늑양관하여 기를 모으는데, 폐장은 '금'이고 ('전'은) 신장의 하전이다. 그러므로 '불이 금전을 채운다'는 것은 바로 건괘에 늑양관을 행하여 하전下田에 화를 모으는 것이다.

"終南路上逢山, 升身頻過三關. 貪向楊州聚會, 爭如少女燒天!"
"종남으로 가는 길에서 산을 만나니, 몸을 세워서 자주 삼관을 지나네. 양주에서 만나기를 탐하니, 어찌 소녀가 하늘을 태우지 않겠는가!"

解曰: 終南者, 聖人隱意在中男也, 中男卽坎卦. 艮爲山, 山是艮卦飛金晶, 至巽卦方入第二百日, 下功之時. 升身頻過三關, 貪向楊州聚會, 說已在前. 爭如少女燒天者, 少女是兌卦也, 勒陽關至乾卦而方止也.
해석하여 말한다: '종남'이란, 성인이 숨긴 뜻이 중남에 있다는 것이니, 중남은 곧 감괘이다. 간괘가 산이니, '산'은 간괘의 비금정이다. 손괘에 이르러 바야흐로 이백 일째에 들어가 수행하는 때이다. '몸을 세워서 자주 삼관을 지난다'와 '양주에서 만나기를 탐한다'는 이미 앞에서 말했다. '어찌 소녀가 하늘을 태우지 않겠는가'라는 것은, 소녀는 태괘이니 늑양관을 건괘에 이르러 비로소 그친다는 것이다.

"兗州行到徐州, 起來走損車牛. 爲戀九州歡會, 西南火入雍州."
"연주에서 서주까지 가는데, 일어나 달리니 수레와 소를 잃어버린다. 그리워하는 것은 구주의 기쁜 모임이니 서남쪽에서 화가 옹주로 들어가네."

解曰: 兗州, 艮卦. 徐州, 巽卦. 自艮卦飛金晶, 至巽卦方止也. 起來走損車牛, 車爲陽, 牛爲陰, 是夾脊一氣飛入泥丸也. 九州在人爲心, 在日爲午時, 與前採藥同也. 西南, 坤卦也. 雍州, 乾卦也. 勒陽自坤至乾方止, 第三百日下功之時也.

해석하여 말한다: '연주'는 간괘이다. '서주'는 손괘이다. 간괘의 때부터 비금정을 행하여 손괘에 이르러 그친다. '일어나 달리니 수레와 소를 잃어버린다'에서 '수레'는 양이고 '소'는 음이니, 이는 협척에서 기를 날려 니환에 들어가게 하는 것이다. '구주'는 사람의 몸에서는 심장이고, 하루 중에서는 오시이니, 앞서의 채약과 같다. '서남'은 곤괘이다. '옹주'는 건괘이다. 늑양은 곤괘로부터 건괘에 이르러 비로소 그치니, 삼백일째에 (이르는) 수행에 들어가는 때이다.[13]

此是日用事, 乃曰三元用法. 飛金晶入腦下田返上田, 採藥下田返中田, 燒藥進火中田返下田, 乃曰三元用事. 中乘之法, 已是地仙, 見驗方止. 始覺夢寐多有驚悸, 四肢六腑有疾不療自愈. 閉目暗室中, 圓光如蓋, 周匝圍身. 金關玉鎖封固堅牢, 絕夢泄遺漏. 雷鳴一聲, 關節氣通. 夢寐若抱嬰兒歸, 或若飛騰自在. 八邪之氣不能入, 心境自除以絕慾, 內觀則朗而不昧. 晝則神采淸秀, 夜則丹田自暖. 上件皆是得藥之驗, 驗旣正, 當謹節用功, 以前法加添.

---

13 呂全本 註解, "참되게 풀이하여 말한다: 이는 바로 삼백 일째의 공부로서 비금정의 법은 간괘로부터 일으켜 손괘에서 그친다. '구주에서 모인다'는 것은 앞서의 채약과 같다. 늑양관은 곤괘로부터 건괘에 이르러 그친다[眞解曰: 此乃第三百日之功, 飛金晶之法, 起艮而止巽也. 九州聚會, 採藥如前. 勒陽關, 則自坤至乾而止也]."

三百日胎仙圓胎. 圓之後, 方用後功.

이는 하루 동안 수련하는 일이니, 곧 삼원용법三元用法이라 한다. 비금정하여 뇌로 들어가는 것은 하전에서 상전으로 되돌리는 것이요, 채약은 하전에서 중전으로 되돌리는 것이요, 소약 · 진화는 중전에서 하전으로 되돌리는 것이니, 이를 삼원용사三元用事라 한다. 중승의 법은 이미 지선의 단계이니 증험을 보고 바야흐로 그친다. 처음에는 꿈꾸는 것을 자각하여 놀라는 일이 많이 있고, 몸의 안팎에 병이 생기더라도 치료하지 않아도 저절로 낫는다. 어두운 방에 눈을 감고 있으면 일산 같은 둥근 빛이 몸의 주위를 둘러싼다. 금관과 옥쇄는 견고하게 봉해져서 몽설과 유루가 끊어진다. 천둥소리가 울리면서 관절에 기가 통한다. 꿈 속에서 영아를 안고 돌아오기도 하고, 마음대로 날아오르기도 한다. 여덟 가지의 삿된 기가 들어올 수 없고, 마음의 경계가 저절로 제거되어 욕망을 끊으며, 내관하면 환하여 어둡지 않다. 낮에는 정신이 맑으며 밤에는 단전이 저절로 따뜻해진다. 이상의 일은 모두 약을 얻은 증험이니, 증험이 이미 바르면 절기를 지켜 공을 행하여 앞의 법에 첨가한다. 삼백 일이 되면 태선이 원만한 태가 된다. 원만하게 된 후에 바야흐로 다음 공을 행한다.

제6장

옥액환단

玉液還丹 第六

玉書曰: 眞陰眞陽, 相生相成. 見於上者, 積陽成神. 神中有形, 而麗乎天者, 日月也. 見於下者, 積陰成形. 形中有神, 而麗乎地者, 金玉也. 金玉之質, 隱於山川, 秀媚之氣浮於上, 而日月交光. 草木受之, 以爲禎祥. 鳥獸得之, 以爲異類耳.

「옥서」에서 말한다: 진음과 진양은 서로 생성한다. 위에서 드러나는 것은 양을 쌓아 신神을 이룬다. 신 중에 형形이 있으면서 하늘에 붙어 있는 것은 해와 달이다. 아래에서 드러나는 것은 음을 쌓아 형을 이룬다. 형 중에 신이 있으면서 땅에 붙어 있는 것은 금과 옥이다. 금옥의 바탕은 산천에 숨겨져 있는데, 수려한 기가 위로 떠올라 해와 달의 빛과 섞인다. 초목이 이것을 받으면 상서로운 것이 되고, 조수가 이것을 얻으면 기이한 류가 된다.

眞原曰: 陽升到天, 太極生陰, 陰不足而陽有餘, 所以積陽生神. 陰降到地, 太極生陽, 陽不足而陰有餘, 所以積陰生形. 上之日月, 下之金玉, 眞陽有神, 眞陰有形. 其氣相交而上下相射, 光盈天地, 則金玉可貴者, 良以此也. 是知金玉之氣凝於空, 則爲瑞氣祥煙, 入於地則變醴泉芝草. 人民受之而爲英傑, 鳥獸得之而生奇異.

蓋金玉之質雖產於積陰之形, 而中抱眞陽之氣, 又感積陽成神之日月, 眞陰眞陽之下射而寶凝矣.

「진원」에서 말한다: 양이 올라가 하늘에 이르러 극에 달하면 음을 생성하는데, 음은 부족하고 양은 넉넉하기 때문에 양이 쌓여 신이 생긴다. 음이 내려와 땅에 이르러 극에 달하면 양을 생성하는데, 양은 부족하고 음은 넉넉하기 때문에 음이 쌓여 형이 생긴다. 위에 있는 일월과 아래에 있는 금옥은, 진양에 신이 있는 것이고 진음에 형이 있는 것이다. 그 기가 서로 섞이고 위로 아래로 서로 쏘아내어 빛이 천지에 가득 차니, 금옥이 귀한 것은 참으로 이 때문이다. 이것으로 다음을 알 수 있다. 금옥의 기가 허공에서 엉기면 서기와 상연이 되고, 땅에 들어가면 예천과 지초로 변한다. 사람이 받으면 영걸이 되고, 조수가 얻으면 기이한 류를 낳는다. 이는 금옥의 바탕이 비록 음이 쌓인 형에서 나오지만, 속에 진양의 기를 포함하기 때문이며, 또 양이 쌓여 신을 이룬 일월과 감응하여 진음과 진양이 아래로 쏘여 보배가 엉기기 때문이다.

比喩曰: 積陰成形而內抱眞陽以爲金玉, 比於積藥而抱眞氣以爲胎仙也. 金玉之氣入於地而爲醴泉芝草者, 比於玉液還丹田也. 金玉之氣凝於空而爲瑞氣祥煙者, 比於氣鍊形也. 凡金玉之氣冲於天, 隨陽升而起. 凡金玉之氣入於地, 隨陰降而還. 旣隨陰陽升降, 自有四時可以液還丹田. 氣鍊形質, 而於四時加減一日改移也.

비유하여 말한다: 음이 쌓여 형을 이루면서 안에 진양을 포함하여 금옥이 되는 것은 약을 쌓고 진기를 포함하여 태선이 되는 것에 비견된다. 금옥의 기가 땅에 들어가 예천과 지초가 되는 것은 옥액이 단전으로 돌아가는 것에 비견된다. 금옥의 기가 허공에서 엉겨 서기와 상연이 되는 것은 기로 형을 단련하는 것에 비견된다. 금옥의 기가 하늘에 어리는 것은 양이 오름에 따라 일어나기 때문이다. 금옥의 기가 땅에 들어가는 것은 음이 내려감에 따라 돌아가기 때문이다. 이미 음과 양을 따라 오르내리고 나면 저절로 사계절에 따라 액을

단전으로 돌아가게 할 수 있다. 기로 형질을 단련하는데 사계절에 따라 가감하여 하루 중에 수련하는 시간을 옮긴다.

眞訣曰: 採補見驗, 年中擇月, 月中擇日, 日中擇時. 三時用事, 一百日藥力全, 二百日聖胎堅, 三百日眞氣生, 胎仙圓. 謹節用功, 加添依時, 三百日數足之後, 方行還丹鍊形之法.

『진결』에서 말한다: 채보하여 증험을 보면, 일 년 중에 달을 택하고, 한 달 중에 날을 택하고, 하루 중에 시를 택한다. 하루 중 세 번의 때에 수련을 하는데, 일백 일이 지나면 약의 힘이 온전해지고, 이백 일이 지나면 성태가 견고해지고, 삼백 일이 지나면 진기가 생기고, 태선이 원만해진다. 삼가 법도를 지켜 수련법을 쓰고 때에 맞춰 법을 첨가하여, 삼백 일을 다 채운 후에 바야흐로 환단연형還丹鍊形의 법을 행한다.

凡用艮卦飛金晶入腦, 止於巽卦而已, 此言畢金晶三百日後也【離罷採】. 離卦罷採藥, 坤卦罷勒陽關. 只此兌卦下手勒陽關, 至乾方止. 旣罷離卦, 添入咽法鍊形. 咽法者, 以舌攪上齶兩頰之間, 先咽了惡濁之津. 次退舌尖, 以滿玉池[1], 津生不漱而咽.

간괘의 때에 비금정하여 뇌로 들어가고 손괘에 이르러 멈추는데, 이것은 비금정 수련을 삼백 일 마친 후를 말한다【리괘의 때에 채약을 그만둔다】. 리괘의 때에 채약을 그만두고, 곤괘의 때에 늑양관을 그만둔다. 다만 태괘의 때에 늑양관을 착수하여 건괘의 때에 이르러 그칠 뿐이다. 리괘의 때에 (채약을) 그만두고 나면 (하루 중에) 연법연형을 첨가해 넣는다. 연법이란, 혀로 양뺨 사이의 윗잇몸[2]을 휘저어 먼저 더럽고 탁한 침을 삼킨다. 다음에는 혀끝을 말

1 玉池: 일반적으로 입을 지칭하는 말이다. 화지(華池)라고도 한다. 『鐘呂傳道集·論水火』에 따르면 입 속에 차 있는 진액을 의미한다.

2 '上齶'은 입천장으로 해석할 수도 있다.

아서 입안에 가득하게 침이 생기면 헹구지 않고 삼킨다.

凡春三月, 肝氣旺而脾氣弱, 咽法日用離卦. 凡夏三月, 心氣旺而肺氣弱, 咽法日用巽卦. 以舌滿上下, 而玉池雙收兩頰虛咽爲法. 凡秋三月, 肺氣旺而肝氣弱, 咽法日用艮卦. 凡冬三月, 腎氣旺而心氣弱, 咽法日用震卦【飛金晶法, 咽亦不妨】.

봄의 3개월 동안에는 간장의 기는 왕성하고 비장의 기는 약하므로 연법은 하루 중에 리괘의 때에 한다. 여름 3개월 동안에는 심장의 기는 왕성하고 폐장의 기가 약하므로 연법은 하루 중에 손괘에 한다. 혀로 위아래를 가득 휘저으며[3] 입 속에서 양 볼을 오무려 아무런 침이 없이 그냥 삼키는 것[虛咽]을 법으로 삼는다. 가을의 3개월 동안에는 폐장의 기는 왕성하고 간장의 기는 약하므로 연법은 하루 중에 간괘의 때에 한다. 겨울의 3개월 동안에는 신장의 기는 왕성하고 심장의 기는 약하므로 연법은 하루 중에 진괘의 때에 한다【비금정을 하면서 연법을 행하여 삼켜도 괜찮다】.

凡四季之月, 脾氣旺而腎氣弱. 人以腎氣爲根源, 四時皆有衰弱. 每四時季月之後十八日, 咽法日用兌卦, 仍與前咽法者並用之. 獨於秋季, 止用兌卦咽法, 而罷艮卦之功. 凡以咽法, 先依前法而咽之. 如牙齒玉池之間而津不生, 但以舌滿上下而閉玉池收兩頰, 以虛咽而爲法止咽氣, 氣中自有水也.

사계절의 마지막 달에는 비장의 기가 왕성해지고 신장의 기가 약해진다. 사람은 신장의 기를 근원으로 삼기 때문에 사계절 모두 쇠약해질 때가 있다. 사계절의 마지막 달의 끝 18일 동안의 연법은 하루 중에 태괘의 때에 하고, 이전에 하던 연법도 함께 행한다. 다만 가을에는 오직 태괘의 때에만 연법을 하고

---

3 이 구절은 『靈寶篇』에는 "舌攪滿上下"로 되어 있다.

간괘의 때에 하는 연법은 그만둔다. 모든 연법은 우선 앞서 했던 법에 따라 삼킨다. 만일 치아와 입 안 사이에 침이 안생기면, 다만 혀로 위 아래를 가득 휘저으며 입을 닫고 양 볼을 오무려 아무런 침이 없이 그냥 삼키는 것을 법으로 삼아 오직 기를 삼키는데, 기 속에 본래 수가 있기 때문이다.

咽氣如一年【三十六次至四十九次】爲數, 又次一年【八十一次又一百八十一次】爲見驗, 乃玉液還丹之法. 行持不過三年, 灌漑丹田, 沐浴胎仙, 而眞氣愈盛. 若不行此玉液還丹之法, 而於三百日養就內丹, 眞氣纔生, 艮卦飛金晶, 一撞三關, 上至泥丸, 當行金液還丹之法. 自頂中前下金水一注, 下還黃庭, 變金成丹, 名曰金丹.

기를 삼키는 것이 일 년【36번에서 49번에 이른다】에 수를 채우게 되면, 또 다음 일 년【81번에서 또 181번】에 증험을 보게 되는데, 이것이 바로 옥액환단의 법이다. 수련하기를 3년이 되지 않아, 단전에 물을 대고 태선을 목욕시켜서 진기가 더욱 성해진다. 만약 옥액환단의 법을 행하지 않는 경우에는, 삼백 일에 내단을 이루고 진기가 생기자마자 간괘의 때에 비금정을 행하여 한 번에 삼관을 쳐서 위로 올라가 니환에 이르면, 금액환단의 법을 행해야 한다. 정수리 가운데서 앞으로 금수 한 줄기가 내려와 황정으로 돌아가서 금이 변해 단을 이루니, 금단金丹이라고 한다.

行金液還丹, 當於深密幽房, 風日凡人不到之處. 燒香疊掌, 盤膝坐. 以體蹲而後升, 纔覺火起, 正坐絕念忘情, 內觀的確艮卦飛金晶入頂. 但略昂頭偃項, 放令頸下如火, 方點頭向前, 低頭曲項. 退舌尖進後, 以抵上齶, 上有清冷之水, 味若甘香, 上徹頂門, 下通百脈. 鼻中自聞一種眞香, 舌上亦有奇味. 不漱而咽下, 還黃庭, 名曰金液還丹.

금액환단을 행할 때에는, 깊숙하고 은밀한 방에서, 바람과 햇빛 그리고 범인이 닿지 않는 곳에서 행해야 한다. 향을 피우고 손을 포개고서 가부좌를 틀고 앉는다. 몸을 웅크렸다가 일으켜서 화가 일어나는 것을 느끼면 바르게 앉아 잡념을 끊고 정을 잊고서, 내관하여 정확하게 간괘의 때에 비금정하여 정수리로 들어가게 한다. 다만 약간 머리를 쳐들어 목덜미를 기울였다가 풀어줘서 목 아래가 불이 난 듯하면, 점차 머리를 앞으로 향하게 하여 머리를 숙이고 목덜미를 굽힌다. 혀끝을 구부려 뒤로 나아가 윗잇몸에 붙이면 위에서 맑고 시원한 물이 생기는데 맛은 단 향과 같으니, 위로는 정문[4]에 통하고 아래로는 백맥에 통한다. 코에서는 저절로 일종의 진향이 나고, 혀에서도 기이한 맛이 난다. 헹구지 않고 삼켜서 아래로 황정으로 돌려보내니, 이를 금액환단이라 한다.

春夏秋冬不拘時候. 但於肘後飛金晶入腦之後, 節次行此法, 自艮至巽而已. 晩間勒陽關法, 自兌至乾而已. 凡[5]行此法謹節, 勝及前方, 可得成志意, 止於煉形住世長生不死而已, 不能超脫也.
봄·여름·가을·겨울 사계절의 절기에 구애받지 않는다. 다만 주후비금정을 행하여 뇌에 들어간 뒤에 절차에 따라 이 법을 행하는데, 간괘의 때에 시작하여 손괘의 때에 그친다. 저녁에 하는 늑양관법은 태괘의 때에 시작하여 건괘의 때에 그친다. 무릇 이 법을 삼가 절도에 맞게 행하고 앞서 했던 방법들을 감당해내기만 한다면, 뜻을 이룰 수는 있으나, 오직 형체를 단련하여 세상에 머물며 죽지 않고 오래 살 뿐이지 초탈할 수는 없다.

道要曰: "識取五行根蔕, 方知春夏秋冬. 時飮瓊漿數盞, 醉歸月殿遨遊."

---

4 頂門: 머리 위에 있는 정수리, 숨구멍이 있는 자리를 말한다.
5 凡: 底本에는 '尺'으로 되어 있으나, 문맥상 輯要本에 따라 교정하였다.

「도요」에서 말한다: "오행의 뿌리를 알아 취하여야 바야흐로 춘하추동을 알 수 있네. 때때로 경장[6] 여러 잔을 마시고 취하여 월전으로 돌아가 노니네."

解曰: 識取五行根蔕者, 爲到五行相生相尅, 而用卦時不同, 以行咽法. 方知春夏秋冬, 改移有時候也. 瓊漿, 玉液也. 月殿, 是丹田. 醉, 則咽多也.

해석하여 말한다: '오행의 뿌리를 알아 취한다'란, 오행이 상생하고 상극하는 데 이르러 괘의 때를 씀이 같지 않게 되어 연법을 행하는 것이다. '바야흐로 춘하추동이 안다'란 옮겨감이 때와 절후가 있다는 것이다. '경장'은 옥액이다. '월전'은 바로 단전이다. '취한다'는 것은 많이 삼킨다는 말이다.

"東望扶桑未曉, 後升前偃[7]無休. 驟馬遨[8]遊宇宙, 長男只到楊州."

"동쪽으로 부상[9]을 바라보니 아직 밝지 않았는데, 뒤로 올리고 앞으로 눕히기를 그치지 않네. 말을 몰아 우주에서 노니는데, 장남만을 다만 양주에 이르게 하네."

解曰: 東望扶桑未曉者, 日未出艮卦之時. 後升, 飛金晶也. 前偃,[10] 玉液還丹. 驟馬, 起火玉液煉形也. 遨遊宇宙, 遍滿四肢也. 長男, 震卦. 只到楊州, 離卦也. 玉液煉形, 自震卦爲始, 至離卦方止也.

해석하여 말한다: '동쪽으로 부상을 바라보니 아직 밝지 않았다'는 것은

6 瓊漿: 옥액(玉液)이라고도 하고 진액(津液)이라고도 한다.
7 偃: 輯要本본에는 '咽'으로 되어 있다.
8 數: 底本에는 '遨'으로 되어 있으나, 문맥상 '解曰'과 輯要本에 따라 교정하였다.
9 부상: 해가 뜨는 동방에 있다고 하는 신목(神木).
10 偃: 輯要本본에는 '咽'으로 되어 있다.

아직 해가 뜨기 전인 간괘의 때이다. '뒤로 올린다'는 것은 비금정이다. '앞으로 눕힌다'는 것은 옥액환단이다. '말을 몬다'는 것은 화를 일으켜 옥액연형하는 것이다. '우주에서 노닌다'는 것은 온몸에 두루 차게 한다는 것이다. '장남'은 진괘이다. '다만 양주에 이르게 하네'란 것은 리괘이다. 옥액연형은 진괘로부터 시작하여 리괘에 이르러 바야흐로 그친다는 말이다.[11]

此採藥三百日, 數足胎圓, 而飛金晶減一卦, 勒陽關如舊. 罷採藥, 添入咽法. 咽法隨四時而已, 此係煉形法. 用卦候添入煉形, 自震卦爲始, 離卦爲期, 不限年月日, 見驗方止. 身體光澤, 神氣秀媚. 漸畏腥穢以衝己腹. 凡情凡愛心境自除, 眞氣將足而以常飽, 所食不多而飮酒無量. 塵骨已更而變神識, 步趨走馬而行如飛. 目如點漆, 體若凝脂, 紺髮再生, 皺臉重舒. 老去永駐童顔, 仰視百步而見秋毫. 身體之間舊痕殘靨自然消除, 涕淚涎汗亦不見有也. 聖丹生味, 靈液透香, 口鼻之間常有眞香奇味, 漱成凝酥. 可以療人疾病, 遍體皆成白膏. 上件皆玉液還丹煉形之驗也. 驗旣正, 當謹節用功, 依法隨時而行後事.

이것은 채약을 삼백 일 동안 행하여 수를 채우고 태가 원만해진 것이니, 비금정은 한 괘의 때를 줄이고, 늑양관은 예전과 같이 행한다. 채약은 그만두고 연법을 보태어 넣는다. 연법은 사시에 따를 뿐인데, 이는 연형법에 관계된 것이다. 괘의 때를 쓸 때에 연형을 보태어 넣는데, 진괘의 때로부터 시작하여

11 呂全本 註解, "참되게 풀이하여 말한다: '옥액'은 신액이니, 위로 올라 심장에 이르러 세 기가 서로 합하여 중루를 지나면 침이 옥지를 가득 채우기에 옥액이라 말한다. 이것을 삼켜 중단전으로부터 하단전으로 들어가는 것을 '환단'이라 일컫고, 이것을 올려 중단전으로부터 사지로 들어가는 것을 '연형'이라 일컫지만, 실상은 일물일 뿐이다[直解曰: 玉液, 腎液也, 上升到心, 三氣相合而過重樓, 則津滿玉池, 謂之玉液. 若咽之, 自中田而入下田, 則曰還丹, 若升之, 自中田而入四肢, 則曰煉形, 其實一物而已].

리괘의 때를 기한으로 삼아 년 · 월 · 일에 한계를 두지 않고 증험을 보면 그친다. 몸에는 광택이 나고, 신기는 수려해진다. 점차 비리고 더러운 음식으로 배를 채우는 것을 꺼리게 된다. 모든 정과 애가 마음의 경계에서 저절로 제거되고, 진기가 가득 차게 되어 항상 충만하며, 먹는 것이 많지 않고 술을 마시는 것은 한정이 없다. 속세의 몸은 이미 바뀌어 신식을 변하게 하고, 걸음은 달리는 말을 좇을 수 있으니 가는 것이 나는 듯하다. 눈은 옻칠한 것 같고 피부는 지방이 엉긴 것 같으며, 검은 머리카락이 다시 생기며, 주름진 빰이 다시 펴진다. 늙음은 가고 영원히 동안에 머무르고, 고개를 들어 백보 앞을 보면 터럭도 볼 수 있다. 몸에 있던 예전의 상처와 흉터는 저절로 없어지고, 눈물 · 콧물 · 침 · 땀이 있음을 볼 수 없다. 성단聖丹에서 맛이 나고 영액靈液에서 향이 나와, 입과 코 사이에 항상 진향과 기이한 맛이 나고, 헹구면 엉긴 연유와 같은 상태를 이룬다. 다른 사람의 질병을 고칠 수 있고, 온 몸에 흰 기름이 생긴다. 위의 일은 모두 옥액환단으로 연형할 때의 증험이다. 증험이 이미 바르면, 마땅히 삼가 절도에 맞게 공을 행하고, 법과 때에 따라 다음 일을 행한다.

제7장

금액환단

金液還丹 第七

金誥曰: 積陽成神, 神中有形, 一[1]生於日, 日生於月. 積陰成形, 形中有神, 一[2]生於金, 金生於玉. 隨陰陽而生沒者, 日月之光也. 因數生光, 數本於乾坤. 隨陰陽而升降者, 金玉之氣也. 因時起氣, 時本於天地.

「금고」에서 말한다: 양이 쌓여 신을 이루는데, 신 중에 형이 있는 것은 첫 번째로 해를 낳고, 해는 달을 낳는다.[3] 음이 쌓여 형을 이루는데, 형 중에 신이 있는 것은 첫 번째로 금을 낳고 금은 옥을 낳는다.[4] 음양에 따라 생겼다가 없어지는 것은 해와 달의 빛이다. 수에 따라 빛을 생하는데 수는 건곤에 근본을 둔다. 음양에 따라 오르고 내리는 것은 금과 옥의 기이다. 때에 따라 기를 일으키는데 때는 천지에 근본을 둔다.

---

1 一: 輯要本에서는 '形'으로 되어 있다.
2 一: 輯要本에서는 '神'으로 되어 있다.
3 輯要本에 따르면 "양이 쌓여 신을 이루며 신 가운데 형이 있다. 형이 해를 낳고 해가 달을 낳는다."이다. 한편, 『靈寶篇』에는 "日生於月"가 "二生於月者也[두 번째로 달을 낳는 것이다]"로 되어 있다.
4 輯要本에 따르면 "음이 쌓여 형을 이루며 형 가운데 신이 있다. 신이 금을 낳고 금이 옥을 낳는다."이다. 한편, 『靈寶篇』에는 "金生於玉"이 "二生於玉者也[두 번째로 옥을 낳는 것이다]"로 되어 있다.

眞原曰: 數行日月, 數用六九, 乾坤之數. 金玉之氣, 春夏上升, 秋冬下降, 升降, 天地之時. 金生於土, 土生於石, 石生於玉, 見於成形而在下者如此. 日中金烏, 月中玉兎, 日待月魄而光, 見於成神而在上者如此.

「진원」에서 말한다: 수에 따라 일월이 운행되는데, 쓰이는 수는 6과 9로서 이는 건곤의 수이다. 금옥의 기는 봄과 여름에는 올라가고, 가을과 겨울에는 내려가니, 오르고 내림은 천지의 때이다. 금은 흙을 낳고 흙은 돌을 낳고 돌은 옥을 낳으니, 형을 이루어 나타나 아래에 있는 것이 이와 같다. 해에는 금까마귀가 있고 달에는 옥토끼가 있는데, 해는 월백을 기다려 빛나니, 신을 이루어 나타나 위에 있는 것이 이와 같다.

比喻曰: 日月比氣也, 腎氣比月, 而心氣比日. 金玉比液也, 腎液比金, 而心液比玉. 所謂玉液者, 本自腎氣上升而到於心, 以合心氣. 二氣相交而過重樓, 閉口不出而津滿玉池. 咽之而曰玉液還丹, 升之而曰玉液煉形. 是液本自腎中來, 而生於心, 亦比土中生石, 石中生玉之說也.

비유하여 말한다: 해와 달은 기에 비견되는데, 신장의 기는 달에 비견되고 심장의 기는 해에 비견된다. 금과 옥은 액에 비견되는데, 신장의 액은 금에 비견되고 심장의 액은 옥에 비견된다. 옥액이란, 본래 신장의 기가 상승하여 심장에 이르러서 심장의 기와 합쳐진 것이다. 두 기가 서로 교합하여 중루[5]를 지나는데, 입을 다물어 나가지 못하게 하면 침이 입에 가득찬다. 그것을 삼키는 것을 옥액환단이라 하고, 올라가게 하는 것을 옥액연형이라 한다. 이 액은 본래 신장 속에서부터 와서 심장에서 생겨난 것이니, 또한 흙 속에서 돌이 생기고 돌 속에서 옥이 생기는 설에 비견될 수 있다.

---

5 重樓: 목과 목구멍을 구성하는 뼈마디를 말한다. 『황정경』에 따르면, 목의 뼈는 12개이고, 이를 십이중루라고 표현한다.

所謂金液者, 腎氣合心氣而不上升, 薰蒸於肺. 肺爲華蓋, 下罩二氣. 卽日而取肺液, 在下田, 自尾閭穴升之, 乃曰飛金晶入腦中, 以補泥丸. 補足自上復下降, 而入下田, 乃曰金液還丹. 旣還下田, 復升遍滿四體前後上升, 乃曰金液煉形. 是亦金生於土之說也.

금액이란, 신장의 기가 심장의 기와 합해져서 올라가지 않고 폐장에서 훈증된 것이다. 폐장은 수레 지붕과 같으니, 아래로 두 기를 덮고 있다. 이 날에 폐액을 취하여 하전에 두고서 미려혈로부터 올리는데, 이를 바로 비금정하여 뇌 속으로 들어가 니환을 보충한다는 것이다. 보충이 충족되면 위에서 다시 아래로 내려가 하전에 들어가는데, 이를 바로 금액환단이라 한다. 이미 하전으로 돌아오고 나서 다시 올라가 온몸을 채우고 앞뒤로 상승하니, 이를 바로 금액연형이라 한다. 이는 또한 금이 토를 낳는다는 설에 비견될 수 있다.

凡欲煉形飛金晶者, 當在淨室中, 切禁風日, 遙焚香密啟:

무릇 연형하고 비금정하려는 자는 마땅히 고요한 방에서 바람과 햇빛을 절대로 금하고 멀찍이 향을 피워놓고 은밀히 다음과 같이 아뢴다:

三淸上聖, 臣所願長生在世, 傳行大道, 演化告人. 當先自行煉形之法, 欲得不畏寒暑, 絕啗穀食, 逃於陰陽之外. 呪畢乃咽之.

"삼청의 상성이시여, 신은 바라옵건대 세상에 오래 살면서 대도를 널리 행하고 널리 교화하여 사람들에게 일러 주고자 하옵니다. 마땅히 먼저 스스로 연형의 법을 행하게 하시고, 추위와 더위를 두려워 않게 하시고, 곡식 먹는 것을 끊고 음양 밖으로 벗어나게 하시옵소서." 주문이 끝나면 이에 바로 침을 삼킨다.

眞訣曰: 背後尾閭穴曰下關, 夾脊曰中關, 腦下曰上關. 始飛金晶以通三關. 腎比地, 心比天, 上到頂以比九天. 玉液煉形, 自心至頂, 以通九天. 三百日咽[6]大藥就, 胎仙圓而眞氣生. 前起則行玉液煉形之舊道, 後起則行飛金晶之舊道. 金晶玉液, 行功見驗. 自坎卦爲始, 後起一升入頂, 以雙手微閉雙耳內觀, 如法微咽於津. 乃以舌抵定牙關, 下閉玉池, 以待上齶之津. 下而方咽, 咽畢復起. 至艮卦爲期. 春冬兩起一咽, 秋夏五起一咽. 凡一咽數, 秋夏不過五十數, 春冬不過百數.

「진결」에서 말한다: 등 뒤의 미려혈을 하관이라 하고, 협척을 중관이라 하고, 뇌 아래를 상관이라 한다. 비금정을 시작하여 이 삼관을 통하는 것이다. 신장은 땅에 비견할 수 있고, 심장은 하늘에 비견할 수 있고, 올라가 정수리에 이르는 것은 구천九天에 오르는 것에 비견할 수 있다. 옥액연형은 심장에서 정수리에 이르러 구천을 통한다. 삼백 일 동안 연법을 행하여 대약이 이루어지면 태선이 원만해지고 진기가 생겨난다. 진기가 앞에서 일어나면 옥액연형의 예전 방법을 행하고, 뒤에서 일어나면 비금정의 예전 방법을 행한다. 이에 (주후비)금정과 옥액(연형)의 행공이 효험을 본다. 수행은 감괘의 때로부터 시작하는데, 진기가 뒤에서 일어나 한 번에 올라가 정수리로 들어가면 두 손으로 양 귀를 막고 내관하여, 법대로 은미하게 침을 삼킨다. 곧 혀를 아관[7]에 고정시켜서 아래로 옥지를 닫아, 상악의 침을 기다린다. 내려오면 삼키고, 삼킴이 끝나면 다시 일으킨다. 간괘에 이르러 (마침을) 기한으로 삼는다. 봄과 겨울에는 두 번 일으켜서 한 번 삼키고, 가을과 여름에는 다섯 번 일으켜서 한 번 삼킨다. 무릇 삼키는 횟수가 가을과 여름에는 오십 번을 넘지 않고 봄과 겨울에는 백 번을 넘지 않는다.

自後咽罷, 升身前起, 以滿頭面四肢手指, 氣盛方止. 再起再升, 至離卦爲期. 凡此後起咽津, 乃曰金液還丹. 還丹之後而復前起, 乃曰金液煉形. 自艮卦之後煉形, 至離卦方止. 兌卦勒陽關, 至乾

6 咽: 輯要本에는 빠져 있다.
7 牙關: 입속 구석의 윗잇몸과 아랫잇몸이 맞닿은 부분을 말한다.

卦方止. 以後起到頂, 自上而下, 號曰金液還丹. 金丹之氣, 前起自下而上, 曰金液煉形. 形顯琪樹金花, 若以金液還丹未到下元, 而前後俱起, 乃曰火起焚身, 此是金液還丹煉形. 旣前後俱起, 兼了焚身. 凡行此等, 切須謹節苦志而無懈怠, 以見驗爲度也.

뒤에서 일어나 삼킴이 끝나면 몸을 세우고 앞에서 일으켜서 머리와 얼굴, 사지, 손가락에 기가 가득차면 그친다. 다시 일으켜서 다시 올리는데, 리괘의 때에 이르러 (그침을) 기한으로 삼는다. 뒤에서 일으켜 침을 삼키는 것을 곧 금액환단이라 한다. (금액)환단 후에 다시 앞에서 일으키는 것을 곧 금액연형이라 한다. 간괘의 때 다음부터 연형하여 리괘의 때에 이르러 그친다. 태괘의 때에 녹양관하여 건괘의 때에 이르러 그친다. 뒤로 일으켜 정수리에 이르고 위에서 내려오는 것을 금액환단이라 부른다. 금단의 기를 앞에서 일으켜 아래에서 올라가는 것을 금액연형이라 한다. 몸에는 기수[8]와 금화가 나타나는데, 만약 금액환단이 하원에 이르지 않은 상태에서 앞뒤에서 모두 일어나면, 곧 화기분신火起焚身이라 하니, 이것이 바로 금액환단으로 연형하는 것이다. 이미 앞뒤로 모두 일어나면 아울러 분신을 마친 것이다. 무릇 이런 것들을 행함에 필수적으로 삼가 절제하여 뜻을 간절히 하고 게으름이 없게 해야 하니, 증험이 드러나는 것으로 척도를 삼는다.

道要曰: "起後終宵閉耳, 隨時對飮金波. 宴到青州方住, 日西又聽陽歌."

「도요」에서 말한다: "일어난 뒤에 밤새도록 귀를 막고, 때에 따라 대작하여 금파를 마시네. 청주에 이르러 잔치를 열고 바야흐로 머무니, 해는 서쪽에 있는데 다시 양가를 듣네."

---

8 琪樹: 몸의 뼈가 빛나는 옥으로 바뀌는 모습을 말한다. 『황정경』에도 인체의 변화를 설명할 때 기수라는 표현을 사용하고 있는데, 뼈가 밝게 빛나는 옥으로 바뀐 상태를 의미한다.

解曰: 起後終宵閉耳者, 爲行金液還丹須是肘後飛金晶, 一撞三關, 其氣纔起, 急須雙手閉耳. 耳是腎波之門, 恐泄腎氣於外而不入腦中也. 隨時對飮金波者, 旣覺氣入腦中, 卽便依前法, 點頭曲項, 退舌尖, 近拄上齶, 淸甘之水有奇異是驗, 甘若蜜也. 當艮卦飛金晶一咽, 至震卦方止. 靑州, 乃震卦也. 日西, 兌卦也. 又聽陽歌者, 自兌卦勒陽關, 直至乾卦, 日用離卦, 不必採藥也.

해석하여 말한다: '일어난 뒤에 밤새도록 귀를 막는다'란, 금액환단을 하기 위해서는 반드시 주후비금정하여 한 번에 삼관을 치는데, 그 기가 일어나자마자 급히 두 손으로 귀를 막아야 한다는 것이다. 귀는 신장을 동요시키는 문이니, 신장의 기가 밖으로 새어나가 뇌 속으로 들어가지 못함을 염려한 것이다. '때에 따라 대작하여 금파를 마신다'란, 이미 기가 뇌 속으로 들어감을 느끼면 곧 앞의 방법에 의하여 머리를 약간 숙였다가 들고 목을 굽히며 혀끝을 말아서 윗잇몸에 붙이면, 기이한 증험이 있는 맑고 단 물이 생기니, 달기가 꿀과 같다. 마땅히 간괘의 때에 비금정하여 한 번 삼키고 진괘의 때에 그친다. '청주'는 바로 진괘이다. '해가 서쪽에 있다'란 태괘이다. '다시 양가를 듣는다'란, 태괘의 때에 늑양관을 시작하여 곧바로 건괘의 때까지 이르고, 하루 중에 리괘의 때에 쓰는 채약은 필요하지 않다는 것이다.

"飮罷終宵火起, 前升後擧焚身. 雖是不拘年月, 日中自有乾坤."

"마시기를 마치니 밤새도록 화가 일어나는데, 앞으로 오르고 뒤로 일으켜서 몸을 태우네. 비록 연월의 시간에는 구애받지 않으나 하루 중에는 저절로 건곤이 있네."

解曰: 此一訣是金液煉形之法也. 飮罷終宵火起者, 是依前法金液還丹, 而艮卦煉形是起火也. 前升後舉, 飛金晶起火也. 凡玉液煉形之時, 先後起金晶入頂, 次還丹而復前升之以煉形, 是金液煉形之法不同也. 當其飛金晶而起火入頂, 便前起而鍊形. 前後俱起名曰焚身. 火而行還丹, 須依四時加減之數. 所行此法, 不拘年月日時. 但以謹節專一, 幽居絕迹可也. 日中自有乾坤, 蓋午前燒乾, 午後燒坤. 人以前後言之, 肚腹爲坤, 而背後爲乾. 午前燒乾者, 爲肘後飛金晶, 前起鍊形也. 午後燒坤者, 自兌卦勒陽關, 至乾卦方止故也.

해석하여 말한다: 이 비결은 금액연형의 법이다. '마시기를 마치니 밤새도록 화가 일어난다'란, 앞의 법에 따라 금액환단하는 것이니, 간괘의 때에 연형하는 것이 불을 일으키는 것이다. '앞으로 오르고 뒤로 일으킨다'란 비금정하여 기화하는 것이다. 옥액연형할 때에는 먼저 뒤로 일으켜 비금정하여 정수리로 들어가고, 그 다음에 환단하여 다시 앞으로 올려서 연형하는데, 이는 금액연형의 법과 다르다. 비금정할 때에 화를 일으켜 정수리에 들어가고, 곧 앞에서 일으켜 연형한다. 앞뒤 모두 일으키는 것을 이름하여 '몸을 태운다[분신]'고 한다. 화를 일으켜 환단을 행함은 모름지기 사계절에 따라 수를 더하고 빼야 한다. 하지만 이 법을 행함은 연월일시에 구애받지 않는다. 다만 삼가 절도에 맞게 하고 전일하게 하여, 인적이 끊긴 깊은 곳에서 함이 옳다. '하루 중에 저절로 건곤이 있다'란 오전에 건을 태우고 오후에 곤을 태우는 것이다. 사람 몸의 전후로 말하자면 배 쪽은 곤이 되고 등 쪽은 건이 된다. 오전에 건을 태우는 것은, 주후비금정이 되니 앞으로 일으켜 연형하는 것이다. 오후에 곤을 태우는 것은 태괘의 때에 늑양관을 하여 건괘의 때에 이르러 그치기 때문이다.[9]

---

9 呂全本 註解, "참되게 풀이하여 말한다: '금액'은 폐액이다. 용호를 머금어 하단전으로 들어가면 대약이 바야흐로 완성되니 이를 금액이라 일컫는다. 주후로 뽑아 뇌로 들어가 위로부터 다시 하단전으로 내리는 것을 '환단'이라 말한

此須於玉液還丹鍊形見驗正當, 方以謹節幽居, 焚香而行此法. 金液還丹, 而相次鍊形勒陽關, 如是一年外, 方得焚身. 焚身, 卽是坎卦前煉形. 以人身前後言之, 肚腹爲坤, 背後爲乾. 焚身午前燒乾, 午後燒坤勒陽關. 凡燒乾自下而上, 前後俱起. 冬夏三日或[10]五日而行旣濟之法, 以防太過, 而使金丹之有潤, 乃焚身火起中咽也. 見驗方止.

이 수련은 반드시 옥액환단으로 연형하여 증험이 정당해야만, 바야흐로 삼가 절도에 맞춰 깊은 곳에 거처하여 향을 피우고 이 법을 행한다. 금액환단이 되면 차례대로 연형과 늑양관을 하는데, 이와 같이 하여 1년이 넘으면 분신을 할 수 있다. 분신은 곧 감괘의 때에 앞에서 연형하는 것이다. 사람 몸의 앞뒤로 말하자면, 배 쪽은 곤이 되고, 등 쪽은 건이 된다. 분신은 오전에는 건을 태우고 오후에는 곤을 태우는 늑양관을 하는 것이다. 무릇 건을 태워서 아래에서 위로 올라갈 때에 앞뒤에서 모두 일으킨다. 겨울과 여름에는 3일이나 5일 단위로 기제의 법을 행하여 너무 지나침을 방지하고 금단에 윤기가 있도록 해야 하니, 바로 분신하여 화가 일어나는 중에 연법을 한다. 증험을 보면 그친다.

內志淸高以合太虛, 魂神不遊以絶夢寐. 陽精成體, 神府堅固, 四時不畏寒暑. 神采自可變移容儀. 常人對面雖彼富貴之徒, 亦聞腥穢, 蓋其凡骨俗體也. 功行滿足, 密授三淸眞籙, 陰陽變化, 人事災福, 神靈而皆能預知. 觸目塵冗, 心絶萬境. 眞氣充滿, 以絶

다. 또 다시 앞으로 올려 사지에 두루 충만하게 하여 아래로부터 위로 올리는 것을 '연형'이라 하고 또 '연형성기'라 말하기도 한다[直解曰: 金液, 肺液也. 含龍虎而入下田, 則大藥方成, 謂之金液. 肘後抽之入胸, 自上復降下田, 則曰還丹. 又復前升, 遍滿四體, 自下而上, 則曰煉形, 亦謂之煉形成氣]."

10 或: 저본에는 '成'으로 되어 있으나, 문맥상 輯要本과 『靈寶篇』에 따라 교정하였다.

飮食. 異氣透出金色, 仙肌可比玉蘂. 去留之處, 當所神祇自來相見, 驅用招呼一如己意. 眞氣純陽, 可乾外水. 上件金液還丹, 還丹之後, 金液煉形之驗也.

안으로 뜻이 고결해져서 태허에 합하고, 혼과 신이 떠돌지 않아 자면서 꿈을 꾸지 않는다. 양정이 체를 이루고 신부가 견고해지며, 사계절에 추위와 더위를 두려워하지 않는다. 신채가 절로 용모를 변화시킨다. 일반 사람을 만나면 비록 저들이 부귀한 무리일지라도 비리고 더러운 냄새를 맡는데, 그들이 평범하고 속된 몸이기 때문이다. 공과 행이 가득 차면, 은밀히 삼청진록을 받는데, 음양의 변화와 사람의 재앙과 복을 신령하게 모두 미리 알 수 있다. 눈으로는 잡다한 세상일을 보더라도 마음에서는 모든 경계가 끊어진다. 진기가 충만해져 먹고 마심을 끊게 된다. 기이한 기가 금색으로 뿜어져 나오고, 선인의 피부는 옥에에 비할 수 있다. 가고 머무는 곳에 신지[11]가 스스로 와서 알현하니, 부르고 부리는 것을 한결같이 내 뜻대로 할 수 있다. 진기가 순양이 되어 몸 밖의 물을 말릴 수 있다. 이상의 일이 금액환단과 환단한 다음의 금액연형의 증험이다.

己上乃長生不死之訣.

이상이 장생불사의 비결이다.

右中乘三門係地仙.

이상은 중승의 세 가지 법문으로 지선과 관계된다.

비전 정양진인 영보필법 중권 끝[秘傳正陽眞人靈寶畢法卷中終]

11 神祇: 天神地祇를 말한다.

비전 정양진인 영보필법 하권

秘傳正陽眞人靈寶畢法卷下

범인을 초탈하여 성인의 경지에 들어가는 대승의 세 가지 법문大乘超凡入聖法三門

正陽眞人鍾離權雲房著 정양진인 종리권 운방이 짓고

純陽眞人呂嵒洞賓傳 순양진인 여암 동빈이 전하다

제8장

조 원

朝元 第八

金誥曰: 一氣初判, 大道有形, 而列二儀. 二儀定位, 大道有名, 而分五帝. 五帝異地, 而各守一方. 五方異氣而各守一子. 青帝之子甲乙,[1] 受之天眞木德之九氣. 赤帝之子丙丁, 受之天眞火德之三氣. 白帝之子庚辛, 受之天眞金德之七氣. 黑帝之子壬癸, 受之天眞水德之五氣. 黃帝之子戊己, 受之天眞土德之一氣. 自一生眞一, 眞一因土出. 故萬物生成在土, 五行生成在一. 眞元之道, 皆一氣生也.

「금고」에서 말한다: 일기가 처음 나뉘고 나서는, 대도가 형체가 있게 되어 이의二儀로 자리가 나뉘진다. 이의가 자리를 정하고 나서는, 큰 도가 이름이 생겨 오제로 나뉜다. 오제는 차지하는 땅이 달라 각자 한 방위를 지킨다. 그 다섯 방위는 기를 달리하고 각자 한 자식을 지킨다. 청제의 자인 갑을은 천진목덕의 구기九氣를 받는다. 적제의 자인 병정은 천진화덕의 삼기三氣를 받는다. 백제의 자인 경신은 천진금덕의 칠기七氣를 받는다. 흑제의 자인 임계는 천진수덕의 오기五氣를 받는다. 황제의 자인 무기는 천진토덕의 일기一氣를 받는

1 乙: 底本에는 '巳'로 되어 있으나, 문맥상 輯要本에 따라 교감하였다.

다. 일기로부터 진일이 생겨나고, 진일은 토에서 나온다. 그러므로 만물의 생성은 토에 달려 있고, 오행의 생성은 일에 달려 있다. 진원의 도는 일기가 생산한 것이다.

玉書籙曰: 一三五七九, 道之分而有數. 金木水火土, 道之變而有象. 東西南北中, 道之列而有位. 青白赤黃黑, 道之散而有質. 數歸於無數, 象反於無象, 位至於無位, 質還於無質. 欲道之無數, 不分之則無數矣. 欲道之無象, 不變之則無象矣. 欲道之無位, 不列之則無位矣. 欲道之無質, 不散[2]之則無質矣. 無數則道之源也, 無象則道之本也, 無位則道之眞也, 無質則道之妙也.

「옥서록」에서 말한다: 1・3・5・7・9는 도가 나뉘어서 있게 된 수數이다. 금・목・수・화・토는 도가 변해서 있게 된 상象이다. 동・서・남・북・중앙은 도가 늘어서서 있게 된 위[位, 자리]이다. 청・백・적・황・흑은 도가 흩어져서 있게 된 질[質, 바탕]이다. 수는 무수로 돌아가고, 상은 무상으로 돌아가며, 위는 무위에 이르고, 질은 무질로 환원한다. 도가 무수가 되게 하려면, 그것을 나누지 않으면 무수가 된다. 도가 무상이 되게 하려면, 그것을 변화시키지 않으면 무상이 된다. 도가 무위가 되게 하려면, 그것을 늘어놓지 않으면 무위가 된다. 도가 무질이 되게 하려면, 그것을 흩어 놓지 않으면 무질이 된다. 무수는 도의 근원이요, 무상은 도의 근본이요, 무위는 도의 진[眞, 진원]이요, 무질은 도의 묘[妙, 오묘함]이다.

眞原曰: 道原旣判, 降本流末. 悟其眞者, 因眞修眞, 內眞而外眞自應矣. 識其妙者, 因妙得妙, 內妙而外妙自應矣. 天地得道之眞, 其眞未應, 故未免乎有位, 天地得道之妙, 其妙未應, 故未免乎有

---

2 散: 底本에는 '能'으로 되어 있으나, 문맥상 輯要本에 따라 교감하였다.

質. 有質則有象可求, 有位則有數可推. 天地之間, 萬物之內, 最貴惟人. 卽天地之有象可求, 故知其質氣與水也. 卽天地之有數可推, 故知其位遠與近也. 審乎如是, 而道亦不遠於人也.

「진원」에서 말한다: 도의 원천이 이미 나누어지면 근본에서 내려와 말단으로 흐른다. 그 진을 깨달은 사람이 진으로 인하여 진을 닦으면, 내진과 외진이 저절로 응한다. 그 묘를 아는 사람이 묘로 인하여 묘를 얻으면, 내묘와 외묘가 저절로 응한다. 천지가 도의 진을 얻었더라도 그 진에 응하지 못하므로 위가 있음을 면치 못하고, 천지가 도의 묘를 얻었더라도 그 묘에 응하지 못하므로 질이 있음을 벗어나지 못한다. 질이 있으면 상이 있음을 구할 수 있고, 위가 있으면 수가 있음을 미룰 수 있다. 천지간의 만물 중에 가장 귀한 것은 사람이다. 바로 천지에 상이 있음을 구할 수 있으므로 그 질이 기氣와 수水임을 알 수 있다. 바로 천지에 수가 있음을 미룰 수 있으므로 그 위가 멀고 가까움을 알 수 있다. 이 같은 것에서 살펴보면 도는 또한 사람에게서 멀지 않은 것이다.

比喩曰: 天地有五帝, 而比人之有五臟也. 青帝甲乙木, 甲爲陽, 乙爲陰, 比肝之氣與液也. 黑帝壬癸水, 壬爲陽, 癸爲陰, 比腎之氣與液也. 黃帝戊己土, 戊爲陽, 己爲陰, 比脾之氣與液也. 赤帝丙丁火, 丙爲陽, 丁爲陰, 比心之氣與液也. 白帝庚辛金, 庚爲陽, 辛爲陰, 比肺之氣與液也. 凡春夏秋冬之時不同, 而心肺肝腎之旺有月.

비유하여 말한다: 천지에 오제가 있음은 사람에게 오장이 있음에 비견된다. 청제는 갑을인 목이니 갑은 양이고 을은 음이며, 이는 간장의 기와 액에 비견된다. 흑제는 임계인 수이니 임은 양이고 계는 음이며, 이는 신장의 기와 액에 비견된다. 황제는 무기인 토이니 무는 양이고 기는 음이며, 이는 비장의 기와 액에 비견된다. 적제는 병정인 화이니 병은 양이고 정은 음이며, 이는

심장의 기와 액에 비유된다. 백제는 경신인 금이니 경은 양이고 신은 음이며, 이는 폐장의 기와 액에 비견된다. 무릇 춘하추동의 시가 같지 않아서 심장 폐장 간장 신장이 왕성한 달이 있는 것이다.

眞訣曰: 凡春三月肝氣旺. 肝旺者, 父母眞氣, 隨天度運而在肝. 若遇木日, 甲乙救土, 於辰戌丑未之時, 依時起火鍊脾氣. 餘日兌卦時, 損金以耗肺氣, 是時不可下功也. 坎卦時, 依法起火鍊腎氣. 震卦時入室, 多入少出, 息住爲上, 久閉次之, 數至一千息爲度. 當時內觀如法, 一意冥心閉目, 青色自見, 漸漸升身, 以入泥丸. 自寅至辰, 以滿震卦【一[3]千息以上尤佳. 如息急漸微, 出息而息住, 不須連成】.

「진결」에서 말한다: 무릇 봄 석 달에는 간장의 기가 왕성하다. 간장의 기가 왕성한 것은 부모로부터 받은 진기가 천도를 따라 운행됨이 간장에 있기 때문이다. 만약 목에 해당하는 날[木日]을 만나면 갑을이 토를 이기므로, 진·술·축·미의 때에 화를 일으켜 비장의 기를 단련한다. 다른 날의 경우, 태괘의 시[申, 酉, 戌]에는 금을 손상시켜 폐장의 기를 소모시키니, 이때는 수련을 하면 안 된다. 감괘의 시[亥, 子, 丑]에는 법식에 따라 화를 일으켜 신장의 기를 단련한다. 진괘의 시[寅, 卯, 辰]에는 방에 들어가 많이 들이키고 적게 내보내되, 숨이 머무름을 으뜸으로 삼고 오래 막음을 그 다음으로 여기면서, 호흡 횟수가 일천 번의 숨에 이르는 것을 척도로 삼는다. 이때에는 법식대로 내관하여 한결같이 마음을 고요히 하여서 눈을 감고 있으면 청색이 저절로 나타나 점점 몸에서 상승하여 니환에 들어간다. 인시에서 진시에 이르기까지 수련하여 진괘의 시간을 다 채운다【1천식 이상이면 더욱 좋다. 호흡은 급한 숨을 점점 가늘어지게 하고, 숨을 내쉬되 머무르게 해야 하며, 모름지기 연달아 숨 쉬

3 一: 底本에는 공란으로 되어 있으나, 문맥상 輯要本에 따라 추가하였다.

려 하지 않는다】.

凡夏三月心氣旺. 心旺者, 以父母之眞氣, 隨天度運而在心. 若遇火日, 丙丁救金, 於兌卦時, 依法起火鍊肺氣. 餘日坎卦時, 損水以耗腎氣, 是時不可下功也. 震卦時, 依法起火鍊肝氣. 離卦時入室, 依前行持定息, 赤色自見, 漸漸升身, 以入泥丸. 自巳至未, 以滿離卦【一千息以上尤佳. 其說如前】.

무릇 여름 석 달은 심장의 기가 왕성하다. 심장의 기가 왕성한 것은 부모로부터 받은 진기가 천도를 따라 운행됨이 심장에 있기 때문이다. 만약 화에 해당하는 날[火日]을 만나면 병정이 금을 이기므로, 태괘의 때에 법식에 따라 화를 일으켜 폐장의 기를 단련한다. 다른 날의 경우, 감괘의 시에는 수를 손상시켜 신장의 기를 소모하므로 이때는 수련을 하면 안 된다. 진괘의 시에는 법식에 따라 화를 일으켜 간장의 기를 단련한다. 리괘의 시에는 방에 들어가 앞의 방법대로 하여 호흡을 안정시키면 적색이 저절로 나타나 점점 몸에서 상승하여 니환에 들어간다. 사시에서 미시에 이르기까지 수련하여 리괘의 시간을 다 채운다【1천식 이상이면 더욱 좋다. 그 말은 전과 같다】.

凡秋三月肺氣旺. 肺旺者, 以父母眞氣, 隨天度運而在肺. 若遇金[4]日, 庚辛救木, 於震卦時, 依法起火鍊肝氣. 餘日離卦, 損火以耗心氣, 是時不可下功也. 巽卦時, 依法起火鍊脾氣. 兌卦時入室, 依前行持, 白色自見, 漸漸升身, 以入泥丸. 自申至戌, 以滿兌卦.

무릇 가을 석 달은 폐장의 기가 왕성하다. 폐장의 기가 왕성한 것은 부모의 진기가 천도를 따라 운행됨이 폐장에 있기 때문이다. 만약 금에 해당하는 날[金日]을 만나면, 경신이 목을 이기므로, 진괘의 때에 법식에 따라 화를 일으켜 간장의 기를 단련한다. 다른 날의 경우, 리괘의 시에는 화를 소모시켜 심장의

4 金: 底本에는 '舍'로 되어 있으나, 문맥상 輯要本에 따라 교감하였다.

기를 없애므로 이때는 수련을 하면 안 된다. 손괘의 시에는 법식을 따라 화를 일으켜 비장의 기를 단련한다. 태괘의 시에는 방에 들어가 앞의 방법대로 실행하면 백색이 저절로 나타나 점점 몸에서 상승하여 니환에 들어간다. 신시에서 술시에 이르기까지 수련하여 태괘의 시간을 다 채운다.

凡冬三月腎氣旺. 腎旺者, 父母之眞氣, 隨天度運而在腎. 若遇水日, 壬癸救火, 於離卦時, 依法起火鍊心氣. 餘日辰戌丑未時, 損土以耗脾氣, 是時不可下功也. 兌卦時, 依法起火鍊肺氣. 坎卦時入室, 依前行持, 黑色自見, 漸漸升身, 以入泥丸. 自亥至丑, 以滿坎卦.

무릇 겨울 석 달은 신장의 기가 왕성하다. 신장의 기가 왕성한 것은 부모의 진기가 천도를 따라 운행됨이 신장에 있기 때문이다. 만약 수에 해당하는 날[水日]을 만나면 임계가 화를 이기므로, 리괘의 때에 법식에 따라 화를 일으켜 심장의 기를 단련한다. 다른 날의 경우, 진·술·축·미의 시에는 토를 소모시켜 비장의 기를 없애므로 이때는 수련을 하면 안 된다. 태괘의 시에는 법식에 따라 화를 일으켜 폐의 기를 단련한다. 감괘의 시에는 방에 들어가 앞의 방법대로 실행하면 흑색이 저절로 나타나 점점 몸에서 상승하여 니환에 들어간다. 해시에서 축시에 이르기까지 수련하여 감괘의 시간을 다 채운다.

> **解曰: 春煉肝, 千息靑氣出. 春末十八日, 不須依前行持, 止於定息爲法. 而終日靜坐以養脾, 而煉己之眞氣. 乃可坎卦起火鍊腎, 恐耗其眞氣也.**
> **夏煉心, 千息赤氣出. 夏末十八日, 不須依前行持, 止於定息爲法. 而終日靜坐, 養煉如前. 乃可坎卦時起火如前.**
> **秋煉肺, 千息白氣出. 秋末十八日, 不須依前行持, 止於定息爲法. 而終日靜坐, 養煉如前. 乃可坎卦時起火如前.**

冬煉腎, 千息黑氣出. 冬末十八日, 不須依前行持, 止於定息爲法. 而終日靜坐, 養煉如前. 乃可坎卦時起火如前.

해석하여 말한다: 봄에는 간을 단련하는데 천 번의 숨이면 푸른 기가 나온다. 봄의 끝 18일은 모름지기 이전의 수행법을 따를 필요 없이 다만 일정한 호흡으로 법식을 삼는다. 종일 고요히 앉아 비장을 양성하고 몸의 진기를 단련한다. 이는 곧 감괘의 시에서 화를 일으켜 신장을 단련함이 옳으니, 진기가 소모될 것을 염려해서이다.

여름에는 심장을 단련하는데 천 번의 숨이면 붉은 기가 나온다. 여름의 끝 18일은 모름지기 이전의 수행법을 따를 필요 없이 다만 일정한 호흡으로 법식을 삼는다. 종일 고요히 앉아 앞과 같이 양성하고 단련한다. 이는 곧 감괘의 시에서 화를 일으키니 앞과 같다.

가을에는 폐장을 단련하는데 천 번의 숨이면 흰 기가 나온다. 가을의 끝 18일은 모름지기 이전의 수행법을 따를 필요 없이 다만 일정한 호흡으로 법식을 삼는다. 종일 고요히 앉아 앞과 같이 양성하고 단련한다. 이는 곧 감괘의 시에서 화를 일으키니 앞과 같다.

겨울에는 신장을 단련하는데 천 번의 숨이면 검은 기가 나온다. 겨울의 끝 18일은 모름지기 이전의 수행법을 따를 필요 없이 다만 일정한 호흡으로 법식을 삼는다. 종일 고요히 앉아 전과 같이 양성하고 단련한다. 이는 곧 감괘의 시에서 화를 일으키니 앞과 같다.

以至黃氣成光, 默觀萬道, 周匝圍身. 凡定息之法, 不在强留而緊閉, 但綿綿若存, 用之不勤, 從無入有, 使之自住. 採藥法, 含津握固以壓心之眞氣不散也. 凡入室須閉戶, 孤幽靜館, 以遠雞犬女子, 一切厭觸之物. 微開小竅, 使明辨物, 勿令風日透氣, 左右有聲. 當潛心息慮, 事累俱遣, 內外凝寂, 不以一物介其意.

누런 기가 빛을 내는 데 이르러서는 그 빛이 만 갈래로 온몸을 둘러쌈을 묵묵히 살펴본다. 무릇 정식定息의 법이란 억지로 숨을 머무르게 하여 꽉 막는 것이 아니라 다만 숨이 끊어질 듯 이어지게 하면서 운용이 힘들지 않도록 하고, 유에서 무로 들어가되 숨으로 하여금 스스로 머물게 하는 것이다. 채약법은 침을 머금고 손을 악고하여 심장의 진기를 눌러서 흩어지지 않게 한다. 무릇 방에 들어가서 반드시 문을 닫되, 혼자 고요한 집에 있으면서 닭이나 개와 여자 등 일체 감각기관에 부딪치는 사물을 멀리한다. 작은 구멍을 조금 열어 밝기가 사물을 구별할 정도로 하되, 바람과 햇빛이 직접 투과되거나 좌우로 소리가 들리지 않도록 한다. 마땅히 마음을 고요히 하고 잡념을 없애고 얽힌 일들을 모두 보내고 안팎이 고요함을 유지하도록 하여 어떤 것도 그 뜻에 끼이지 않도록 한다.

蓋以陽神初聚, 眞氣方凝, 看待如嬰兒, 尙未及半. 日夕焚香, 默祝天. 隱於山林, 功行將半者地仙. 跪拜稽首, 默祝天. 寄於海隅洞府, 與天下立大功, 與黎首除大害, 潛迹者天仙. 跪拜稽首. 三禮旣畢, 靜坐忘機, 以行此法, 仍須前法節節見驗. 若以便爲此道, 但恐徒勞, 終不見成, 止於陰魄出殼而爲鬼仙.

대개 양신이 처음 모이면 진기가 엉기어 어린아이 같아 보이는데, 아직 반도 미치지 못했다. 밤낮으로 향을 피우고 묵묵히 하늘에 축원한다. "산림에 숨어 공행이 장차 반이 되는 자는 지선입니다." 꿇어 앉아 절하고 머리를 조아리고 묵묵히 하늘에 축원한다. "바다나 골짜기 깊숙한 곳에 의탁하여 천하와 더불어 큰 공을 세우고 뭇 우두머리와 더불어 큰 재해를 제거한 뒤 자취를 감추는 자는 천선입니다." 꿇어 앉아 절하고 머리를 조아린다. 삼례를 마치고 조용히 앉아 만사를 잊어버리고 이 법을 행하되 앞의 법식대로 한다면 시절마다 효험을 볼 것이다. 만약 이것으로 도를 삼으면서 단지 헛수고이지 않을까 염려한다면 끝내 도를 이루지 못하고, 단지 음백이 껍질을 나와 귀신이 되는 데 그친다.[5]

道要曰: 凡行此法, 不限年月日, 隨月一依前法, 以至見驗方止. 其氣自見, 須是謹節不倦, 棄絕外事, 止於室中用志, 測其時候. 用二箇純陽小子, 或結交門生, 交翻反復, 供過千日, 可了一氣. 一以奪十, 一百日可見功, 五百日氣全, 可行內觀. 然[6]後聚陽神以入天神, 煉之而合道, 入聖超凡. 煉氣之驗, 但覺身體極暢, 常仰升騰, 丹光透骨, 異香滿室. 次以靜中外觀, 紫霞滿目, 頂中下視, 金光罩體之可[7]怪證驗, 不可備紀.

「도요」에서 말한다: 무릇 이 법식을 행함은 연월일에 한정이 없으나, 월에 따라 앞의 법식을 따르고 효험을 보게 되면 그만둔다. 그 기가 스스로 나타나면 모름지기 삼가하고 절제함을 게을리하지 않으며, 바깥일을 끊고 다만 방 안에서 뜻을 행하면서 그 시후를 헤아린다. 두 순양의 소자를 쓰거나 문하생끼리 짝을 지어서 번갈아 가면서 반복하여 천일을 시봉하면 한 기를 마칠 수 있다. 하나로 열을 뺏으니, 백 일이면 공이 나타나고, 오백 일이면 기가 온전해져 내관을 행할 수 있다. 그런 뒤에 양신을 모아서 천신天神[8]으로 들어가, 신을 단련하여 도에 합하고 범인을 초월하여 성인에 들어간다. 기를 단련할 때의 증험은 다만 신체가 지극히 가벼움을 느껴 우러러보기만 하면 날아오를 것 같고, 단의 빛이 뼈를 투과하고 신이한 향기가 방안에 가득하다. 그 다음으로 고요한 가운데 외관을 보면 자줏빛안개가 눈에 가득하고, 정수리에서 아래를 보면 금빛이 몸을 감싸는 등, 괴이하다고 할 수 있는 증험이 다 갖추어 적을 수 없을 정도다.

---

5 底本의 이 구절은 그 의미가 다소 매끄럽지 않은 면이 있다. 『靈寶篇』은 "若夫腥躁臭腐之氣, 淫冶之色, 非止觸眞氣也, 神所厭也. 於是稽首三祝焉, 一曰地仙功行半者, 二曰天仙傳道行化者, 三曰神仙除大害, 立大功而潛迹者. 旣已, 靜坐忘機以勤行焉."로 저본과 약간의 차이가 있지만, 내용이 저본보다 좀 더 매끄럽다.

6 然: 底本에는 '羔'로 되어 있으나, 문맥상 輯要本에 따라 교감하였다.

7 之可: 輯要本에는 '奇'로 되어 있다.

8 천신(天神): 『靈寶篇』에는 '天宮'[상단전 니환]으로 되어 있다.

제9장

내 관

內觀 第九

金誥曰: 大道本乎無體, 寓於氣也. 其大無外, 無物可容. 大道本乎無用, 運於物也, 其深莫測, 無理可究. 以體言道, 道之始有內外之辨, 以用言道, 道之始有觀見之基. 觀乎內而不觀乎外, 外無不究而內得明. 觀乎神而不觀乎形, 形無不備而神得見矣.

「금고」에서 말한다: 대도는 본래 체體가 없으나 기를 품고 있다. 그 크기가 끝이 없어 담을 수 있는 물이 없다. 대도는 본래 용用이 없으나 물을 운용한다. 그 깊이를 헤아릴 수 없어 궁구할 수 있는 이치가 없다. 체로써 도를 말함에 도가 비로소 내외의 구분이 있고, 용으로써 도를 말함에 도가 비로소 살펴볼 수 있는 기초가 있다. 안을 살피고 바깥을 살피지 않더라도, 바깥을 궁구하지 못함이 없으면서 안은 밝아진다. 신을 살피고 형을 살피지 않더라도, 형을 갖추지 못함이 없으면서 신은 드러난다.

眞原曰: 以一心觀萬物, 萬物不謂之有餘, 以萬物撓一氣, 一氣不謂之不足. 一氣歸諸心, 心不可爲物之所奪, 一心運一氣, 氣不可爲法之所役. 心源清徹, 一照萬破, 亦不知有物也. 氣戰剛强, 萬感一息, 亦不知有法也. 物物無物, 以還本來之象, 法法無法, 乃全自得之眞矣.

「진원」에서 말한다: 일심으로 만물을 살피면 만물은 남음이 있다고 말할 수 없으며, 만물로 일기를 흔들어도 일기는 부족하다고 말할 수 없다. 일기가 마음으로 돌아가면 마음은 물에 빼앗김을 당하지 않고, 일심으로 일기를 운용하면 기는 법에 부림당하지 않는다. 마음의 근원은 맑고 밝아서 한 번 비추면 만상이 깨어지니, 또한 물이 있음을 알지 못한다. 기가 강하게 요동치면 만감이 한 번에 그치니, 또한 법이 있음을 알지 못한다. 물마다 물이 없게 되어서 본래의 상으로 돌아가고, 법마다 법이 없게 되어서 스스로 얻은 참을 온전하게 한다.

比喩曰: 以象生形, 以形立名. 有名則推其數, 有數則得其理. 比者之論, 蓋高上虛無, 無物可喩, 所可比者, 如人之修煉. 節序無差, 成就有次. 沖和之氣, 凝而不散, 至虛眞性, 恬淡無爲, 神合乎道, 歸於自然. 當此之際, 以無心爲心, 如何謂之應物, 以無物爲物, 如何謂之用法? 眞樂熙熙, 不知己之有身, 漸入無爲之道, 以入希夷之域. 斯爲入聖超凡之客.

비유하여 말한다: 상 때문에 형이 생기고, 형 때문에 이름이 정해진다. 이름이 있으면 그 수를 궁구할 수 있고, 수가 있으면 그 이치를 얻을 수 있다. (이러한 것들은) 비견하는 말에서는 대개 높고 높아서 허무하기 때문에 비유할 수 있는 물이 없으며, 비견할 수 있는 것은 사람의 수련과 같은 것이다. 수련에 절차와 순서가 어긋나지 않으면 성취에 차례가 생긴다. 충화의 기는 엉기어 흩어지지 않고, 지극히 허한 진성은 담박하고 무위하며, 신이 도에 합해져서 자연으로 돌아간다. 이러한 때에는, 무심이 심이 되니 어떻게 물에 응한다고 하겠으며, 무물이 물이 되니 어떻게 법을 쓴다고 하겠는가? 참된 즐거움이 넘쳐흘러 자기의 몸이 있음도 모르고, 점차 무위의 도에 들어가 도의 영역에 들어간다. 이것은 성인의 경지에 들어가 범인을 벗어난 사람이 되는 것이다.

眞訣曰: 此法合道, 有如常說存想之理, 又如禪僧入定之時. 當擇福地置室, 跪禮焚香, 正坐盤膝, 散髮披衣, 握固存神, 冥心閉目. 午時前微以升身, 起火煉氣, 午後微以斂身, 聚火燒丹. 不拘晝夜, 神清氣和, 自然喜坐. 坐中或聞聲莫聽, 見境勿認, 物境自散. 若認物境, 轉加魔軍不退. 急急前以身微斂, 斂而伸腰, 後以胸微偃, 偃不伸腰. 少待前後火起高升, 其身勿動. 名曰焚身. 火起魔軍自散於軀外, 陰邪不入於殼中.

「진결」에서 말한다: 이 법은 도와 합치되니, 항상 말하던 존상의 이치와 같고, 또 선승이 입정했을 때와 같다. 마땅히 복지[1]를 택하여 방을 설치하고, 꿇어 앉아 예를 갖추고 향을 피우며, 바르게 앉아 책상다리를 하고, 머리를 풀어 헤치고 옷을 걸치며, 양손을 악고하고 신을 존상하며, 마음을 고요히 하고 눈을 감는다. 오전에는 살짝 몸을 일으켜서 화를 일으켜 기를 단련하며, 오후에는 살짝 몸을 움츠려서 화를 모아서 단을 태운다. 낮과 밤에 상관없이 신은 맑아지고 기는 화평하여 자연스럽게 앉아 있음을 즐기게 된다. 앉아 있는 동안에 소리가 들리더라도 듣지 말며, 광경이 보이더라도 인식하지 말아야 하니, 그러면 보고 들리던 것들이 저절로 흩어진다. 만약 물경을 인식하게 되면 마군이 더해져서 물러나지 않는다. (이 상황에서는) 재빨리 오전에는 살짝 움츠리되 움츠렸다가 허리를 펴고, 오후에는 가슴을 살짝 기울이되 기울인 채 허리를 펴지 않는다. 잠시 앞뒤로 화가 일어나 높이 오르기를 기다리고 몸은 움직이지 않는다. 이를 이름하여 분신이라 한다. 화가 일어나면 마군은 저절로 몸 밖으로 흩어지며, 음사가 몸속으로 들어오지 않는다.

如此三兩次已, 當想遍天地之間, 皆是炎炎之火. 畢清涼, 了無一物. 但見車馬歌舞, 軒蓋綺羅, 富貴繁華, 人物歡娛, 成隊成行. 五

1 福地: 신선이 거처하는 장소 혹은 신선이 거처할 만한 장소를 의미한다. 통상 72복지가 있다.

色雲升, 如登天界, 及到彼中, 又見樓臺聳翠, 院宇徘徊, 珠珍金玉, 滿地不收, 花果池亭, 莫知其數. 須臾異香四起, 妓樂之音, 嘈嘈雜雜, 賓朋滿坐, 水陸俱陳. 且笑且語, 共賀太平, 珍玩之物, 互相獻受.

이와 같이 하기를 두세 차례 하고서 그치고, 마땅히 온 천지가 모두 활활 타는 불로 가득한 것을 상상한다. 불타는 것이 끝나면 맑고 서늘하여 마침내 어떤 물도 없게 된다. 그런데 사람들이 거마를 타고 춤추고 노래하는데 수레 덮개는 비단으로 장식되어 있으며, 부유함과 귀함이 무성하여 사람들이 즐거워하면서 무리와 줄을 이루는 것 등이 보인다. 오색구름이 피어올라 마치 천계에 오른 것 같은데, 그 속에 이르면 또 누대가 푸르게 솟아 있고, 안뜰과 가옥을 돌아보니 진주와 금옥이 땅에 가득해도 주워 가지 않으며, 꽃과 열매, 연못과 정자 등이 수를 헤아릴 수 없다. 잠깐 사이 기이한 향기가 사방에서 일어나고, 기녀의 악기 소리 시끌벅적한데, 손님과 벗들이 자리를 가득 채우고, 바다와 육지의 음식이 모두 차려져 있다. 한편으로 웃고 한편으로 이야기하면서, 모두 태평을 축하하면서 진귀한 노리개를 서로 주고받는다.

當此之際, 雖然不是陰鬼魔軍, 亦不得認爲好事. 蓋修眞之人, 棄絕外事, 甘受寂寞. 或潛迹江湖之地, 或遁身隱僻之隅, 絕念忘情, 舉動有戒. 久受劬勞, 而歷瀟灑, 一旦功成法立, 遍見如此繁華. 又不謂是陰魔, 將謂實到天宮, 殊不知脫凡胎, 在頂中自己天宮之內. 因而貪戀, 認爲實境, 不用超脫之法, 止於身中, 陽神不出, 而胎仙不化. 乃曰出昏衢之上, 爲陸地神仙而可, 長生不死而已, 不能脫質升仙而歸三島, 以作人[2]仙子也. 當此可惜! 學人自當慮超脫, 雖難, 不可不行也.

2 人: 輯要本에는 빠져 있다.

이러한 때를 만나면, 비록 음귀와 마군은 아닐지라도 좋은 일이라고 여길 수 없다. 대개 수진하는 사람은 바깥일을 끊어버리고 적막함을 달게 받는다. 혹은 강호에서 잠적하기도 하고, 혹은 구석지고 깊은 곳으로 몸을 숨기기도 하면서, 잡념을 끊고 정을 잊으며, 거동에 경계함이 있다. 오랫동안 수고로움을 받으며 맑고 깨끗하게 보내다가 하루아침에 공이 이루어지고 법이 서게 되면 이와 같은 변화함이 두루 나타난다. 또 이것을 음마라고 하지 않고 실제로 천궁에 도달했다고 여긴다면, 끝내 범태를 벗어났다고 여긴 것이 정수리 속의 자기 천궁의 안임을 알지 못한다. 이 때문에 미련을 갖고 실제 경지로 인식해서 초탈하는 법을 사용하지 않는다면, 몸속에만 머물러서 양신이 나오지 않고 태선이 변화하지 않는다. 이는 곧 어두운 거리를 벗어나 육지신선이 되었다고 말할 수는 있으나 장생불사에 그칠 뿐이니, 형질을 벗고 선계에 올라 삼도로 돌아가 선인이 될 수는 없다. 이런 일을 당하면 애석하지 않겠는가! 배우는 사람은 스스로 마땅히 초탈할 것을 생각하여, 비록 어려우나 행하지 않으면 안 된다.

道要曰: 不無盡法, 已滅省故也.

「도요」에서 말한다: 법을 온전히 드러내지 않음이 없으니, 까닭을 살피는 것은 그친다.[3]

3 底本의 경우, 「도요」의 말은 이 장에서 끝나고, 뒤의 「초탈」 장에서는 나오지 않는다.

제10장

초 탈

超脫 第十

金誥曰: 道本無也, 以言有者, 非道也. 道本虛也, 以言實者, 非道也. 旣爲無體, 則問應俱不能矣. 旣爲無相, 則視聽俱不能矣. 以玄微爲道, 玄微亦不離問答[1]之累. 以希夷爲道, 亦未免爲視聽之累. 希夷玄微尚未爲道, 則道亦不知其所以然也.

「금고」에서 말한다: 도는 본래 무이니 유로 말하는 것은 도가 아니다. 도는 본래 허이니 실로 말하는 것은 도가 아니다. 이미 체가 없다고 한다면, 묻고 답하는 것이 모두 불가능하다. 이미 상이 없다고 한다면, 보고 듣는 것이 모두 불가능하다. 현미玄微로 도를 삼으면, 현미도 묻고 답함의 얽매임을 떠나지 못한다. 희이希夷[2]로 도를 삼으면 희이도 보고 들음의 얽매임을 면하지 못한다. 희이와 현미도 오히려 도가 되지 못하니, 도 역시 그 소이연所以然을 알지 못한다.

---

1 答: 底本에는 '荅'으로 되어 있다. 문맥상 '荅'의 이형자이기에 輯要本에 따라 교감하였다.

2 희이(希夷)는 『도덕경』 14장의 "視之不見, 名曰夷. 聽之不聞, 名曰希. 搏之不得, 名曰微."에 나온다.

玉書曰: 其來有始而不知大道之始, 何也? 其去有盡而不知大道之終, 何也? 高高之上雖有上, 不知大道之上無有窮也. 深深之下雖有下, 不知大道之下無有極也. 杳冥莫測名曰道. 隨物所得而列等殊, 無爲之道, 莫能窮究也.

「옥서」에서 말한다: 대개 오는 것은 처음이 있을 것인데, 대도의 처음을 알 수 없는 것은 어째서인가? 대개 가는 것은 다함이 있을 것인데, 대도의 마침을 알 수 없는 것은 어째서인가? 높고 높은 위라도 그 위가 있음을 알 수 있으나, 대도 위에는 끝이 있는지 없는지 알 수 없다. 깊고 깊은 아래라도 그 아래가 있음을 알 수 있으나, 대도 아래에는 끝이 있는지 없는지 알 수 없다. 어둡고 아득하여 측량할 수 없는 것을 도라고 이름한다. (도는) 물이 얻은 바에 따라 같고 다름이 펼쳐지니, 무위의 도는 궁구할 수 없다.

眞訣曰: 超者, 是超出凡軀而入聖品, 脫者, 是脫去俗胎而爲仙子. 是其神入氣胎, 氣全眞[3]訣. 須是前功節節見驗正當, 方居清淨之室, 以入希夷之境, 內觀認陽神. 次起火降魔, 焚身聚氣, 眞氣升在天宮, 殼中清净, 了無一物.

「진결」에서 말한다: '초'란 범인의 몸을 뛰어넘어 성인의 경지로 들어가는 것이고, '탈'이란 속태를 벗어버리고 신선이 되는 것이다. 이는 신이 기의 태로 들어가고 기가 진결을 온전히 하는 것이다. 모름지기 앞서 해 왔던 공이 하나하나 증험이 정당하게 나타나면, 바야흐로 청정한 방에 머물면서 도의 경지에 들어가 내관하여 양신을 인식한다. 다음으로 화를 일으켜 마를 항복시키고, 분신하고 기를 모으며, 진기를 상승시켜 천궁에 있게 하고, 몸속은 청정하여 마침내 어떤 물도 없게 한다.

3 眞: 輯要本에는 '性'으로 되어 있다.

當擇幽居, 一依內觀. 三禮旣畢, 平身不須高升, 正坐不須斂伸. 閉目冥心, 靜極朝元之後, 身軀如在空中, 神氣飄然, 難爲制禦. 默然內觀, 明朗不昧. 山川秀麗, 樓閣依稀, 紫氣紅光, 紛紜爲陣, 祥鸞彩鳳, 音語如簧. 異景繁華, 可謂壺中眞趣, 而洞天別景. 逍遙自在, 冥然不知有塵世之累, 是眞空之際, 其氣自轉, 不須用法依時.

마땅히 깊숙한 곳을 택하여 머물면서 오로지 내관에 의지한다. 삼례를 마치고서, 몸을 일으켜 세우는데 높이 일으킬 필요는 없으며, 정좌하는데 움츠리고서 펼 필요는 없다. 눈을 감고 마음을 고요히 하여 고요함이 지극해져[4] 조원하고 난 뒤에는, 몸은 허공에 있는 것 같고, 신기는 나부끼는 듯해 제어하기 어려운 듯하다. 이 때 묵묵히 내관하면 어둡지 않고 밝아지면서 다음과 같은 것이 보인다. 산천은 수려하고 누각은 아득하며, 자주색 기운과 붉은 빛이 어지러이 진을 쳤고, 상서로운 난새와 아름다운 봉황은 피리소리처럼 울고 있다. 기이한 경치가 무성하고 화려하니 호리병 속의 별천지[5]요 동천의 별경이라 할 만하다. 자유롭게 노닐며 그윽하여 속세의 번거로움을 모르는데, 이것이 진공[6]의 때로서, 그 기는 저절로 돌기에 (특정한) 법을 쓰거나 때를 따를 필요가 없다.

若見青氣出東方, 笙簧嘹喨, 旌節車馬, 左右前後, 不知多少. 須

---

4 靜極而動: 내단의 용어로, 정공 속에서 일양이 처음으로 움직이는 때에 바로 정좌하여 눈을 감고 한결같이 뜻을 중에 두고서 기식을 거두어 닫고, 몸을 훈훈하게 찌듯이 하는 수련법을 말한다.

5 호리병 속의 별천지: 후한의 술사 비장방(費長房)이 시장에서 약을 파는 선인 호공(壺公)의 총애를 받아 그의 호리병 속으로 들어갔더니, 그 안에 해와 달이 걸려 있고 선경인 별천지가 펼쳐져 있더라는 전설을 인용한 것이다. 『後漢書』 卷82下 「方術列傳下 · 費長房」에 보인다.

6 眞空: 일체의 의식이나 대상이 없는 경지를 말한다.

臾南方赤氣出, 西方白氣出, 北方黑氣出, 中央黃氣出, 五氣結聚而爲彩雲. 樂聲嘈雜, 喜氣熙熙. 金童玉女, 扶擁自身, 或跨火龍, 或乘玄鶴, 或跨綵鸞, 或騎猛虎. 升騰空中, 自下而上, 所遇之處, 樓臺觀宇, 不能盡陳, 神祇官吏, 不可備說.

푸른 기운이 동쪽에서 나타나 보이는 경우에는, 생황소리가 맑게 울려 퍼지며 전후좌우에서 정절[7]과 거마가 많고 적음을 모를 정도로 나타난다. 잠시 뒤에 남쪽에서는 붉은 기운이 나오고, 서쪽에서는 흰 기운이 나오며, 북쪽에서는 검은 기운이 나오고, 중앙에서는 황색 기운이 나와서, 다섯 기운이 모여 뭉쳐서 오색구름이 된다. 음악소리가 요란하게 울리며 기쁜 기운이 넘쳐흐른다. 금동과 옥녀[8]가 자신을 부축하고 호위하는데, 어떤 이는 화룡을 걸터앉아 있고, 어떤 이는 현학을 타고 있으며, 어떤 이는 빛깔 고운 난새를 타고 있고, 어떤 이는 맹호를 타고 있다. 공중으로 날아 올라가는데, 아래에서부터 위에까지 만나는 곳마다 누대와 관우가 끝도 없이 펼쳐지고, 신지와 관리가 말로 다 헤아릴 수 없다.

又到一處, 女樂萬行, 官僚班列, 如人間帝王之儀. 聖賢畢至, 當此之時, 見之傍若無人. 乘駕上升, 以至一門, 兵衛嚴肅而不可犯. 左右前後, 官僚女樂, 留戀不已, 終是過門不得. 軒蓋覆面, 自上而下, 復入舊居之地. 如此上下不厭其數, 是調出殼之法也.

또 한 곳에 도착하니, 여악사가 만 줄이고 관료가 반별로 늘어서서, 마치 인간세상의 제왕의 의식과 같다. 성현이 모두 모이니, 이때에는 곁에 일반인들은 없는 것 같다. 수레를 타고 위로 올라가서 한 문에 이르니, 병사들이 지키고 있는데 엄숙하여 감히 범할 수 없다. 전후좌우에서 관료와 여악사들이 떠남을 서운해 함이 그치지 않으니 끝내 문을 지날 수 없다. 수레덮개로 얼굴을

7 정절(旌節): 使臣이 갖고 다니는 符節을 말한다.
8 금동과 옥녀: 도교에서 선인을 시중드는 동남, 동녀를 말한다.

가리고 위에서 아래로 내려와 다시 예전에 머물던 곳으로 들어간다. 이같이 수차례 오르내리기를 싫어하지 않으니, 이것이 육체를 벗어남을 조절하는 법이다.

積日純熟, 一升而到天宮, 一降而還舊處, 上下絕無礙滯. 乃自下而上, 如登七級寶塔, 或如上三層紅樓. 始也一級而一級, 七級上盡, 以至頂中, 輒不得下視, 神驚而戀軀不出. 旣至七級之上, 則閉目便好跳. 如寐如寤, 身外有身, 形若嬰兒, 肌膚鮮潔, 神采瑩然. 回觀故軀, 亦不見有, 所見之者, 乃如糞堆, 又如枯木. 憎愧萬端, 輒不可頓棄而遠遊. 蓋其神出未熟, 聖氣結而未成, 須是再入本軀, 往來出入純熟, 一任遨遊.

날이 지나 매우 익숙해지면 한 번 오름에 천궁에 이르고, 한 번 내려옴에 예전 처소로 돌아오니, 오르고 내려옴에 막힘이 전혀 없다. 아래에서 올라감은 7층 탑을 오른 것 같기도 하고, 혹은 3층 누각을 오른 것 같다. 처음에는 한 층 오르고 다시 한 층 오르면서 일곱 층 오르는 것을 다하여 꼭대기에 이르는데, 이때는 문득 아래를 내려다 볼 수 없어 신이 놀라 몸에 미련을 두고 나가지 않는다. 하지만 이미 7층 위에 이르고 나서는 눈을 감으면 바로 쉽게 도약한다. 이때 자는 듯 깨어 있는 듯한 상태로 몸 밖에 몸이 있는데, 형체는 어린아이 같고 살갗은 곱고 깨끗하며 신채는 밝게 빛난다. 옛 몸뚱이를 돌아보면 또한 익숙하게 있던 것이 보이지 않고, 보이는 것은 곧 거름덩어리 같고 마른나무 같다. 미워함과 부끄러움이 만 갈래로 생기나, 갑자기 버리고 멀리 노닐 수 없다. 대개 그 신이 나오더라도 익숙하지 못하고, 성스런 기운이 맺히더라도 완성되지 못하면, 모름지기 다시 본래의 몸에 들어가 왕래와 출입이 매우 익숙해진 후에 노니는 것을 맡겨둔다.

始乎一步二步, 次二里三里, 積日純熟, 乃如壯士展臂, 可千里萬

里. 而形神壯大, 勇氣堅固. 然後寄凡骸於名山大川之中, 從往來應世之外, 不與俗類等[9]倫. 是此, 而或行滿而受天書, 驂鸞乘鳳, 跨虎騎龍, 自東自西, 以入紫府, 先見太微眞君, 次居下島. 欲要升洞天, 當傳道積行於人間, 受天書而升洞天, 以爲天仙.

처음에는 한두 걸음 나아가다가 다음에는 두세 리를 가고, 날이 지나 매우 익숙해지면, 곧 장사가 팔을 펼치듯 천 리나 만 리도 갈 수 있다. 더불어 형신이 장대해지고, 용기가 견고해진다. 그런 뒤에 속세의 몸을 명산대천 속에 맡기고, 왕래함을 따라 세상의 바깥일에 응하되, 속된 무리들과는 같이하지 않는다. 이렇게 하다가 혹 행이 가득 차게 되면, 천서를 받고서 난새를 몰거나 봉황을 올라타기도 하고, 호랑이에 걸터앉거나 용을 타기도 하면서, 동쪽이나 서쪽에서 자부[10]로 들어가 먼저 태미진군을 뵙고, 그런 다음에 하도[11]에 거처한다. 동천에 오르고자 하면 마땅히 인간 세상에 도를 전하고 행을 쌓아야 하며, (그런 후에) 천서를 받고 동천에 올라가서 천선이 된다.

凡行此法, 古今少有成者, 蓋以功不備而欲行之速, 便爲此道. 或乃功驗未證, 止事靜坐, 欲求超脫. 或乃陰靈不散, 出而爲鬼仙, 人不見形, 往來去住, 終無所歸. 止於投胎就舍, 而奪人軀殼, 復得爲人仙. 或出入不熟, 往來無法, 一去一來, 無由再入本軀, 神魂不知所在, 乃釋子坐化道流之尸解也.

무릇 이 법을 행하여 이룬 자가 고금을 통틀어 적은 것은, 대개 공은 갖추지 않았으면서 빨리 행하고자 하여 편법으로 이 도를 행했기 때문이다. 혹은 공험이 아직 나타나지 않았는데도 다만 정좌만을 일삼으면서 초탈을 구하고자 한다. 혹은 음령이 흩어지지 않았는데도 (몸 밖으로) 나가서 귀선이 되어, 사

9 等: 底本에는 '寺'로 되어 있으나, 문맥상 輯要本에 따라 교감하였다.
10 紫府: 신선이 거처하는 장소를 칭한다.
11 하도: 전설상에서 말하는 신선이 사는 봉래, 방장 영주를 말한다.

람들이 형체를 보지 못하고, 왕래하고 가고 머무름에 마침내 돌아갈 곳이 없게 된다. 결국 태에 들어가 집을 이루고 사람의 몸을 훔쳐야만 다시 인선이 될 수 있게 된다. 혹은 나가고 들어옴이 익숙하지 못하고 오고 감이 법도가 없어, 한 번 가거나 한 번 올 때에 다시 본래의 몸으로 들어오지 않는다면, 신과 혼이 있을 곳을 알지 못하게 되니, 이것이 곧 스님의 좌화坐化[12]요, 도사류의 시해尸解[13]이다.

故行此道, 乃在前功見驗正當. 仍是擇地築室, 以遠一切腥穢之物, 臭惡之氣, 往來之聲, 女子之色, 不止於觸其眞氣, 而神亦厭之. 旣出而復入, 入而不出, 則形神俱妙, 與天地齊年, 而浩劫不死. 旣入而復出, 出而不入, 如蟬脫蛻, 遷神入聖. 是以超凡脫俗, 以爲眞人仙子, 而在風塵之外, 寄居三島之洲者也.[14]

그러므로 이 도를 행하는 것은 바로 앞서 말한 공의 증험의 정당함에 달려 있다. 이에 땅을 택하여 방을 짓고 일체의 비린내 나는 물이나 나쁜 냄새, 왕래하는 소리, 여색 등을 멀리하여, 그 진기에 닿지 않게 하고 신 또한 싫어하지 않도록 한다. 나왔다가 다시 들어가고 들어가서 나오지 않으면, 형과 신이 모두 묘해져서 천지와 수명을 같이 하여 영원히 죽지 않는다. 들어갔다가 다시 나오고 나와서 다시 들어가지 않는 것은, 매미가 허물을 벗는 것과 같이 신을 옮겨 성인에 들어가는 것이다. 이로써 범속함을 벗어나서 진인 선자가 되어 풍진의 바깥에 있으면서 삼도에 기거하는 것이다.

已上乃超凡入聖之訣.

---

12 坐化: 불교에서 단정하고 편안하게 앉아서 죽는 것을 말한다.
13 尸解: 도교에서 그 형체만을 남기고 죽어서 정신이 사라진 것을 말한다. '屍解'로도 쓰인다.
14 也: 輯要本에는 이 뒤에 "道要曰: 不無盡法, 已滅息矣."가 있다.

이상이 초범입성의 비결이다.

右大乘三門系天仙.

이상은 대승의 세 가지 법문으로 천선과 관계된다.

비전 정양진인 영보필법 하권 끝[秘傳正陽眞人靈寶畢法卷下終]

『道樞』

영보편

靈寶篇

- 『靈寶篇』은 『傳道篇』과 마찬가지로 至游子 曾慥의 작품으로서 『靈寶畢法』에 대한 일종의 요약문이다. 이는 『道樞』의 『傳道篇』(권39~41) 다음인 권42에 실려 있다. 『靈寶篇』 역시 『영보필법』 표점작업과 번역작업 시 일정정도 참고사항이 된다.
- 『靈寶篇』의 원문은 『道藏』本을 底本으로 삼고, 문단구분과 표점, 그리고 원문 교감을 위해 『中華道藏』本(이하 中華本)과 『道藏輯要』本(이하 輯要本) 그리고 『靈寶畢法』을 참조하였다.
- 『靈寶篇』 역시 『傳道篇』과 마찬가지로 제목으로서 각 장이 나뉘어져 있지 않아 『靈寶畢法』과의 내용비교가 수월치 않다. 본 원문에서는 『靈寶畢法』과의 용이한 비교를 위해 『영보편』과 『영보필법』의 내용이 서로 호응하는 곳에 임의로 제목을 삽입하였다.
- 기타사항

  - '眞' '盖' 등과 같은 略字나 俗字의 경우, '眞' '蓋' 등 本字로 통일하였다.

正陽剖微, 純陽互通, 集厥大成, 衆妙之宗

(序)[1] 子鍾離子旣已道授呂子, 復曰, 吾嘗勝於終南之山, 而得金誥玉錄與眞源之義, 此至道之要也. 今將語汝. 呂子曰, 唯.

(匹配陰陽) 子鍾離子於是言曰, 天得乾道, 而積氣以覆於下, 地得坤道, 託質以載於上, 相去八萬四千里, 氣質不能相交. 故天以乾索於坤, 三索旣終, 而還於地中, 其陽負陰而上升. 地以坤索於乾, 三索旣終, 而還於天中, 其陰抱陽而下降. 一升一降運行於道, 天地所以長久者也. 夫天地之間, 親乎上者爲陽, 自上而下, 四萬有二千里, 名曰陽位. 親乎下者爲陰, 自下而上, 四萬有二千里, 名曰陰位. 故一歲之始, 冬至地中陽升, 凡旬有五日, 上升七千里. 三氣者, 一節也. 其數四旬有五日而陽升也, 共二萬有一千里. 二節者, 一時也. 其數九旬而陽升也, 共四萬二千里, 至于天地之中, 陽合于陰位矣. 於時陰之中, 其陽半焉, 其氣變寒爲溫, 春之分也. 過此則陽升而入于陽位, 於是始得乎地之氣而升焉, 亦四旬有五日, 是爲立夏. 立夏之後四旬有五日, 是爲夏至. 陽之升者通乎前, 蓋八萬有四千里, 至于天矣, 於是陽中有陽焉. 其氣變溫爲熱, 積

1 (序): 이처럼 괄호 안에 제목을 넣은 것은 『영보필법』 원문과의 용이한 비교를 위해 임의로 삽입한 것이다. 이하의 제목은 모두 이와 같다.

陽生陰, 於是一陰生於二陽之中, 其始于夏至者也, 於是天中之陰降焉. 一氣者, 旬有五日, 降乎七千里. 二氣者, 四旬有五日, 陰之降, 蓋二萬有一千里, 九旬則陰之降, 共四萬有二千里, 至于天地之中, 陰合於陽位矣. 於時陽之中其陰半焉, 其氣變熱爲涼, 秋之分也. 過此則陰降而入乎陰位, 於是始得乎天氣而降焉, 亦四旬有五日, 是爲立冬. 立冬之後四旬有五日, 是爲冬至. 冬至而陰降通乎前, 蓋八萬有四千里, 以至于地矣, 斯陰之中有陰焉. 其氣變涼爲寒, 積陰生陽, 一陽生於二陰之中. 自冬至之後, 一陽復升, 周而復始, 故冬至者, 陽生上升而還于天, 其陰降至于地, 此一陽來者也. 夏至者, 陰生下降而還于地, 其陽升至于天, 此一陰來者也. 自夏至陽升於上, 過春之分而入乎陰, 以離乎陽位, 此二分者也. 自冬至陽升, 由上而下, 非無陰降也, 所降之陰, 乃陽中之餘陰, 止於陽位消散而已. 雖降而得位, 値陽之升則其氣絶矣. 然則, 夏至陰降, 由下而上, 亦非無陽升也, 所升之陽, 乃陰中之餘陽, 止於陰位消散而已. 雖升而得位, 値陰之降, 則其氣絶矣. 以是觀之陰也陽也, 其升降上下不出乎八萬四千里, 而日則三百有六十也. 夫能卽溫涼寒熱之四氣, 斯識陰陽矣. 卽陽升陰降之八節, 斯知天地矣.

天地者, 物中之大者也, 人者, 物中之靈者也, 故人可以配天地焉. 心, 天也, 腎, 地也. 肝, 陽位也, 肺, 陰位也. 心腎相去八寸有四分, 猶天地覆載之間也. 氣亦陽也, 液亦陰也. 子午者, 二至也, 卯酉者, 二分也. 一日者, 一年也. 吾以一日而用八卦, 斯得八節之數矣. 子之時, 腎之氣生, 卯之時, 其氣至于肝. 肝, 陽也, 故其氣盛, 於是陽升而入于陽位, 春分之比也. 午之時, 氣至于心, 積氣生液, 斯蓋夏至陽升于天, 而陰生者也. 心之液旣生, 至酉之時, 其液至于肺. 肺, 陰也, 故其液盛, 於是陰降而入于陰位, 秋分之比也. 子之時, 液至于腎, 積液生氣, 斯蓋冬至陰降于地, 而陽生者也. 日用如循環焉, 其能無虧, 可以延年矣. 天地於道一也, 得其一者, 其惟人乎! 然其胎全, 氣足之後, 六欲七情, 以損元陽, 而失眞氣, 顧有自然相生之氣液, 不能同天地之升降焉. 吾嘗以法致, 而强奪之而後可也. 夫一呼元氣出, 一吸元氣入, 入而不能留, 隨呼而復出, 則吾之元氣反爲天地所奪矣, 是以氣散不能生液矣, 液少不能生氣矣. 當其氣盛之時, 日用震卦而於氣也, 多入少出, 强留在其腹, 於斯之時, 自下而升者不出也, 自外而入者暫上也. 二氣相合, 積而生五藏之液, 積液還元, 則氣之生滋多矣. 此達磨胎息小成者也. 道之要者, 其欲求陽公長子而取眞一, 是亦多入少出者焉. 陽公長子, 何謂也? 乾索於坤, 元氣升而上者也. 震, 長子也. 是爲卯之時, 氣自腎生, 液自心降, 相爭乎上下, 故閉氣則液分, 兩停過時, 於是乎得眞一矣. 眞一者, 眞水也. 此何道也? 積氣生液, 積液生氣, 氣中之液, 隨液而降, 液中之氣, 隨氣而升, 氣液相生者也. 行之一年奪功, 以一并三百日爲期, 十日功斯見矣. 善食而無疾, 首淸而目明, 心胖而腹虛, 其中殷乎風雷之聲, 是非其效歟! 若夫靜息絕念, 終日默坐, 止於定中而出陰神, 非爲仙之道也.

(聚散水火) 呂子曰, 此其陽胎而陰息配合陰陽者乎! 水火何以聚散焉?

子鍾離子曰, 大道之中生天地者也, 天地之中生陰陽者也. 故天地有上下, 陰陽有終始. 吾因其俯仰, 察其度數, 大道亦可知焉. 是以卽天地之上下, 而知道之高卑矣, 卽陰陽之終始, 而知道之先後矣. 天地不離於數, 其終乎一歲者也, 陰陽不失其宜, 其分乎八節者也. 冬至陰, 太極而一陽生, 至春之分, 陰之中其陽半焉, 過此純乎陽矣. 夏至陽, 太極而一陰生, 至秋之分, 陽之中其陰半焉, 過此純乎陰矣. 欲識大道之體, 其必法天地, 審陰陽乎! 冬至陽生而升, 至于立春則升于陰位, 二萬一千里, 陽難勝於陰也. 夏至陰生而降, 至于立冬, 陰降于下, 其去天六萬三千里, 去地二萬一千里, 是陰得位, 而陽欲絕也. 故一歲之中, 立春者, 其在日用則丑之末寅之初, 艮之卦也. 其時腎之氣生, 而未至于肝, 處乎陰位之中. 是氣也, 在于液中, 弱而難升也. 一歲之中, 立冬者, 其在日用則戌之末亥之初, 乾之卦也. 其時心之液下入, 將欲還元復歸于腎, 陰盛陽絕之時者也. 其氣少, 其液多, 人之所以多疾疢而夭闕者, 陰陽繆而不升降, 氣液枯而不相生. 嗟夫! 氣盡神散, 斯死矣. 立春陽升, 自下而可以上, 則不日而陰之中其陽半矣. 立冬陰降, 自上而可以下, 則不日而陽之中其陰半矣. 惟人當艮之時, 其氣微而不知養氣之端. 乾之時, 其氣散而不知聚氣之理. 顧以六欲七情損其元陽, 使眞氣不强, 失其眞氣, 使眞液不生, 不亦可哀哉! 方艮之時也, 吾以養其元氣, 手足互伸縮焉, 使四體之氣俱生, 則內以保其元氣, 上以朝其心府, 於是嚥其津者一二焉, 上摩其面者三二十焉, 久則膚澤光腴矣. 此之謂散火鍊形之小者也. 方乾之時也, 吾以聚其元氣, 靜坐嚥氣而搐外腎焉. 嚥氣者, 何謂也? 納心火於下者也. 搐外腎者, 何謂也? 收膀胱之氣於內者也. 腎氣合矣, 於是三火聚而爲一, 以補下田. 無液者氣聚, 斯生液矣. 有液者液鍊, 斯生氣矣, 此之謂聚火太一含眞氣者也. 此何道也? 心之氣宜乎納者也, 膀胱之氣宜乎收者也. 使之不散以接乎坎, 斯乃氣海之中, 始生之氣也. 以秋冬爲首, 見其效則止焉. 行之一年奪功, 以一并三百日爲期, 十日功斯見矣. 肌革充澤, 下田沖和, 精神爽清, 是非其效歟!

(交媾龍虎) 呂子曰, 交合龍虎者有道乎?

子鍾離子曰, 道原初判而有太始, 太始而有太無, 太無而有太虛, 太虛而有太空, 太空而有太質. 太質者, 天地也. 其氣清濁, 其質如卵, 其色玄黃, 乃太空之一物爾. 冬至則地中陽升, 夏至則至于天, 其陽太極而陰生. 陰生者, 以陽自陰中來, 而起於地, 恍恍惚惚, 氣中有水而無形, 故夏至則積氣生水矣. 夏至則天中陰降, 冬至則至于地, 其陰太極而陽生. 陽生者, 以陰自陽中來, 而出於天, 杳杳冥冥, 水中有氣而無形, 故冬至積水生氣矣.

子之時, 坎之卦也, 腎之氣於是生焉. 午之時, 離之卦也, 心之液於是生焉. 方其腎之氣生于坎, 其及離也, 則至于心, 接乎心氣, 與心之火相合, 於是太極而生液. 所以然者, 以氣自腎來, 氣中有眞水而無形, 其猶積陽生陰者類耶! 心之液生乎離, 其及坎也, 則至于腎, 接乎腎水, 與之相合, 於是太極而生氣. 所以然者, 以液自心來, 液中有眞氣而無形, 其猶積陰生陽者類耶! 吾以是知所生之陽, 陽中藏水, 所生之陰, 陰中藏氣, 吾與天地之陰陽同也. 故曰腎生氣, 其中有眞水者, 虎也. 心生液, 其中有眞氣者, 龍也. 夫天如覆盆, 陽猶能升焉. 地如盤石, 陰猶能入焉. 而人不能者, 有以損其元陽, 失其眞氣者矣.

夫離也者, 在[2]人則心也, 在外則午之時也. 眞陽也者, 在人則元陽也, 在外則太陽也. 故當離之時, 腎氣旣至于心, 心與腎交, 宜入靜宇, 疊掌蟠膝, 升身正坐, 神室內定, 鼻之息少入遲出, 綿綿若存, 滿口含津, 勿吐勿嚥, 自然腎氣與心氣相合, 太極而生液矣. 是以眞液與眞水相合, 則眞氣戀液, 眞水戀氣. 夫氣液者, 本非相合者也. 惟其液之中有眞氣, 氣之中有眞水, 互交合焉. 於是相戀

2 在: 底本에는 공란으로 되어 있으나, 문맥상 輯要本에 따라 첨가하였다.

而下, 其名曰交合龍虎.

若夫火之候不差, 而知地添之宜, 則三百日眞胎就而大藥成, 斯乃超脫之本也. 此何道也? 夫元氣, 眞水也, 不可以泄而失於外者也. 氣散則不能生液, 液少則無眞氣, 氣水不交則不能成大藥焉. 故知腎中眞一之水, 心中正陽之液, 二者交焉, 在人生人, 在身生神, 其名曰內丹. 數盈乎三十旬, 可以長生矣. 凡年之中用月者, 其以冬至爲始乎! 日之中用時者, 其以離卦爲期乎! 夫以冬至爲始, 三百日胎仙全矣. 其形彈丸, 其色朱橘, 永鎭下田而不死矣.

若夫老而學道, 根源不固, 然以十年之損, 一年補之, 可以益壽矣, 是謂採補還丹. 蓋此道也, 補之數足則口生甘津, 心境自除, 情欲不動, 百骸休安, 目爛如電, 神光現於闇室, 是非其效歟!

(燒煉丹藥) 呂子曰, 周天火候何如哉?

子鍾離子曰, 寒熱溫涼, 形中有氣者也, 雲霧雨露, 氣中有象者也. 地之氣上騰, 斯升而爲雲, 散而爲雨矣, 天之氣下降, 斯散而爲霧, 凝而爲露矣. 積陰過, 則其露爲霜, 其雨爲雪, 積陽過, 則其霧爲煙, 其雲爲霞. 陰之中伏陽, 陽不能升, 斯擊搏而生雷霆矣, 陽之中伏陰, 陰不能散, 斯堅固而生雹霰矣. 故陽光散而爲雷, 陰氣蕩而變風, 陰陽不合, 相對而生電, 陰陽不正, 亂交而成虹蜺. 惟眞陽也, 積而成神, 麗于天者, 其大日月也, 眞陰也, 積而成形, 壯于地者, 其貴金玉也. 日月也者, 眞陽而得乎眞陰, 以相成矣, 金玉也者, 眞陰而得乎眞陽, 以相生矣. 故吾心液中之眞氣, 猶眞陽也, 腎氣中之眞水者, 猶眞陰也. 眞水不得, 眞氣不生, 眞氣不得, 眞水不成. 二者旣於離之時, 和合於心之上肺之下, 如子母之相戀, 夫婦之相愛也. 自離至于兌, 兌者陰盛陽弱之時, 猶日月之下弦, 金玉之在璞也.

夫日月自晦至朔, 數足而明生焉, 金玉自陽生陰, 氣足而寶成焉. 故寶者, 以氣足而進之以陽, 明者, 以數足而受之於魂. 其猶吾之離之時, 積氣而生液, 液還下元. 若不進之以氣, 則爲月之下弦不受魂, 金玉之在璞不發陽也. 是以於乾之時, 進火有數, 鍊陽無衰, 能加火之數, 則陽長生矣. 離之時, 龍虎旣合, 斯採藥之時也. 至於乾則氣液將欲還元, 而生于膀胱之上, 脾胃之下, 腎之前, 臍之後, 小腸之右, 大腸之左. 於斯之時, 脾氣强而肺氣盛, 腎氣絕而肝氣弱.

夫眞氣本以氣相合而來者也, 旣以陽氣弱而眞氣無所戀, 徒於離之時採合而已. 然眞氣無所戀且將散矣. 必於眞氣欲絕之時, 當坤之卦元, 入靜宇正坐, 神室內定, 鼻之息綿綿, 微脅其腹, 於是臍也腎也熱或甚焉, 則微放輕勒. 如其未也, 則緊勒漸放焉, 至其熱也, 則任意放勒焉, 以滿乾之卦, 其名曰勒陽關. 如是則鍊乎內丹, 使眞氣不上行以同眞水, 而脾之液爲之和合焉. 隨其呼吸, 而運輸於命府黃庭之中, 故能氣液變爲精, 精變爲珠, 珠變爲汞, 汞變爲砂, 砂變爲金. 此內丹之成也. 吾所謂老而學道, 十損而一補之, 其可忽於玆乎!

採藥於離之時, 至乾之時以鍊之, 春冬多採少鍊, 乾一而離二倍用功也, 秋夏少採多鍊, 離一而乾二倍用功也. 百日而藥力全矣, 二百日而聖胎堅矣, 三百日眞氣具而胎仙全矣. 藥力旣全而後進火加數, 是爲火之候. 故聖胎堅矣, 則加火候, 以至于小周天, 胎全氣生矣, 則加火候, 以至於周天. 然當絕迹幽居, 心在內觀, 使內境不出, 外境不入, 猶龍之養珠焉. 雖寤寐終食之間, 語默如嬰兒, 擧止如處女, 猶恐有損焉, 有失焉, 不可斯須而離於道也.

子鍾離子曰, 此非所謂其至也, 蓋特小成者爾.

(肘後飛金晶) 吾有金晶玉液金液之方焉. 一歲者以月言之, 六律六呂, 以六起數, 數盡乎六位, 六六是爲三十有六日, 陰之成數也. 以日言之, 五日一候, 七十有二候, 八九之數也, 以九起數, 數盡乎六位, 六九是爲五十有四日, 陽之成數也. 一六一九合而爲十五. 十五氣之數二十有四, 是爲八節, 於是見陰陽升降之理. 一六一九以四爲用, 故陽數二百有十六, 陰數一百四十有四, 凡三百有六十, 是爲周天者也. 陰陽升降在乎天地之內, 猶吾之心腎氣液交合者也, 日月運轉在乎天地之外, 此吾之肘後飛金晶者也. 故肺肝陰陽, 如日月往來焉, 進火加損, 如日月交合焉, 陰陽升降, 如日月運轉焉. 歲之夏至, 月之旬有六日, 在於人也, 其猶午之時歟! 歲之冬至, 月之旦, 在於人也, 其猶子之時歟!

吾推天地陰陽, 日月魂魄, 尙有交合運轉之序, 則吾之心腎氣液, 肝肺魂魄, 日用雖有節矣, 年之用其無加損乎! 坎之時, 陽生于艮, 而腎氣交于肝前. 其未交也, 披衣正坐, 存乎下腹, 斯須升身焉. 前出其胸, 微偃首於後, 後閉其夾脊雙關, 以肘前後微扇一二. 然後伸腰, 自其尾閭, 其炎如火, 由腰下擁在乎夾脊之下, 雙關勿開, 熱盛氣壯漸開夾脊. 使氣過關, 則乃仰面緊偃腦後, 以閉上關, 熱極氣壯, 漸放入頂, 以補泥丸. 此其長生之基歟! 於是用還丹之法, 復出胸伸腰以閉夾脊, 存而升之, 火或不起於腰, 則靜坐內觀, 用其法再作焉, 以起其火. 自丑而行, 終寅而止, 其名曰肘後飛金晶. 蓋使腎之氣以生肝之氣也.

夾脊之骨, 其節二十有四, 自下而上三節, 內腎相對, 是爲天柱. 天柱之上, 是爲玉京. 玉京之下, 內腎相對, 尾閭之上十有八節, 其中是爲雙關, 上九下九, 百日可以通而入于泥丸矣. 行之之要, 則始于艮, 以飛金晶至巽而成者. 此離之卦, 其採藥者也, 乾之卦, 其進火勒陽關者也. 始乎冬至, 行之百日, 而金晶入于腦, 三關一撞, 直入上宮泥丸. 自艮而始, 至震而止. 其採藥於離也, 更無腎氣相合焉, 惟肝氣自生心氣, 皆純陽者也. 則二八之陰消矣, 其氣薰蒸於肺, 而得黍米之大, 而入于黃庭, 此其內丹之材歟! 百日無差, 藥力全矣. 故採藥於離, 用法依時, 內觀益詳於乾, 進火以勒陽關. 自兌而始, 至乾而止, 百日而飛金晶矣. 自艮而坐, 至巽而止, 離之採藥法仍其舊, 三百日無差, 聖胎堅矣. 勒陽關者, 自坤而坐, 至乾而止, 百日則泥丸實而還童矣. 是法也, 五行顚倒, 三田反覆之義焉. 先之以配合陰陽, 使氣掖相生. 次之以聚散水火, 使根源堅固, 氣行而掖止. 次之以交合龍虎, 使採補還丹, 吾所謂小成者也. 年之中擇月焉, 冬至之月於中[3]擇日焉, 甲子之日於中擇時焉, 艮也離也乾也, 爲之始焉. 自艮至巽, 自乾起坤, 三百日之數足, 是爲中成者也. 夫行斯道, 必於清靜之區, 目不見可欲, 耳不聞囂聲, 鼻不入臭穢, 口不爽五味, 六欲七情不動於心, 惴惴焉寤寐如恐失之, 斯可也. 行功不勤, 則不得於仙, 睒死而已爾.

斯何道也? 三元之用事者也. 飛金晶者, 則自下田而返上田歟! 採藥者, 則自下田而返中田歟! 勒陽關進火者, 則自中田而返下田歟! 始其效也, 寐而多悸, 四支六府示有微疾, 不藥而瘉. 暝目入晦有光, 如蓋金關玉鑰, 其封全堅, 以絕乎泄精, 雷鳴一鼓, 關節氣通, 神彩清而丹田和, 心境自除. 其寐也, 若抱嬰兒以歸, 若騰飛以游, 八邪不能干矣. 三[4]百日胎仙全, 而玉液煉形可以行矣.

(玉液還丹) 陽之升也, 何以太極而生陰乎? 陰不足而腸有餘, 故積陽而生神焉. 陰之降也, 何以太極而生陽乎? 陽不足而陰有餘, 故積陰而生形焉. 神者, 吾所謂日月也, 形者, 吾所謂金玉也. 金玉之質, 產乎積陰, 而中蓄眞陽之氣, 復感乎日月, 使眞陰眞陽下射,

3 中: 底本에는 '申'으로 되어 있으나, 문맥상 輯要本에 따라 교감하였다.
4 三: 底本에는 '梅'로 되어 있으나, 문맥상 輯要本에 따라 교감하였다.

而生成其寶焉, 是宜可珍也哉!

彼積陰成形而抱陽, 猶吾積藥爲眞胞眞氣, 以成胎仙者也. 彼氣沖于天, 則隨陽升而起, 入于地, 則隨陰降而還, 旣隨陰陽升降, 自有東西四時可以別焉. 猶吾金掖以還丹田, 玉液以鍊形質, 四時加損, 一日改移者也. 夫吾三百日之後, 眞氣旣全, 則可以還丹鍊形矣. 故用艮之卦, 飛金晶終巽而止爾. 離之採藥, 坤之陽關, 皆於是止而不爲. 惟用兌之卦, 勒陽關焉, 至乾而止.

夫旣不爲離之採藥, 而爲還丹者, 是嚥法也. 其法以舌攪上下腭二頰之間, 先嚥惡濁之津, 次退舌杪以離玉池, 其津生也, 不漱而嚥. 春之月, 肝之氣盛, 脾之氣弱, 則日用乎離. 夏之月, 心之氣盛, 肺之氣弱, 則日用乎巽. 秋之月, 肺之氣盛, 肝之氣弱, 則日用乎艮, 以飛金晶, 嚥亦可也. 冬之月, 腎之氣盛, 心之氣弱, 則日用乎震. 四時之季, 脾之氣盛, 腎之氣弱. 腎者, 人之根本也. 凡季月之後, 旬有八日則用乎兌, 其春之離, 夏之巽, 冬之震, 則於其時兼用之, 惟秋也專用乎兌而已. 斯何道也? 知五行之根蒂, 所以生克者歟!

其爲嚥之法, 而牙齒玉池之間, 津不生焉則何如? 日吾惟以舌攪滿上下, 而用玉池雙收二頰, 以虛嚥氣, 氣之中斯有水矣. 嚥之數始乎三十有六, 其次四十有九, 其次八十有一, 其次一百八十有一, 俟有功以爲度焉. 此所謂玉液者也. 行之一年, 灌漑丹田, 沐浴胎仙, 而眞氣滋盛矣. 夫若不行乎此, 則三百日內丹旣成, 眞氣自生, 於是用艮以飛金晶, 一撞三關, 直入泥丸. 其氣方起也, 以手塞耳, 何也? 耳者, 腎之門也, 懼泄腎之氣於外也.

當行此法, 自頂中前下金水, 勢如建瓴, 注于黃庭, 其變爲金丹. 故行金液之方, 必入靜宇, 疊掌蟠膝, 端坐絕念, 忘情內觀, 審乎艮之金晶飛入于頂, 則微昂首項, 使腦之後其炎如火, 頻府仰其首向乎前, 抑首曲於咽喉, 退舌杪近乎後, 以拄上腭. 於是上清靈芝之水, 其味甘, 其氣芳, 或漱或嚥, 下還黃庭. 此所謂金液者也. 歲之中行之, 蓋無時焉. 惟金晶之飛也, 一飛一嚥, 至震而止, 及已入腦矣, 則順節序而行, 艮以始之, 巽以終之. 日之將入而勒陽關, 則兌以始之, 乾以終之. 其行之也, 必絶迹淸心, 而後斯有功焉. 是道也, 必金晶飛矣, 藥旣採矣, 陽關勒矣, 內丹成矣【三百日乃成】, 而後行焉. 不然, 惟以還丹滌蕩華池, 則大藥散而無益也. 其效也, 其體澤, 其神秀, 其瞳黑, 其髮鉗, 其顔童, 氣內足而不餒, 塵骨更矣, 神室變矣, 步軼奔駟, 津爲凝酥, 寒暑不能暴矣. 如防乎陽之太極, 則以玉液漑灌沐浴焉, 則內丹潤矣. 三百日之後行乎金液者, 旣濟之法也. 起火以迎眞水, 上水下火, 一升一沉, 以陽錬陰, 將變乎純陽, 其功至也, 可以飛騰游方之外者也. 其功則百日斯效矣, 一年斯成矣.

(金液還丹) 何謂金玉之液歟? 積陽成神, 神中有形, 一生於日, 二生於月者也. 積陰成形, 形中有神, 一生於金, 二生於玉者也. 日行九, 月行六, 隨陰陽而生沒焉, 金玉亦隨陰陽者也. 春夏而升, 秋冬而降焉. 腎之氣, 月也, 冥液則金也. 心之氣, 日矣, 其液則玉也. 玉液也者, 本乎腎之氣, 上升而至于心, 以合心之氣. 二氣相交, 而過乎重樓, 緘口不出, 則津盈于玉池, 嚥之斯爲玉液矣. 吾以舌攪滿上下之腭, 閉玉池而雙收二朕, 虛嚥其氣. 此還丹之方也.

夫氣之中有眞水焉, 氣聚則水聚, 母行則子從者也. 玉液旣云還丹矣, 何以煉形乎? 液者, 自腎而來, 以生于心, 猶土生石, 石生玉者也. 金液者, 腎之氣與心之氣合而上升, 熏蒸於肺. 肺者, 華蓋也, 下罩二氣, 卽日而取其液. 其液在于下田, 自尾閭而升, 是爲飛金晶以補泥丸者焉. 泥丸補之之數旣足, 則自上而下復降于下丹田, 是爲金液還丹者焉. 其還于下田也而復升焉, 周于四支, 是爲金液煉形焉, 亦猶金生于土者也.

吾金晶之飛能通三關入九天, 何謂也? 尾閭, 其下關者也. 夾脊, 其中關者也. 腦後, 其上關者也. 頂者, 九天[5]也. 方玉液還丹之後居于靜宇密舍, 風不薄也, 日不及也. 潛祝三淸曰, 欲以行道演化, 當先煉形於陰陽之外, 已乃燎香嚥之, 於是以震之時爲始, 瞑目閉心, 升身正坐, 鼻之息綿綿少入遲出, 內觀益詳, 內境不出, 外境不入, 滿口含津, 勿吐勿嚥, 氣盈四支, 爲之制禦, 勿令散失意倦, 漸止復升, 至離之時, 其氣旣交, 於是氣美而不可名矣. 是爲玉液煉形者焉, 蓋可以留形居世而已. 夫能棄絕外事, 志在於仙, 則當以肘後飛金晶纔起補足之後, 仍前之法, 使金液還丹自頂至腎焉, 自震而行, 至離而止. 金液玉液, 其法同而所以異者, 其在內觀乎, 非特此也! 還丹煉形, 相併而行, 豈玉液比哉? 其要在乎陽純而陰盡. 凡春冬再起一嚥, 何以謂之起歟? 前之所云升身者也. 秋冬則五起一嚥焉. 其嚥也, 秋夏其數五十, 春冬其數百餘者, 用兌以勤陽關[6], 至乾爲期, 其法如前焉.

若夫金液之煉形, 蘇[7]後升前偃後升, 飛金晶也. 前偃, 金液還丹也. 金晶過頂, 下還丹田, 與煉形之氣相接, 不可亟嚥焉, 俟夫氣極於四支, 意舒而神暢, 嚥燥而心沖, 於是微嚥焉, 與氣相敵, 是爲旣濟者也. 行此者, 自艮至離, 升而嚥之, 其亦可也. 然則, 形果何以煉乎? 飛金晶以起火而入於頂, 前升後舉, 其名曰焚身. 於火之中, 復行還丹, 而四時加損焉, 然後復拘於歲月哉! 吾日之中蓋有乾坤焉, 午之前焚乎乾, 午之後焚乎坤. 以人言之, 其腹爲坤,

---

5 天: 底本에는 '夫'로 되어 있으나, 문맥상 輯要本에 따라 교감하였다.
6 關: 底本에는 '陽'으로 되어 있으나, 문맥상 輯要本에 따라 교감하였다.
7 蘇: 문맥상 연문으로 보인다.

其背爲乾, 斯肘後飛金晶者也. 方其焚乎坤, 則始乎兌, 以勒陽關, 至乾而止, 斯不可須臾廢也. 冬春三日或五日而行旣濟之法, 以防太極於起火之中嗾焉, 如是則金丹不燋矣. 吾之焚身, 不止煉形而成氣也, 其足以逐陰鬼而養神矣, 下三彭而死九蟲也. 夫自是可與論朝元煉氣成神之方也歟!

煉形之效, 何如哉? 曰, 其志淸高, 合於太虛, 魂魄不游, 夢寐絕矣. 陽精旣成, 神府固矣. 火不能爍, 水不能濡, 眞氣黑出于神門. 故眉有白毫, 其氣純陽可以涸汞, 呼吸可以已疾, 災祥可以前知, 此非其效歟! 雖然, 詎若朝元之妙哉!

(朝元) 一三五七九者, 道之分而爲數也. 金木水火土者, 道之變而有象也. 不分則無數, 無數者, 道之原也. 不變則無象, 無象者, 道之本也. 天地之象, 吾知其氣與水也. 天地之數, 吾知其遠與邇也. 然則, 道亦豈遠乎哉? 天地有五帝者, 猶吾之五藏也. 靑帝其德木, 其干甲乙, 甲爲陽, 乙爲陰, 猶吾肝之氣液也. 赤帝其德火, 其干丙丁, 丙爲陽, 丁爲陰, 猶吾心之氣液也. 白帝其德金, 其干庚辛, 庚爲陽, 辛爲陰, 猶吾肺之氣液也. 黑帝其德水, 其干壬癸, 壬爲陽, 癸爲陰, 猶吾腎之氣液也. 黃帝其德土, 其干戊己, 戊爲陽, 己爲陰, 猶吾脾之氣液也. 春之月, 肝之氣盛, 蓋父母之眞氣隨天之運度, 而在于肝. 若木之日, 其干甲乙, 則救土於辰戌丑未之時, 起火以煉脾之氣, 餘日直乎兌, 則損金以耗肺之氣, 是時不可下功也. 坎之時起火以煉腎之氣, 震之時入于室, 多入少出, 止息爲上, 久閉次之, 以千息爲度. 內觀一意在于肝, 冥心瞑目, 靑色自見, 徐升其身, 以入泥丸, 自寅至于辰, 以終乎震, 鼻之息其出甚微習焉, 則息止矣, 不可以求亟成焉. 夏之月, 心之氣盛, 蓋父母之眞氣隨天之運度, 而在於心. 若火之日, 其干丙丁, 則救金於兌之時, 起火以煉肺之氣, 餘日直乎坎, 損水以耗腎之氣, 是時不可下功也. 震之時起火以煉肝之氣, 離之時入于室, 止息定息而如前焉. 赤氣自見, 徐升其身, 以入泥丸, 自巳至于未, 以終乎離. 秋之月, 肺之氣盛, 蓋以父母眞氣, 隨天之運度, 而在于肝. 若金之日, 其干庚辛, 則救木於震之時, 起火以煉肝之氣, 餘日直乎離, 損火以耗心之氣, 是時不可下功也. 巽之時起火以煉脾之氣, 兌之時入室, 止息定息而如前焉. 白氣自見, 徐升其身, 以入泥丸, 自申至于戌, 以終乎兌. 冬之月, 腎之氣盛, 蓋以父母眞氣, 隨天之運度, 而在於腎. 若水之日, 其干壬癸, 則救火於離之時, 起火以煉心[8]之氣, 餘日直乎辰戌丑未之時, 損土以耗脾之氣, 是時不可下功也. 兌之時, 起火以煉肺之氣, 坎之時入于室, 止息止定而如前焉. 黑氣自見, 徐升其身, 以入泥丸, 自亥至于丑, 以終乎坎. 春煉肝千息, 青氣出矣, 於其季旬有八日專爲定息, 終日默坐, 以養未聚之神, 而煉其眞氣. 坎之時, 起火以煉其腎, 恐耗其眞也. 夏煉心千息, 赤氣出矣. 秋煉肺千息, 白氣出矣. 冬煉腎千息, 黑氣出矣. 各於其季旬有八日專爲定息, 以至起火, 悉如初焉. 於是黃氣成光, 爛然周身矣.

夫定息者, 豈在强留而固閉也哉? 要之綿綿若存, 用之不勤, 從有入無, 使之自止, 斯可也. 採藥者, 何也? 含津握固, 以壓心之眞氣, 使不散者也. 入室者, 何也? 宅乎幽靜, 囂聲不聞, 內開小隙, 微可辨物, 方其陽神初聚, 眞氣如凝, 其如嬰兒而未半焉. 耳不可有聞也, 有聞則神氣悖而逸矣.

若夫腥躁臭腐之氣, 淫冶之色, 非止觸眞氣也, 神所厭也. 於是稽首三祝焉, 一曰地仙功行半者, 二曰天仙傳道行化者, 三曰神仙除大害, 立大功而潛迹者. 旣已, 靜坐忘機以勤行焉. 是法也, 須次

8 心: 底本에는 '而'로 되어 있으나, 문맥상 輯要本에 따라 교감하였다.

第覩其效而進焉. 徑習乎朝元, 終不成功, 其亦出陰魂而爲鬼仙者乎! 朝元之道, 豈易言哉? 千日而治一氣, 一以奪十, 百日而功至矣, 五百日而氣足矣. 自是可以行內觀焉.

聚陽神以入天宮, 煉之以合大道, 其效何如哉? 其軀若騰, 丹光通骨, 紫霞盈目矣. **(內觀)** 一氣歸諸心, 不可爲物之所奪, 一心運一氣, 不可爲法之所役焉. 心源淸徹, 一照萬破, 亦不知有物也. 氣戰剛强, 萬感一息, 亦不知有法也. 物物無物, 還本來之象乎! 法法無法, 會自得之眞乎! 吾之修煉之成, 則沖和之氣凝而不散, 至虛眞性, 恬淡無爲, 神合乎道, 歸于自然, 則以無心爲心, 不知己之有身也, 其入希夷之域者乎! 此法也, 其如存想耶! 其如禪定耶! 吾擇福地爲靜宇, 正坐蟠膝, 散髮披衣, 握固存神, 冥心瞑目, 微升身於前, 以起火煉氣. 午之後, 則微斂身, 聚火以煉丹, 通乎晝夜, 神氣淸和而坐, 不懈於斯時也. 有聲勿聽, 有境勿視, 則自殄矣. 或魔加迫焉, 亟前以身微斂, 斂而伸腰, 後以出胸微偃, 偃不伸腰. 少焉, 前後火起高升, 其身勿動, 是謂焚身之火者也. 其火旣起, 其魔自奔, 陰邪不入. **(超脫)** 如是至于再, 至于三, 以至夫遽求超脫, 或陰靈不散, 出爲鬼神, 其形不見, 終無所歸止, 於投胎奪人之舍, 而後爲人[9], 或出入不熟, 往來無法, 一去不返, 失其故軀, 神魂不知所之, 乃桑門之坐化, 道流之尸解也. 故曰, 旣出而復入, 入而不出, 斯形神俱妙, 與天地齊者矣. 旣入而復出, 出而不入, 斯神遷入聖, 放乎三島十洲之上者矣.

9 人: 輯要本에는 '用'으로 되어 있다.

찾아보기

ㄱ

감로 76
감리 30
감위 70, 73
감을 연 38
갑경甲庚 220
개정 37
경락 134
경신 65
경액 74, 76
경화 128
고상원군 89
곤지 74, 76
공동산 89
광성자 89, 92
교구용호 241
구강 74
구난 165
구전 92
구전환단 77, 122, 126
구주 113
구황진모 155
구황진인 155
군마 173
군화 74, 116, 138, 237
궐음 106
귀마 170
귀선 25, 291, 303
귀신 25
금고 231, 244, 251, 274, 293, 298
금고서 219
금궐 114
금단 72, 220, 247, 269
금단대약 86
금석 105
금수 127
금액 76, 114, 136, 220, 276
금액연형 176, 276, 278, 280, 282
금액환단 122, 176, 270, 276, 278, 280, 281, 282
금옥 246
금정 30, 124, 258
금파 74, 76
금화 76
금화의 색 66
기액 105, 247
기해 75

ㄴ

난새 157
내관 148, 154, 259, 277
내관교환 176
내단 88
내약 93
내원 76
년 63
노老 86
녹거 118
뇌거雷車 118, 136
늑양관 76, 247, 248, 259, 262, 278, 280, 281
늑양관법 258, 270

니환 60, 111, 117, 258, 269, 276

ㄷ 단 76
단경 89
단궐 76
단법 92
단약 30, 83, 247
단전 53, 259, 271
달마대사 161
대도 35
대박大朴 142
대성 25
대성법 33
대약 38, 53
대우거 118
대주천수 249
대하거大河車 117, 119
대환단 122
덕행 91
도병마 172
도요 236, 261, 292, 297
도인술 28
동천 31

ㄹ 랑원 74
리괘 243, 259
리궁 70, 242, 243
리는 홍 38

ㅁ 마 76, 299
마군 295, 297
모자 관계 67
모자의 이치 68
목욕 76
묘유卯酉 220
무정 105
미려혈 256, 258, 276
민화 75, 76, 77, 116, 237

ㅂ 방광 77, 237
방문소법 34
백설 74, 128
백제 64, 65, 284
백호 66
벽곡 37
별각 47
병 76
복지 295
봉궐 113
봉도 99
봉래 26
봉래산 35, 90
봉지 76
봉지천지 74
봉황 157
부夫 67
부마 170
부부의 이치 68
부처 27
부처 관계 67
분신 241, 281, 295
비금정 264, 269, 272, 276, 277, 279, 280

ㅅ 사死 87
사대四大 87
사자거使者車 118
사해 74, 75
산화 236
삼관 77, 258
삼단전 30
삼도 31, 74

삼시 76, 116
삼신산 26, 31
36동천 32
삼원용법 264
삼재 39
삼전반복 260
삼천공성 129
삼청진록 282
삼화취정 53
상관 277
상극 67
상단전 109, 120
상생 67
석가세존도 161
선계 24
선관 31
선승 295
선아 157
성태 249
성현마 172
소단 116
소련燒煉 248
소련단약 176
소성 25
소성법 33
소승의 법 260
소식消息 255
소연형 236
소음 106
소주천 249
소하거小河車 117, 119
소환단 122
수곡의 해 75
수관 32
수부 113
수인법 28
수지 37
수토의 색 66
수해 75
수화 74, 141
수화기제 242
순양 82
순양의 체 53
순음 82
시방 32
시초 109
시해 34, 304
식심 37
신(辰) 56
신 · 각 · 분 57
신궁 138
신기 241
신선 25
신수 74
신식神識 148, 241, 247
신장 94
신중의 시 55
신화 75
심기 241
심장 94
십계율 28
십마 165, 169
십주十州 72, 149

ㅇ

약 91
양거 118
양명 106
양볼 268, 269
양빰 267
양소 74, 76
양신 70, 76, 102, 117
양용 73

양태극이음생 239
양환음단 128
여색마 173
여악마 172
연단 89
연중의 시 56
연질 241
연형 30, 116, 130
연형법 272
연홍 30, 94, 260
영근靈根 121
영보경 219
영사 90
영원靈源 121
영주 26
오금 89
오기조원 30, 53
오운 30
오장관계 67
오제 65
오행 27
오행이 역행 70
오행전도 70, 109, 259
오호 74
옥경 76, 257
옥경산 124
옥녀 157
옥록 219
옥서 223, 265, 299
옥서록 285
옥액 76, 136, 220, 271, 275
옥액연형 176, 272, 277, 280
옥액환단 30, 122, 128, 176, 259, 269, 272, 273, 281
옥예 76
옥지 74, 76, 127, 242
옥천 74, 76, 114
옥토 248
옥호 148
옹주 248
외단 88
외약 93, 94
요지 74, 76
용호 30, 72, 73, 109
용호교구 176, 246
용호대단 93
원기 135
원담 74
원시천존 219
원신 114
원양 22, 47, 114, 242
원양 일기 72
원연元鉛 101
원황천존 219
월중의 시 57
위백양 92
유정 105
육기 30, 106
육지신선 259, 297
은애마 170
음귀 297
음령 303
음마 297
음백 107
음사 295
음신 160
음호 73
의술 88
이단이 39
인선 25, 249
일중의 시 57
임계 65

입정 160, 181

ㅈ

자금단 117
자부 303
자하거紫河車 117, 119
장생불사 109
적룡 76
적마 169
적제 65, 284
전도의 법 117
절루 37
정공 300
정마 170
정식定息 291
정좌만 303
제호 76
조원 140, 145, 241
조원연기 176
존상 37, 151, 295
좌망 151
좌화 304
주사 96
주역 92
주작 66
주천 76
주천화후 249
주후금정 119
주후비금정 101, 109, 117, 118, 176, 255, 257, 258, 259, 270, 280
죽음 75
중관 277
중구中衢 124
중단전 120
중루 84
중성 25
중성법 33
중전 76
지관 32
지선 25
지인 23
진결 228, 256, 277, 287, 295, 299
진기眞氣 22, 46, 246, 259
진기가 순양 282
진선 23
진수 46, 72, 241, 246
진액 47
진양 44, 46, 242
진용 72, 73, 242
진원 224, 232, 239, 266, 275, 286, 294
진원의 219
진음 44, 46, 246
진일 30
진주 296
진호 72, 73
진화 101, 245

ㅊ

채보採補 101
채보법 28, 37
채보환단 242, 260
채약 101, 245, 246, 248, 249, 272, 279
채취 93, 247
처妻 67
천관 32
천궁 145
천문 149
천서天書 31
천선 24, 25
천주 257
청룡 66
청제 65, 284
초탈 181, 241
초탈분형 176

추연 257
추침 30, 38, 103, 105, 106, 109, 141
취산수화 176, 237
취화 236
칠반환단 77, 126
칠백 77
칠보 30

ㅌ 태공太空 238
태무太無 238
태미진군 149, 303
태상천존 219
태선 31, 77, 83, 110, 249, 259, 269
태소太素 22, 109
태시太始 109, 238
태양 49, 106
태원太元 238
태음 49, 106
태일함진기 37, 236
태질太質 22, 109, 238
태초太初 22
태허太虛 238
토납법 28
토목의 색 66

ㅍ 파거破車 118
팔경 113
팔관 148
팔석 89
팔선 19
81양천 32
폐식 28
필배음양 176

ㅎ 하거 109
하단전 30, 83, 109, 120
하원 101, 123
하장 116
하전 76, 276
허무 자연 32
현무 66
현무궁 124
혈해 75
협척 277
협척관 257
협척의 쌍관 256
형질 27, 60, 135
호흡 28
혼돈 142
홍汞 89
화로 90
화지 74, 76
화후 91, 94, 220, 241, 246, 249
환患 86
환단 76, 120, 220, 280
환단연형 267
환원 247
환정보뇌還精補腦 102, 109
황백 76
황백술 108
황아 22, 72, 94
황옥 155, 156
황정 247, 269
황제 65, 284
황파 90, 248
황하 38
휴량법 28
흑연 96
흑제 65, 284

이 봉 호(李奉鎬)

한림원에서 한문공부를 했고, 성균관대학교에서 석사·박사학위를 받았다. 인천대학 연구교수, 덕성여자대학 초빙교수를 역임했고, 서울대, 성균관대 등에서 강의를 했으며, 현재는 국민대학교와 한양대학교에서 강의를 하고 있다.
논문으로는 "『황정경』 존상신심법과 화려한 몸속 세상," "『노자상이주』의 세간 위기와 결정성신," "서명응의 선천학 체계와 서학 해석에 관한 연구," "『장자』에서 '자연'과 '자유'의 관계에 대한 연구" 등이 있고, 번역서로는 『참동고』, 『천선정리직론』, 『발해인 이광현의 도교저술 역주』 등이 있으며, 공동저술로는 『한국철학사전』 등이 있다.

최 재 호(崔載浩)

한국고전번역원 부설 고전번역교육원을 수료했다. 경북대학교 철학과에서 석사를 하고, 성균관대학교 대학원 박사과정을 수료하였다.
논문으로는 "鍾呂 內丹論의 전개에 관한 고찰" 등이 있다.

이 대 승(李大承)

태동고전연구소에서 한학을 배웠다. 한국학중앙연구원 한국학대학원 인문학부 철학전공에서 석사 학위를 취득하고 동 대학원에서 박사 과정을 수료하였다.
논문으로는 "保晩齋 徐命膺의 『參同攷』 硏究: 『周易參同契』의 先天學的 解釋," "서명응의 선천학적 수양론 형성 연구," "『周易參同契考異』 南九萬本과 「參同契吐註」 연구," "先天 개념의 형성·발전과 의미," "『참동계고이』의 편찬과 구조" 등이 있다.

신 진 식(申鎭植)

인하대학교 철학과를 졸업하고, 북경대학(北京大學) 철학과에서 석사 학위와 박사 학위를 받았다. 현재 인천대학교 윤리교육과 초빙교수로 재직하고 있다.
저서로 『동아시아의 타자 인식』(공저)가 있으며, 논문으로는 "'悟眞篇'의 道禪合一사상," "內丹學 '性命雙修' 사상의 현대적 의의," "삼국시대의 중국 唐·五代 道敎 전래에 관한 연구," "朴世堂 老莊學의 특징," "竹簡本 '文子'와 通行本 '文子'의 비교 연구" 등이 있다.

鍾呂傳道集